Roman Merznicht

# Der „Aufsichtsgroschen"

## Die verfassungsrechtliche Problematik der Finanzierung der Zulassungs- und Aufsichtsfunktionen der Landesmedienanstalten aus der Rundfunkgebühr

VVF

RECHTSWISSENSCHAFTLICHE
FORSCHUNG UND ENTWICKLUNG

Herausgeber:
Prof. Dr. jur. Michael Lehmann, Dipl.-Kfm.
Universität München

Band 343

Die Deutsche Bibliothek - CIP-Einheitsaufnahme

**Merznicht, Roman:**
Der "Aufsichtsgroschen" - Die verfassungsrechtliche Problematik der Finanzierung der Zulassungs- und Aufsichtsfunktionen der Landesmedienanstalten aus der Rundfunkgebühr / Roman Merznicht.
- München : VVF, 1992
(Rechtswissenschaftliche Forschung und Entwicklung ; Bd. 343)
Zugl.: München, Univ., Diss., 1992
ISBN 3-88259-916-2

NE: GT



Gesamtherstellung: Fotodruck Frank GmbH, 8000 München 2
Printed in Germany

## Inhaltsverzeichnis

## 2. Abschnitt
## Die verfassungsrechtliche Zulässigkeit "zusätzlicher" zweckgebundener Anteile an der Rundfunkgebühr: Diskussionsstand in Rechtsprechung und Literatur

**3. Abschnitt**

**Der Aufsichtsgroschen und die Rundfunkfreiheit der öffentlich-rechtlichen Rundfunkanstalten**

**4. Abschnitt**

**Der Aufsichtsgroschen und die Informationsfreiheit der Rundfunkteilnehmer**

## 5. Abschnitt
## Der Aufsichtsgroschen und das Abgabesystem des Grundgesetzes

## *Abkürzungsverzeichnis*

a.A./A.A. ........................ anderer Ansicht/Anderer Ansicht
a.a.O./A.a.O. ................... am angegebenen Ort/Am angebenen Ort
a.F. ................................ alte Fassung
Abs. ............................... Absatz
abw. ............................... abweichend
AfP ................................. Archiv für Presserecht
amtl. Begr. ...................... amtliche Begründung
Anm. ............................... Anmerkung
AöR ................................. Archiv des öffentlichen Rechts
ARD ................................. Arbeitsgemeinschaft der öffentlich-rechtlichen Rundfunkanstalten Deutschlands
Art. ................................. Artikel
Aufl. ............................... Auflage

BayVBl. ........................... Bayerische Verwaltungsblätter
BayVerfGH ...................... Bayerischer Verfassungsgerichtshof
BayVGH .......................... Bayerischer Verwaltungsgerichtshof
BB ................................... Der Betriebsberater
Bd. .................................. Band
Beschl. ............................ Beschluß
BR ................................... Bayerischer Rundfunk
BremLMG ........................ Bremisches Landesmediengesetz vom 14.2.1989
BT-Drucks. ...................... Bundestagsdrucksache
BVerfGE .......................... Amtliche Entscheidungssammlung des Bundesverfassungsgerichts
BVerwGE ......................... Amtliche Entscheidungssammlung des Bundesverwaltungsgerichts
bzw. ................................ beziehungsweise

d.h. ................................. das heißt
ders. ................................ derselbe
Die Verw.. ....................... Die Verwaltung
dies. ................................ dieselbe
Diss. ................................ Dissertation
DJT ................................. Deutscher Juristentag
DLM ................................ Direktorenkonferenz der Landesmedienanstalten
DöV ................................. Die öffentliche Verwaltung
DuR ................................. Demokratie und Recht
DVBl. .............................. Deutsches Verwaltungsblatt

Einf. ................................ Einführung

epd ................................Evangelischer Pressedienst
EuGRZ ............................Europäische Grundrechte Zeitschrift
EvStL...............................Evangelisches Staatslexikon

f./ff. ...............................folgende
FK....................................Funk-Korrespondenz
Fn....................................Fußnote
FS....................................Festschrift
FuR..................................Film und Recht

gem.................................gemäß
GewArch..........................Gewerbearchiv
GEZ ................................Gebühreneinzugszentrale der öffentlich-rechtlichen Rundfunkanstalten in der Bundesrepublik Deutschland
GG...................................Grundgesetz
GVBl................................Gesetz- und Verordnungsblatt

HessVGH..........................Hessischer Verwaltungsgerichtshof
hM...................................herrschende Meinung
HmbMG ...........................Hamburgisches Mediengesetz vom 3.12.1985, zuletzt geändert durch Gesetz vom 3.5.1990
HPRG...............................Gesetz über den privaten Rundfunk in Hessen (Hessisches Privatrundfunkgesetz) vom 30.11.1988, geändert durch Gesetz vom 28.11.1989
HR...................................Hessischer Rundfunk
Hrsg................................Herausgeber

i.d.R................................in der Regel
i.E...................................im Ergebnis
i.e.S. ...............................im engeren Sinn
insbes..............................insbesondere
i.S.d.................................im Sinne des
i.V.m................................in Verbindung mit
i.w.S................................im weiteren Sinn

JöR .................................Jahrbuch des öffentlichen Rechts
Jur...................................Juristisch(e)
JurA.................................Juristische Analysen
Jura.................................Juristische Ausbildung
JuS .................................Juristische Schulung
JZ....................................Juristenzeitung

KPPG...............................Kabelpilotprojektgesetz und Versuchsgesetz für drahtlosen Rundfunk im Land Berlin (Kabelpilotprojektgesetz) vom 17.7.1984, zuletzt geändert durch Gesetz vom 28.6.1990
KJ ...................................Kritische Justiz

Lit...................................Literatur

LMG ................................ Landesmediengesetz
LMG BW .......................... Landesmediengesetz Baden-Württemberg vom 16.12.1985, geändert durch Gesetz vom 14.12.1987
LRG NW .......................... Rundfunkgesetz für das Land Nordrhein-Westfalen in der Fassung vom 11.1.1988, zuletzt geändert durch Gesetz vom 7.3.1990
LRG RP ........................... Landesrundfunkgesetz Rheinland-Pfalz vom 24.6.1986, zuletzt geändert durch Gesetz vom 2.4.1990
LRG Saarl. ...................... Rundfunkgesetz für das Saarland (Landesrundfunkgesetz) in der Fassung vom 11.8.1987, zuletzt geändert durch Gesetz vom 17.1.1990
LRG SH ........................... Rundfunkgesetz für das Land Schleswig-Holstein (Landesrundfunkgesetz) vom 18.12.1989
LT-Drucks. ..................... Landtagsdrucksache

m.w.N. ............................ mit weiteren Nachweisen
MEG ................................ Gesetz über die Erprobung und Entwicklung neuer Rundfunkangebote und anderer Mediendienste in Bayern (Medienerprobungs- und -entwicklungsgesetz) in der Fassung vom 8.12.1987
Mio. ................................ Millionen
MP .................................. Media Perspektiven

NDR ................................ Norddeutscher Rundfunk
NdsLRG .......................... Niedersächsisches Landesrundfunkgesetz in der Fassung vom 16.3.1987, geändert durch Gesetz vom 28.10.1987
NJW ................................ Neue Juristische Wochenschrift
Nr. .................................. Nummer
NVwZ .............................. Neue Zeitschrift für Verwaltungsrecht

o. .................................... oben
OVG ................................ Oberverwaltungsgericht

PostVerwG ...................... Postverwaltungsgesetz

RB .................................. Radio Bremen
RfFinStV ......................... Staatsvertrag über die Höhe der Rundfunkgebühr und zur Änderung des Staatsvertrages über einen Finanzausgleich zwischen den Rundfunkanstalten (Rundfunkfinanzierungsstaatsvertrag) vom 7.-14.10.1988

RfGebStV ........................ Staatsvertrag über die Regelung des Rundfunkgebührenwesens (Rundfunkgebührenstaatsvertrag) vom 5.12.1974, zuletzt geändert durch Staatsvertrag vom 1./3.4.1987

RfStV ..............................Staatsvertrag zur Neuordnung des Rundfunkwesens (Rundfunkstaatsvertrag) vom 1./3.4.1987, zuletzt geändert durch Staatsvertrag vom 15.3.1990
Rn...................................Randnummer
Rspr.................................Rechtsprechung
RuF..................................Rundfunk und Fernsehen

S.....................................Seite
s./S..................................siehe/Siehe
SDR..................................Süddeutscher Rundfunk
SFB..................................Sender Freies Berlin
SR....................................Saarländischer Rundfunk
SWF..................................Südwestfunk

Tz. ..................................Teilziffer

u......................................unten
Urt...................................Urteil

v......................................vom
v.a. .................................vor allem
VerfGHE N.F......................Amtliche Entscheidungssammlung des Bayerischen Verfassungsgerichtshofs, Neue Folge
VG...................................Verwaltungsgericht
VGH.................................Verwaltungsgerichtshof
vgl...................................vergleiche

WDR.................................Westdeutscher Rundfunk
WiVerw.............................Wirtschaft und Verwaltung

z.B. .................................zum Beispiel
ZDF .................................Zweites Deutsches Fernsehen
ZDF-StV ..........................Staatsvertrag über die Errichtung der Anstalt des öffentlichen Rechts "Zweites Deutsches Fernsehen" vom 6.6.1961
ZIP...................................Zeitschrift für Wirtschaftsrecht
ZUM.................................Zeitschrift für Urheber- und Medienrecht
zust. ................................zustimmend

## *Einführung*

Mit der Einigung der Ministerpräsidenten über den Abschluß eines Staatsvertrages zur Neuordnung des Rundfunkwesens am 12. März 1987, der die Rahmenbedingungen für ein duales Rundfunksystem abstecken sollte, gingen jahrelange, von erbitterten medienpolitischen Streitigkeiten gekennzeichnete Vertragsverhandlungen zu Ende. Eine nicht unmaßgebliche Bedeutung für das Zustandekommen des Staatsvertrages spielte die Niedersachsen-Entscheidung des Bundesverfassungsgerichts, denn sie übte auf die streitenden Parteien einen faktischen Druck zum Kompromiß aus: Die Gegner der Einführung privaten Rundfunks mußten erkennen, daß sie die Entwicklung des dualen Systems auf Dauer nicht würden aufhalten können; andererseits verdeutlichte die Entscheidung aber auch, daß eine Beschränkung des öffentlich-rechtlichen Rundfunks kaum möglich sein würde.

Die durch das Rundfunkurteil gesteigerte Bereitschaft zum Zusammenwirken zeigte sich auch im Bereich der Rundfunkfinanzierung. Im Vorfeld der Verhandlungen war die öffentlich-rechtliche Rundfunkgebühr in das Blickfeld der Medienpolitiker gerückt mit dem Ergebnis, daß verschiedene neue Verwendungsmöglichkeiten für dieses Finanzierungsinstitut diskutiert wurden, die bis hin zu einer unmittelbaren Beteiligung privater Rundfunkveranstalter am Gebührenaufkommen gingen. Der - überraschend schnell - erzielte Kompromiß sah schließlich so aus, daß einerseits eine Beteiligung Privater am Aufkommen für unzulässig erklärt wurde (Art. 6 Abs. 3 Satz 1 RfStV), andererseits ein Teil der Gebühr für neuartige Aufgaben, die die Einführung von Privatrundfunk mit sich bringt, insbesondere die Finanzierung der verfassungsrechtlich gebotenen Rundfunkaufsicht, verwendet werden sollte (Art. 6 Abs. 1 RfStV). Die Grundidee dieses "Aufsichtsgroschens" war nicht ganz neu. Bereits 1980 hatten sich die Ministerpräsidenten im

"Kronberger Beschluß" darauf verständigt, für die Durchführung der vier Kabelpilotprojekte Mittel aus der Rundfunkgebühr zur Verfügung zu stellen, was im Rundfunkgebührenstaatsvertrag '82 auch in die Tat umgesetzt worden war. Die jetzige Regelung stellt offensichtlich eine Fortentwicklung dieses Konzepts eines "Kabelgroschens" dar.

Die Verwendung von Teilen der Rundfunkgebühr für andere als die klassischen Aufgaben des öffentlich-rechtlichen Rundfunks wirft verfassungsrechtliche Fragen auf, die noch wenig erörtert sind. Zwar hat die Einführung des Kabelgroschens zu mehreren gerichtlichen Klagen von Rundfunkteilnehmern geführt, welche die dadurch bewirkte Erhöhung der Rundfunkgebühr nicht hinnehmen wollten, doch bevor die wissenschaftliche Diskussion des Themas richtig in Gang kam, hatte sich das Problem durch Zeitablauf schon wieder erledigt; fruchtlos waren diese Klagen jedoch schon deshalb nicht, weil sie zu einem Vorlagebeschluß des BayVGH nach Art. 100 Abs. 1 GG führten, aufgrund dessen mit einer Grundsatzentscheidung des Bundesverfassungsgerichts zur Rundfunkfinanzierung zu rechnen ist. Gerichtliche Entscheidungen über die Rechtmäßigkeit des Aufsichtsgroschens sind bisher noch nicht veröffentlicht worden, doch wird die Rundfunkgebühr wohl noch weiterhin die Verwaltungsgerichte beschäftigen, zumal mit der zunehmenden Empfangbarkeit "kostenlosen" Privatrundfunks die Akzeptanz der Rundfunkgebühr als Bereithaltegebühr sinken dürfte. Erste obergerichtliche Urteile zu solchen Gebührenverweigerungen sind mittlerweile ergangen.

Die Problematik besonderer zweckgebundener Anteile der Rundfunkgebühr ist, das hat bereits die Kontroverse um den Kabelgroschen gezeigt, in medienpolitischer Hinsicht gekennzeichnet durch das Zusammentreffen teils divergierender Interessen der verschiedenen Beteiligten. Dem Interesse der Rundfunkteilnehmer an einer möglichst niedrigen Rundfunkgebühr und demjenigen der Rundfunkanstalten am Erhalt des ungeschmälerten Gebührenaufkommens stehen Vorstellungen gegenüber, den Ertrag der Rundfunkgebühr auch für andere, mit dem Privatrundfunk zusammenhängende Zwecke zu verwenden, um den allgemeinen Staatshaushalt, aber auch die privaten Rundfunkunternehmer zu entlasten.

Verfassungsrechtlich gesehen, bedeutet dies eine Gemengelage allgemein abgabenrechtlicher und spezifisch kommunikationsgrundrechtlicher Gesichtspunkte, letztere sowohl im Hinblick auf die Rundfunkanstalten als auch die Rundfunkteilnehmer. Damit ist folgender Aufbau für diese Untersuchung vorgegeben:

Nach einer komprimierten Darstellung der rundfunkverfassungsrechtlichen Grundlagen und der daraus resultierenden Stellung der Landesmedienanstalten (1. Abschnitt) soll in einem überwiegend referierenden Teil ein Überblick über den Meinungsstand zum Thema der besonderen zweckgebundenen Anteile der Rundfunkgebühr vermittelt werden (2. Abschnitt). Darauf aufbauend können dann die entscheidenden kommunikationsgrundrechtlichen Lösungsgesichtspunkte, sowohl was die Rundfunkfreiheit (3. Abschnitt), als auch was die Informationsfreiheit (4. Abschnitt) angeht, entwickelt werden. In einem letzten Teil (5. Abschnitt) sollen schließlich die sich im Hinblick auf das Abgabensystem des Grundgesetzes ergebenden Fragen geklärt werden.

# 1. Abschnitt

# Verfassungsrechtliche Grundlagen und die Stellung der Landesmedienanstalten

## *A. Die Rundfunkgewährleistung*

### *I. Der funktionale Bezug des Art. 5 Abs. 1 Satz 2 GG zur Freiheit der Meinungsbildung*

Art. 5 Abs. 1 GG garantiert neben den textlich benannten Grundrechten der Meinungsäußerungs- und -verbreitungsfreiheit, der Informationsfreiheit, der Pressefreiheit, der Rundfunkfreiheit[1] sowie der freien Filmberichterstattung die textlich unbenannte Gewährleistung der freien individuellen und öffentlichen Meinungsbildung[2]. Die Entscheidung des Grundgesetzes für eine freiheitliche und demokratische Grundordnung bedeutet auch die Entscheidung zugunsten eines freien und offenen Prozesses der Meinungs- und Willensbildung des Volkes, denn die öffentliche Meinung als Vorstufe der politischen Willensbildung ist unabdingbare Voraussetzung für das Funktionieren eines demokratischen

---

1 Das Bundesverfassungsgericht sieht seit dem ersten Rundfunkurteil die "Freiheit der Berichterstattung durch Rundfunk" als Teil der umfassenden Rundfunkfreiheit an; vgl. BVerfGE 12, 205, 260 f. und BVerfGE 35, 202, 221 f. (erstmalige Verwendung dieses Begriffs). Vgl. hierzu Wieland, Die Freiheit des Rundfunks, S. 24 f., 80 ff.

2 BVerfGE 7, 198, 208; 8, 104, 112; 20, 56, 98; 27, 71, 81 f.; 57, 295, 319; 59, 231, 257; 60, 53, 63; 73, 118, 152; 74, 297, 323; Grimm, RuF 1987, 25, 26; Rossen, Freie Meinungsbildung, S. 81 und passim. - Vgl. zu dem problematischen Begriff der "öffentlichen Meinung" auch Wufka, Rundfunkfreiheit, S. 54 ff.; Scholz, in: FS Löffler, S. 355, 359; Rossen, a.a.O., S. 85 ff.

Gemeinwesens[3]. Dieser Vorgang, der dem gesellschaftlich-politischen Bereich zuzurechnen ist, hat grundsätzlich "staatsfrei" zu bleiben, denn in einer Demokratie soll sich die Willensbildung vom Volk zu den Staatsorganen vollziehen und nicht umgekehrt[4].

Grundlage für den Entstehungsprozeß der öffentlichen Meinung sind sowohl die Meinungsäußerungs- und -verbreitungsfreiheit als auch die Informationsfreiheit, denn Voraussetzung einer qualifizierten Meinungsbildung ist umfassende Information[5].

In dieses komplexe Beziehungsgeflecht zwischen den Einzelfreiheiten des Art. 5 Abs. 1 Satz 1 GG, der unbenannten "Basisgewährleistung" des Art. 5 GG und dem Demokratieprinzip[6] fügt sich die Rundfunkfreiheit ein, die ebenso wie die Grundrechte des Art. 5 Abs. 1 Satz 1 GG unabdingbare Voraussetzung für die Entstehung der öffentlichen Meinung ist[7]. Schutz- und Ordungsziel der Rundfunkfreiheit ist die Freiheit der individuellen und öffentlichen Meinungs- und Willensbildung[8]. Die Rundfunkfreiheit ist eine in ihren subjektiv- und objektivrechtlichen Elementen dienende Freiheit, die die Aufgabe hat, freie und umfassende Meinungsbildung durch den Rundfunk zu gewährleisten[9].

---

3 Vgl. BVerfGE 8, 104, 113; 20, 56, 97 ff.; Wufka, a.a.O., S. 71; Badura, Verfassungsrechtliche Bindungen, S. 26; Scholz, a.a.O., S. 359.

4 BVerfG, a.a.O.

5 BVerfGE 27, 71, 81; Starck, Rundfunkfreiheit als Organisationsproblem, 1973, S. 14; Lerche, in: EvStL, Stichwort: Informationsfreiheit, Spalte 1314.

6 S. zur Verbindung zwischen den Kommunikationsfreiheiten und dem Demokratieprinzip Lerche, Landesbericht, S. 31 mit Fn. 43.

7 K. Hesse, Verfassungsrecht, Rn. 387.

8 Lerche, Werbefernsehen, S. 9; Badura, Verfassungsrechtliche Bindungen, S. 24, 33; Schmidt, Die Rundfunkgewährleistung, S. 85, 93; Scholz, a.a.O., S. 356. - In seiner neueren Rechtsprechung betont das Bundesverfassungsgericht jedoch auch die kulturelle Verantwortung des Rundfunks, so BVerfGE 73, 118, 158; 74, 297, 324. Vgl. hierzu weiter Oppermann/Kilian, Finanzierung, S. 70 ff.

9 BVerfGE 57, 295, 319; 59, 231, 257 f.; 73, 118, 152; 74, 297, 323 f.; EuGRZ 1991, 49, 66 f., 71.

Sie ist daher funktional im Hinblick auf die Rezipientenseite zu interpretieren, denn die Gewährleistung besteht nicht primär im Interesse der Rundfunkveranstalter, sondern im Interesse freier Meinungsbildung[10]. In diesem Prozeß der Meinungsbildung kommt dem Rundfunk die Rolle eines "Mediums" und zugleich eines "Faktors" zu: Er hat die Aufgabe, möglichst umfassend und vollständig zu informieren, ist aber gleichzeitig auch selbst aktiv am Meinungsbildungsprozeß beteiligt[11].

### *II. Konsequenzen für die Struktur des Rundfunks*

Im Zentrum der Rundfunkgewährleistung steht die Programmfreiheit[12]. Sie bedeutet ein Verbot nicht nur staatlicher, sondern jeder fremden Einflußnahme auf Auswahl, Inhalt und Gestaltung der Programme[13].

#### *1. Staatsfreiheit*

Die Rundfunkfreiheit verlangt zunächst die Freiheit des Rundfunks von staatlicher Beherrschung und Einflußnahme ganz im Sinne eines klassi-

---

10 So nun ausdrücklich BVerfG EuGRZ 1991, 49, 71 (s. zur Bedeutung dieser Aussage die Anmerkung von A. Hesse, JZ 1991, 357, 359 f.). Vgl. aus der Lit. weiter Hoffmann-Riem, Rundfunkfreiheit durch Rundfunkorganisation, 1979, S. 16; Schmidt, Die Rundfunkgewährleistung, S. 86, 93; Bethge, Die verfassungsrechtliche Problematik der Zulassung von Rundfunkveranstaltern des Privatrechts, 1981, S. 44; Jarass, Die Freiheit des Rundfunks vom Staat, S. 27.

11 BVerfGE 12, 205, 260; 35, 202, 222; 57, 295, 320; 59, 231, 257 f.; 73, 118, 152; EuGRZ 1991, 49, 66. Vgl dazu weiter Lerche, Landesbericht, S. 48 ff., 84 ff.

12 Vgl. insbesondere Ossenbühl, Rechtsprobleme der freien Mitarbeit im Rundfunk, S. 109 f.; ders., Rechnungsprüfung, S. 30; weiter Lerche, Werbefernsehen, S. 22; ders., Landesbericht, S. 31; Ipsen, Mitbestimmung im Rundfunk, 1972, S. 35 f.; Klein, Die Rundfunkfreiheit, 1978, S. 88 f.; Badura, Verfassungsrechtliche Bindungen, S. 29; Jarass, Gutachten G zum 56. DJT, Rn. 18.

13 BVerfGE 59, 231, 258.

schen Freiheitsrechts[14], denn jede staatliche Beeinflussung würde im Hinblick auf die Funktion der Rundfunkfreiheit die "verfassungsrechtliche Stufenfolge"[15] demokratischer Meinungs- und Willensbildung umdrehen und in ihr Gegenteil verkehren[16]. Mit dem Gebot der Staatsfreiheit ist freilich kein striktes Einmischungsverbot verbunden, sondern nur ein Auslieferungs- und Beherrschungsverbot[17]. Nicht jegliche staatliche - insbesondere parlamentarische - Ingerenz ist von vorneherein ausgeschlossen; der Gesetzgeber ist im Gegenteil sogar verpflichtet, bestimmte materielle und formelle Vorgaben zu setzen[18]. Das Gebot der Staatsfreiheit verwehrt dem Staat aber, selbst die Programminhalte zu bestimmen und die Meinungsträger, die im Rundfunk zu Wort kommen sollen, auszuwählen[19].

### *2. "Rundumfreiheit"*[20]

Gefahren für einen freien und unmanipulierten Meinungsbildungsprozeß drohen aber nicht nur von staatlicher Seite, sondern auch aus dem ge-

---

14 Vgl. BVerfGE 12, 205, 262; 57, 295, 320; 59, 231, 258; 73, 118, 152; EuGRZ 1991, 49, 66; Jarass, a.a.O., Rn. 17 ff.

15 Lenz, JZ 1963, 338, 344.

16 Auch öffentlich-rechtlich organisierter Rundfunk kann deswegen nicht als mittelbare Staatsverwaltung begriffen werden, vgl. Lerche, Landesbericht, S. 26.

17 Ossenbühl, Rechnungsprüfung, S. 35; Badura, Finanzautonomie, S. 42.

18 Vgl. hierzu Bethge, JöR 35, 103, 105, der den Staat nicht als den typischen Grundrechtswidersacher, sondern vor allem als Grundrechtsgaranten bezeichnet. Zu dem Spannungsverhältnis zwischen dem Gebot der Staatsfreiheit und dem Erfordernis einer positiven Rundfunkordnung vgl. weiter Ory, AfP 1989, 616, 618 f.

19 Vgl. Jarass, Die Freiheit der Massenmedien, 1978, S. 199; Rikker/Weirich, Mediengesetzentwurf der CDU Hessen, 1983, S. 38.

20 Diesen Begriff verwendet Hoffmann-Riem, in: Alternativkommentar GG, Art. 5 Abs. 1, 2, Rn. 138. Andere sprechen von "Rundumwirkung" (Stock, Medienfreiheit als Funktionsgrundrecht, 1985, S. 335) oder "Gruppenferne" (so Stender-Vorwachs, Staatsferne und Gruppenferne, S. 39, 216).

sellschaftlichen Raum, nämlich dann, wenn dieser Vorgang einseitig von einer oder mehreren gesellschaftlichen Gruppen über die Medien gelenkt wird[21]. Die freiheitlich-demokratische Willensbildung setzt einen offenen und chancengleichen "Meinungsmarkt"[22] voraus, der dann nicht entstehen kann, wenn einzelne Gruppen den Rundfunk beherrschen. Es ist daher sicherzustellen, daß der Rundfunk nicht einzelnen gesellschaftlichen Gruppen ausgeliefert wird und daß alle in Betracht kommenden gesellschaftlichen Kräfte zu Wort kommen können[23]. Insoweit ist es gerechtfertigt, von der Verfassungsgarantie einer pluralistischen Grundstruktur des Rundfunks zu sprechen[24].

### *III. Die Gewährleistungsverantwortung des Staates*

Ein Schlüsselbegriff des Rundfunkverfassungsrechts ist derjenige des "Gesamtprogramms" als Bezugspunkt für den informatorischen Qualitätsstandard des Rundfunkprogramms[25]. Dieses Gesamtprogramm als Inbegriff aller gesendeten inländischen Programme hat dem rundfunkspezifischen Vielfaltsgebot zu genügen, d. h. es muß sowohl in gegenständlicher Hinsicht als auch in bezug auf die bestehenden Meinungsrichtungen ausgewogen und umfassend sein[26].

---

21 Starck, Rundfunkfreiheit als Organisationsproblem, S. 15; Jarass, Die Freiheit der Massenmedien, S. 249; Bethge, Die verfassungsrechtliche Problematik der Zulassung von Rundfunkveranstaltern des Privatrechts, S. 41; Bullinger, AöR 108, 161, 192.

22 BVerfGE 57, 295, 323.

23 BVerfGE 12, 205, 260; 31, 314, 325 f.; 57, 295, 322; 73, 118, 153.

24 Lerche, Werbefernsehen, S. 15; Stern/Bethge, Öffentlich-rechtlicher und privatrechtlicher Rundfunk, S. 43; Starck, a.a.O., S. 15; Klein, Die Rundfunkfreiheit, S. 53, 59 f., 74.

25 Vgl. BVerfGE 12, 205, 263; 57, 295, 323; 59, 231, 258; 60, 53, 64; 73, 118, 153, 156 f.; Stock, Koordinationsrundfunk im Modellversuch, 1981, S. 176; ders., Medienfreiheit als Funktionsgrundrecht, S. 212; ders., AöR 110, 119, 225, 227.

26 Vgl. zu diesen zwei Komponenten deutlich BVerfG EuGRZ 1991, 49, 71; weiter Stock, Medienfreiheit als Funktionsgrundrecht,

Eine rein negatorische Ordnung, die dem Staat lediglich auferlegt, in Widerspruch zu den Aufgaben des Rundfunks stehende Eingriffe zu unterlassen, ist nicht geeignet, ein so definiertes Gesamtprogramm hervorzubringen. Erforderlich ist vielmehr eine positive Ordnung, d.h. materielle, organisatorische und Verfahrensregelungen, die sicherstellen, daß die Vielfalt der bestehenden Meinungen möglichst vollständig zum Ausdruck kommt und so umfassenden Information möglicht wird[27]. Die Rundfunkfreiheit konstituiert daher nicht nur ein Abwehrrecht gegen staatliche Eingriffe, sondern zugleich einen Organisations- und Ausgestaltungsauftrag an den Gesetzgeber[28]. Ihn trifft eine Funktionsverantwortung für die Schaffung und Erhaltung eines effektiv arbeitenden Rundfunksystems[29].

---

S. 493 f.; Hoffmann-Riem, Antragsschrift, S. 91 ff.; Ricker/Müller-Malm, ZUM 1987, 208, 212 f.; Stender-Vorwachs, Staatsferne und Gruppenferne, S. 118 ff.; Rossen, Freie Meinungsbildung, S. 414 f.

27 BVerfGE 57, 295, 320; 60, 53, 64; 73, 118, 152 f.; 74, 297, 324; EuGRZ 1991, 49, 66.

28 Der Ausgestaltungsauftrag unterliegt wegen der Grundrechtsrelevanz und der medienpolitischen Dimension der zu schaffenden Regelungen dem Parlamentsvorbehalt, vgl. BVerfGE 57, 295, 321; EuGRZ 1991, 49, 70; Lerche, Rundfunkmonopol, S. 35 f.; Badura, Finanzautonomie, S. 48; Bethge, Der verfassungsrechtliche Standort, S. 27. Vgl. zur Wesentlichkeitstheorie des Bundesverfassungsgerichts, auf der diese Forderung beruht BVerfGE 47, 46, 78 f.; 58, 257, 268; einschränkend BVerfGE 68, 1, 108 ff.

29 Lerche, Rundfunkmonopol, S. 35; ders., Landesbericht, S. 26; ders., Referat 56. DJT, O 42 f.; Klein, Die Rundfunkfreiheit, S. 59 f.; Badura, Verfassungsrechtliche Bindungen, S. 24, 52; Schmidt, Die Rundfunkgewährleistung, S. 97; Bethge, Der verfassungsrechtliche Standort, S. 26 f.; Jarass, Gutachten G 56. DJT, Rn. 24 ff.; Selmer, Bestands- und Entwicklungsgarantien, S. 19. - Dieser Ausgestaltungsvorbehalt ist bereits in Art. 5 Abs. 1 Satz 2 GG selbst angelegt und beruht nicht auf den Grenzen des Abs. 2 (vgl. dazu insbesondere Lerche, Rundfunkmonopol, S. 77 ff.).

## *IV. Der gesetzgeberische Gestaltungsfreiraum*

Das Grundrecht der Rundfunkfreiheit schreibt dem Gesetzgeber eine bestimmte Form der Rundfunkorganisation nicht vor. Seine Grenze findet der legislatorische Spielraum lediglich in der Gewährleistung freier und umfassender Berichterstattung[30]. Der Gestaltungsfreiraum wirkt sich in drei Bereichen aus, die sich gedanklich völlig trennen lassen, auch wenn in der Praxis Interdependenzen feststellbar sind[31]:

### *1. Rechtsform der Rundfunkveranstalter*

Das Bundesverfassungsgericht hat bereits im ersten Rundfunkurteil klargestellt, daß Art. 5 Abs. 1 Satz 2 GG nicht notwendigerweise eine öffentlich-rechtliche Organisation des Rundfunkwesens verlangt[32]. Dem Gesetzgeber steht es frei, ob er ausschließlich öffentlich-rechtlichen oder privatrechtlichen Rundfunk oder, wie dies Kennzeichen der dualen Rundfunkordnung in der Bundesrepublik Deutschland ist, öffentlich-rechtliche und zivilrechtliche Veranstalter nebeneinander bestehen läßt.

Das Grundgesetz verlangt im Fall einer dualen Rundfunkordnung auch keine strikte Trennung der beiden Seiten, sondern es sind Mischformen von öffentlich-rechtlichen und privatrechtlichen Rundfunkveranstaltern möglich. Es gibt keinen Zwang zur Modellkonsistenz in dem Sinne, daß der Gesetzgeber nur zwischen verschiedenen vorgegebenen Rundfunkmodellen wählen könnte, sondern jede Organisationsform, die der verfassungsrechtlichen Aufgabe des Rundfunks Rechnung trägt, ist zulässig[33].

---

30 BVerfGE 12, 205, 262; 57, 295, 321; 73, 118, 153; 74, 297, 324; EuGRZ 1991, 49, 66.

31 Vgl. Lerche, Presse und privater Rundfunk, S. 15.

32 BVerfGE 12, 205, 262.

33 So nunmehr BVerfG EuGRZ 1991, 49, 68 f., 71 f. Die Bandbreite an Kombinationsmöglichkeiten hat vorher namentlich Lerche betont (vgl. BayVBl. 1976, 530, 534 f.; ders., Essener Gespräche, S. 89, 101 ff.; ders., in: FS Roegele, S. 291 f.; ders., Presse und pri-

## *2. Pluralismusmodelle*

Dem Gesetzgeber steht es frei, nach welchem Ordnungsmodell ein vielfältiges Gesamtprogramm erzielt werden soll. Er kann sich für ein binnenpluralistisches System entscheiden, in dem das Programm jedes einzelnen Veranstalters dem rundfunkspezifischen Vielfaltsgebot entsprechen muß, oder er kann ein außenpluralistisches Modell wählen, in dem sich ein ausgewogenes Gesamtprogramm - idealtypisch gesehen - aus dem Zusammentreffen einer größeren Anzahl jeweils tendenzgeschützter Einzelprogramme ergeben soll[34].

Auch hier stehen dem Gesetzgeber Zwischenlösungen und Mischformen zur Verfügung, die die Strukturmerkmale beider Modelle kombinieren oder Übergänge vorsehen[35].

---

vater Rundfunk, S. 16, 20), freilich eingeschränkt durch den Grundsatz der Modellkonsistenz (s. insbesondere Presse und privater Rundfunk, S. 21 ff.; AfP 1984, 183, 194). Einen Zwang zur Modellkonsistenz lehnt das Bundesverfassungsgericht in seiner jüngsten Rundfunkentscheidung zwar ausdrücklich ab, das Urteil bleibt jedoch insoweit etwas widersprüchlich, als es in der Sache doch mit dem Gedanken der Systemkonsistenz arbeitet, vgl. unten Anm. 43.

34 Vgl. BVerGE 57, 295, 325 f.; 73, 118, 153. Siehe zur Herkunft der Begriffe Stender-Vorwachs, a.a.O., S. 36 ff.

35 Vgl. BVerfGE 73, 118, 160 f.; EuGRZ 1991, 49, 71 f.; Lerche, NJW 1982, 1676, 1678; ders,. Presse und privater Rundfunk. S. 15 f., 23 f. Siehe weiter auch Ricker/Schardt, Privatrundfunk-Gesetze im Bundesstaat, 1985, S. 73; Selmer, Bestands- und Entwicklungsgarantien, S. 20; Stettner, Rundfunkstruktur im Wandel, S. 53. - Für ein rein binnenpluralistisches Modell haben sich Bremen (§ 14 Abs. 3 BremLMG), Hamburg (§ 6 Abs. 1 HmbMG), Nordrhein-Westfalen (§ 12 Abs 3 LRG NW) und Schleswig-Holstein (§ 15 Abs. 1 LRG SH) entschieden. Ein rein außenpluralistisches Modell existiert in Berlin (§ 23 Abs. 1 KPPG), während in den übrigen Ländern ein "Gleitmodell", das einen Übergang zwischen außen- und binnenpluraler Phase ermöglicht, gewählt wurde (§§ 14 Abs. 3, 20, 22 LMG BW; 12, 13, 14 HPRG; 15 NdsLRG; 12 LRG RP; 5 Abs. 1, 2 LRG Saarl.; 15 Abs. 2 LRG SH - für bundesweit verbreitete Programme -). Beachte für bundesweite Programme auch Art. 8 Abs. 1, 2 RfStV. Vgl. zu den Pluralismusmodellen in den Ländern die vergleichende Analyse bei Piette, Meinungsvielfalt im privaten Rundfunk, 1988, S. 52 ff.

*3. Sicherungsmodelle*

Von dem Pluralismusmodell, das eine Zielvorgabe darstellt, zu trennen ist das Sicherungsmodell, das gewährleisten soll, daß Vielfalt auch tatsächlich erreicht wird, denn Verhaltensnormen wirken nicht schon durch ihr Bestehen steuernd[36].

Das Modell "medienstruktureller Vielfaltssicherungen" zielt darauf ab, die Strukturbedingungen des Rundfunks so zu gestalten, daß ein einseitig ausgerichtetes Programm verhindert wird[37]. Zu dieser Kategorie sind vor allem besondere Vorgaben für die innere Organisation der Rundfunkveranstalter, z. B. die Einrichtung von Programmbeiräten, oder Bestimmungen über die Finanzierungsmodalitäten zu zählen[38].

Durch das Modell "wettbewerbsrechtlicher Vielfaltssicherung" sollen die Instrumente des Wettbewerbsrechts bezüglich Verhinderung von Entstehung und Mißbrauch übermäßiger Marktmacht zur Bekämpfung der dadurch für die Rundfunkfreiheit entstehenden Gefahren eingesetzt werden[39].

Schließlich besteht noch die Möglichkeit, auf das klassische Modell zur Berichtigung fehlerhaften Verhaltens zurückzugreifen, nämlich die Aufsicht. Bei diesem Modell regulativer Verhaltenssteuerung werden die Programme der Rundfunkveranstalter durch externe, nicht in die Veranstalterorganisation integrierte Instanzen überwacht und Fehlentwicklungen zu korrigieren versucht[40].

---

36 Vgl. Frank, Publizistik 1985, 346, 348; ders., ZUM 1986, 187, 190; Ladeur, MP 1985, 734, 738 f.; Stammler, MP 1985, 601, 608.

37 Bullinger, AöR 108, 161, 200 ff., insbes. 202 ff.; Hoffmann-Riem, Antragsschrift, S. 99.

38 Vgl. Hoffmann-Riem, AöR 109, 304, 343.

39 Bullinger, a.a.O., 205 ff.; Hoffmann-Riem, a.a.O., S. 348 f. Allein auf die Kräfte des Marktes darf der Gesetzgeber jedoch nicht vertrauen (BVerfGE 57, 295, 323; 73, 118, 158).

40 Bullinger, a.a.O., S. 200 spricht vom Modell "gruppenpluraler Oberaufsicht", weil die Aufsichtsinstanzen meist pluralistisch besetzt sind.

## *V. Die Vielfaltsproblematik im dualen System*

### *1. Absenkung der Vielfaltsanforderungen an den Privatrundfunk*

Wenn sich der Gesetzgeber für eine duale Rundfunkordnung, d. h. ein Nebeneinander von öffentlich-rechtlichen und privaten Rundfunkveranstaltern entscheidet, muß er sicherstellen, daß das Gesamtangebot aller Veranstalter den genannten Anforderungen gleichgewichtiger Vielfalt entspricht. Dabei ist es dem Gesetzgeber verwehrt, den Privatrundfunk unter Hinweis auf das Programm der zur Ausgewogenheit verpflichteten öffentlich-rechtlichen Rundfunkanstalten von diesem Vielfaltsgebot zu befreien, denn Einseitigkeiten im privaten Sektor würden zwangsläufig das gesamte System in eine Schieflage bringen[41]. Andererseits darf der Gesetzgeber die Zulassung von Privatrundfunk, der wegen seiner vorrangigen Werbefinanzierung auf hohe Einschaltquoten und damit massenattraktive Programme angewiesen ist[42], nicht von so hohen Anforderungen an die Breite des Programmangebotes abhängig machen, daß die Veranstaltung privaten Rundfunks faktisch unzumutbar erschwert oder unmöglich würde[43]. Er hat[44] vielmehr diese Folgen der Werbefinanzierung zu berücksichtigen und die Vielfaltsanforderungen an den privaten Rundfunk auf ein auch tatsächlich erfüllbares Maß ab-

---

41 BVerfGE 57, 295, 324; 73, 118, 158 f.; EuGRZ 1991, 49, 66.

42 Näher zu den Auswirkungen der Werbefinanzierung unten 3. Abschnitt, B II 2 b (1).

43 Obwohl das Bundesverfassungsgericht nunmehr in der WDR-Entscheidung ausdrücklich einen Zwang zur Modellkonsistenz ablehnt (s. bereits oben Anm. 33), dürfte sich diese vor dem Hintergrund der instrumentalen Auslegung des Art. 5 Abs. 1 Satz 2 GG erstaunliche Absenkung der Anforderungen (vgl. dazu die umfassende kritische Analyse bei Rossen, Freie Meinungsbildung, S. 352 ff.) nur aus dem insbesondere von Lerche betonten Gedanken der Systemkonsistenz erklären lassen; vgl. Badura, JA 1987, 180, 187; Hecker, DuR 1987, 65, 70; Degenhart, ZUM 1988, 47, 51, jeweils unter Bezug auf Lerche, v.a. Presse und privater Rundfunk, S. 21 ff.

44 Verpflichtet ist er zu einer Vielfaltsabsenkung jedoch nicht, solange die gestellten Anforderungen nicht die Veranstaltung von Privatrundfunk unmöglich machen, so BVerfG EuGRZ 1991, 49, 72.

zusenken, solange nicht gravierende Ungleichgewichtigkeiten zutage treten. Ausreichend, aber auch erforderlich ist, daß der Gesetzgeber Vorkehrungen trifft, die dazu bestimmt und geeignet sind, ein möglichst hohes Maß an gleichgewichtiger Vielfalt im Privatrundfunk zu erreichen[45]. Für die Kontrolle durch die externen Gremien, die den Privatrundfunk zu beaufsichtigen haben, erscheint jedoch dieser Maßstab zu unbestimmt: hier kann es nur auf einen Grundstandard gleichgewichtiger Vielfalt ankommen[46].

### *2. Wahrnehmung der Grundversorgung durch den öffentlich-rechtlichen Rundfunk*

Voraussetzung für diese Absenkung der Anforderungen ist, daß die unerläßliche Grundversorgung durch die öffentlich-rechtlichen Anstalten, die dazu insbesondere aufgrund der Gebührenfinanzierung in der Lage sind, wahrgenommen wird, denn nur dann erscheinen die Erleichterungen im Hinblick auf das Schutzgut der Rundfunkfreiheit hinnehmbar[47]. Grundversorgung ist dabei nicht zu verstehen als ein Mindeststandard im Sinne einer Komplementärfunktion, auf die der öffentlich-rechtliche Rundfunk beschränkt wäre, sondern die Aufgabe der Grundversorgung deckt sich vollständig mit der Funktion des Rundfunks im Rahmen des von Art. 5 Abs. 1 GG geschützten Kommunikationsprozesses[48]. Die Zu-

---

45 So BVerGE 73, 118, 155 ff.; 74, 297, 325; EuGRZ 1991, 49, 66. Gegen das Erfordernis eines optimalen Vielfaltsstandards bereits Lerche, in: FS Roegele, S. 291, 299; ders., NJW 1982, 1676, 1678 f.

46 BVerfGE 73, 118, 159 f. Dieser Maßstab genügt nur für die laufende Programmkontrolle, nicht jedoch für die Zulassung der privaten Veranstalter, BVerfG EuGRZ 1991, 49, 72.

47 BVerfGE 73, 118, 157 f.; 74, 297, 325 f.; EuGRZ 1991, 49, 66.

48 Vgl. Badura, JA 1987, 180, 186; Fuhr, ZUM 1987, 145, 152; Degenhart, ZUM 1988, 47, 49 f.; Rossen, Freie Meinungsbildung, S. 387, 391. Im Anschluß an das Niedersachsen-Urteil hatte sich eine Diskussion um den Begriff der Grundversorgung entwickelt, weil ein Teil der Literatur ihn im Sinne einer Mindestversorgung (im Gegensatz zu "Vollversorgung") sehen wollte (Siehe dazu einerseits Grawert, AfP 1986, 277, 279 f.; Kull, AfP 1987, 462 ff.;

lässigkeit privaten Rundfunks mit abgesenkten Vielfaltsanforderungen[49] ist also gebunden an die Existenz eines leistungsfähigen öffentlich-rechtlichen Rundfunks; es läßt sich insoweit von einem akzessorischen System sprechen[50].

ders., AfP 1987, 365, 368 f.; Ory, AfP 1987, 466, 468; Schmitt Glaeser, DVBl 1987, 14, 18 f.; ders., DÖV 1987, 837, 838 f.; andererseits Berg, AfP 1987, 457 ff.; ders., MP 1986, 689, 690; Bethge, ZUM 1987, 87, 199, 202 f.; Fuhr, ZUM 1987, 145, 151 ff.; Grimm, RuF 1987, 25, 29; Stock, RuF 1987, 5, 12 ff. mit Überblick zu Geschichte des Begriffs). Diesen Vorstellungen hat das Bundesverfassungsgericht jedoch in den folgenden Rundfunkurteilen eine Absage erteilt, vgl. die Präzisierung in BVerfGE 74, 297, 325 f. und nunmehr EuGRZ 1991, 49, 66 f. - Als nach wie vor "schillernden Begriff" bezeichnet Lerche den Terminus, vgl. Lerche/Ulmer, Kurzberichterstattung im Fernsehen, 1989, S. 54.

49 Nicht die Zulässigkeit des Privatrundfunks generell, so zutreffend Degenhart, a.a.O., S. 48 Fn. 31.

50 So Fuhr, ZUM 1987, 145, 151; Goerlich/Radek, JZ 1989, 53, 55, 57; Bethge, ZUM 1987, 199, 202 (öffentlich-rechtlicher Rundfunk als "Geschäftsgrundlage" für Privatrundfunk). - Daraus resultiert eine verfassungsrechtliche Bestands- und Entwicklungsgarantie für den öffentlich-rechtlichen Rundfunk, solange werbefinanzierter Privatrundfunk existiert, Kübler, NJW 1987, 2961, 2963 f.

## B. Die Privatrundfunkaufsicht nach den Landesmediengesetzen

### I. Allgemeines zu Funktion und Stellung der Landesmedienanstalten

#### 1. Die externen Kontrollinstanzen als Kompensationsfaktor für die defizitären strukturellen Vielfaltssicherungen in den Privatfunkgesetzen

Nach allen Landesmediengesetzen existiert eine besondere Instanz[51], der die Beaufsichtigung der privaten Rundfunkveranstalter obliegt. Die Aufgabe dieser Aufsichtsinstanzen ist vor dem Hintergrund der in den Privatfunkgesetzen schwach ausgeprägten strukturellen Vielfaltssicherungen zu sehen[52]. Zwar gibt es Vorschriften über Umfang und Plazierung der Werbung[53], die zumindest den gravierendsten dysfunktionalen

---

51 Die Bezeichnungen variieren in den einzelnen Gesetzen: § 57 Abs. 1 LMG BW: "Landesanstalt für Kommunikation"; § 12 Abs. 1 KPPG: "Anstalt für Kabelkommunikation"; § 30 Abs. 1 BremLMG: "Bremische Landesmedienanstalt"; § 52 Abs. 1 HmbLMG: "Hamburgische Anstalt für neue Medien; § 38 Abs. 1 HPRG: "Hessische Landesanstalt für privaten Rundfunk"; § 27 Abs. 1 NdsLRG: "Landesrundfunkausschuß"; § 48 Abs. 1 LRG NW: "Landesanstalt für Rundfunk Nordrhein-Westfalen"; § 2 LRG RP: "Landeszentrale für private Rundfunkveranstalter"; § 53 Abs. 1 LRG Saarl.: "Landesanstalt für das Rundfunkwesen"; § 32 Abs. 1 LRG SH: "Unabhängige Landesanstalt für das Rundfunkwesen. - Im folgenden wird einheitlich die Bezeichnung "Landesmedienanstalt" verwendet.

52 Vgl. dazu Bethge, Rundfunkfreiheit und privater Rundfunk, S. 93 ff.; Groß, DVBl 1985, 353; Jarass, Gutachten G zum 56. DJT, Rn. 119; ders., ZUM 1986, 303, 308; Ziethen, in: Rundfunkaufsicht Bd. 3, S. 59, 87 ff.; Hoffmann-Riem, in: Rundfunkaufsicht Bd. 3, S. 209, 245 ff.

53 Vgl. Art. 7 Abs. 3 - 6 RfStV, wo der Anteil der Werbung auf 20 % der Sendezeit beschränkt ist. Die Regelungen in den Landesmediengesetzen stimmen damit weitgehend überein, vgl. A. Hesse, Rundfunkrecht, S. 181. Diese Regelung stellt allerdings keine wirkliche Begrenzung dar, weil die Zuseher ein derart mit Werbung überfrachtetes Programm kaum akzeptieren dürften (so BVerfGE 73, 118, 179; vgl. auch Jarass, Gutachten G zum 56. DJT,

Auswirkungen, die sich aus dieser Finanzierungsart ergeben, entgegenwirken sollen. In den binnenpluralistischen Systemen (bzw. für die binnenplurale Phase im Gleitmodell) existieren in gewissem Umfang auch Regelungen über die interne Veranstalterstruktur[54], während im außenpluralen Modell, das im wesentlichen auf die Steuerungskräfte des Wettbewerbs vertraut[55], derartige Regelungen naturgemäß nicht in Betracht kommen. Diese Vorkehrungen sind, insgesamt gesehen, nicht in der Lage, den Gefahren, die sich insbesondere aus der Werbefinanzierung für die programmliche Vielfalt ergeben, hinreichend entgegenzuwirken[56]. Die Mediengesetze bauen daher auf das Mittel der Aufsicht durch die Landesmedienanstalten, das diese - bei werbefinanziertem Privatrundfunk sich zwangsläufig ergebenden - Defizite in der strukturellen Vielfaltssicherung kompensieren soll.

Die Landesmedienanstalten sind als externe, nicht in die Veranstalterstruktur integrierte Instanzen konzipiert, die im Wege einer überwiegend rechtsaufsichtlich-repressiven Kontrolle[57] die Erfüllung

---

Rn. 130; A. Hesse, a.a.O.). - Im übrigen stellt sich umgekehrt die Frage, ob es zulässig wäre, die Werbezeiten ernsthaft zu beschränken, weil damit die Veranstalter um ihre Einnahmemöglichkeiten gebracht würden, vgl. Ricker/Schardt, Privatrundfunk-Gesetze im Bundesstaat, S. 139 f.

54 Vgl. § 22 Abs. 2 LMG BW; § 7 Abs. 4 BremLMG; § 14 Abs. 1 HPRG; § 5 Abs. 4 NdsLRG; § 6 Abs. 1 LRG NW; § 12 Abs. 3 LRG RP; § 5 Abs. 3 LRG Saarl.; § 11 Abs. 4 LRG SH. - Diese Vorgaben bleiben jedoch hinter den vom Bundesverfassungsgericht im FRAG-Urteil (BVerfGE 57, 295, 330 f.) aufgestellten zurück, denn die Gesetze legen nicht selbst fest, welche Gruppen in den Gremien vertreten sein müssen und wie ihr Einfluß auf das Programm im einzelnen ausgestaltet ist; so auch Frank, KJ 1985, 272, 285; ders., ZUM 1986, 187, 189.

55 Vgl. Lerche, NJW 1982, 1676, 1681; Hoffmann-Riem, AöR 109, 304, 343.

56 Das ergibt sich auch aus BVerfGE 74, 297, 330, wo die Regelung des § 22 Abs. 2 LMG BW, der die Verpflichtung zu organisatorischem Binnenpluralismus im privaten Lokalrundfunk erst im Zusammenspiel mit der Kontrolle durch die Landesmedienanstalt als eine dem öffentlich-rechtlichen Rundfunk gleichwertige Sicherung der Meinungsvielfalt angesehen wird.

57 Vgl. BVerfGE 73, 118, 170; Degenhart, AfP 1988, 327, 331, 333; Thaenert, in: DLM-Jahrbuch, S. 35, 41; Hoffmann-Riem, in: Rund-

des auch den Privaten übertragenen Programmauftrages gewährleisten sollen. Eine präventive Kontrollfunktion kommt den Medienanstalten nur bei der Entscheidung über die Zulassung der privaten Rundfunkveranstalter zu, weil der prognostische Charakter dieser Entscheidung eine gewisse steuernde und koordinierende Tendenz aufweist[58]. Das Konzept der Landesmediengesetze läßt sich deshalb als "Lizenzmodell" bezeichnen[59].

Aus der Eigenart der Programmaufsicht durch die Landesmedienanstalten als externer, nicht, wie bei den Rundfunkräten der öffentlich-rechtlichen Rundfunkanstalten, interner Kontrolle, folgt im Ergebnis eine geringere Effizienz bei der Durchsetzung des Vielfaltsstandards[60], auf die das Bundesverfassungsgericht durch Festlegung der Kontrollnorm[61] auf einen bloßen Grundstandard gleichgewichtiger Vielfalt reagiert hat[62]. Dieses Defizit ergibt sich nicht nur daraus, daß die

---

funkaufsicht, Bd. 3, S. 209, 219; Fuhr, in: Fuhr/Rudolf/Wasserburg, Recht der Neuen Medien, S. 348; A. Hesse, Rundfunkrecht, S. 177; C. Wagner, Die Landesmedienanstalten, S. 25 ff., 74 ff., 232 ff. - Vgl. aber auch unten Anm. 72.

58 Fuhr, a.a.O., S. 349; C. Wagner, Die Landesmedienanstalten, S. 177. - S. zu den Unsicherheiten dieser Prognose, die ihre faktische Bedeutung einschränken, Thaenert, a.a.O; Ziethen, a.a.O., S. 85 f.

59 A. Hesse, a.a.O., S. 163, 166; Stettner, Rundfunkstruktur im Wandel, S. 60 ("Konzessionierungsmodell mit Mißbrauchsabwehr").

60 So ausdrücklich BVerfGE 73, 118, 170. Vgl. weiter die Bedenken und Kritik bei Bullinger, AöR 108, 161 , 201 ("Dekor"); Hendriks, MP 1984, 433, 435; Hoffmann-Riem, AöR 109, 304, 366 ("Kontrollattrappen"); ders., RuF 1989, 214, 236 f. ("Ritual"); Schmidt, Rundfunkvielfalt, S. 95; Frank, Publizistik 1985, 346, 348 ff.; Jarass, ZUM 1986, 303, 311; Stock, NJW 1987, 217, 222; Lange, MP 1991, 8, 13 f.

61 Siehe zu dem im Rundfunkbereich nicht ungewöhnlichen Phänomen des Auseinanderfallens von Funktions- und Kontrollnorm Ossenbühl, DöV 1977, 381, 387; allgemein zum Unterschied von Funktions- und Kontrollnorm Forsthoff, in: FS Jellinek, S. 221, 233.

62 Erst diese Absenkung der Anforderungen macht das Modell verfassungsrechtlich unbedenklich. Die - im Verhältnis zum Koordinationsrundfunk - geringere Effizienz der externen Gremienkontrolle würde nämlich die Durchsetzung eines optimalen Vielfaltsstandards, jedenfalls bei einem primär werbefinanzierten

Landesmedienanstalten keine Einwirkungen im Vorfeld der Programmkontrolle, etwa im Bereich der Personalentscheidungen oder in Fragen wirtschaftlicher Art haben[63], sondern folgt auch aus der Wesensverschiedenheit der externen von der internen Aufsicht[64]; die Medienanstalten können trotz ihrer meist gruppenpluralen Zusammensetzung nicht einfach als eine "vor die Klammer" gezogene binnenplurale Struktur der Veranstalter angesehen werden[65]. Dem internen, "organisatorischen Prozeß der Selbstdefinition des Rundfunkprogrammes durch die beteiligten Gruppen"[66] fehlt der Eingriffscharakter; es handelt sich dabei im Modell des Integrationsrundfunks um eine Voraussetzung, keine Einschränkung der Rundfunkfreiheit[67]. Demgegenüber stellen sich die Maßnahmen der Landesmedienanstalten immer als Eingriff in die Rundfunkfreiheit der beaufsichtigten Rundfunkveranstalter dar[68]. Dies führt zu einer stärkeren "Verrechtlichung" der

---

Rundfunk, faktisch nicht erreichbar scheinen lassen, so daß es an einer ausreichenden Vielfaltssicherung (vgl. dazu bereits oben A IV 3) fehlen würde. Vgl. hierzu C. Wagner, a.a.O., S. 56 ff.

63 Vgl. dazu Bullinger, AöR 108, 161, 201; Frank, Publizistik 1985, 346, 348; Degenhart, AfP 1988, 327, 333; C. Wagner, a.a.O., S. 167. - Zur Bedeutung von Kompetenzen bei Personalentscheidungen für den Einfluß auf das Programm vgl. Lerche, Landesbericht, S. 52.

64 Hoffmann-Riem, AöR 109, 304, 361; ders., Antragsschrift, S. 112; Hecker, DuR 1987, 65, 74; Degenhart, AfP 1988, 327, 332; C. Wagner, a.a.O., S. 27.

65 In diese Richtung aber Starck, JZ 1983, 405, 409; Ricker/Schardt, Privatrundfunk-Gesetze im Bundesstaat, S. 82. Wie hier Groß, DVBl. 1985, 343, 358; Degenhart, a.a.O., S. 331; C. Wagner, a.a.O., S. 126 Fn. 153.

66 Ladeur, MP 1985, 734, 739.

67 Kewenig, Zu Inhalt und Grenzen der Rundfunkfreiheit, 1978, S. 123, 127; Picozzi, Aufsicht und Staatseinfluß bei Rundfunkanstalten, Kreditinstituten und Versicherungen, 1985, S. 207. Vgl. auch Ossenbühl, Rechnungsprüfung, S. 43 f. zum ähnlichen Problem der staatlichen und anstaltsautonomen Finanzkontrolle.

68 A. Hesse, Rundfunkrecht, S. 177; C. Wagner, a.a.O., S. 36 f. - Zu den Besonderheiten in Bayern vgl. die Ausführungen unten bei V 2 und 3.

Beziehung[69], denn Aufsichtsmaßnahmen können nur eine Reaktion auf Rechtsverletzungen der Privaten, die sich prinzipiell im grundrechtsgeschützten Raum bewegen, sein[70], auch wenn nicht zu übersehen ist, daß wegen der geringen Normierungsdichte der Kontrollnormen[71] nicht der Gesetzgeber, sondern die Medienanstalten den Aufsichtsmaßstab letztlich selbst definieren[72].

### *2. Zur Notwendigkeit der Staatsunabhängigkeit der Landesmedienanstalten*

Die Landesmedienanstalten sind durch eine eigenartige, ambivalente Stellung[73] gekennzeichnet, die auch verantwortlich zeichnet für die Schwierigkeiten bei ihrer staatsorganisationsrechtlichen Einordnung[74]. Einerseits hat ihre Tätigkeit gegenüber den privaten Anbietern grundrechtsbeschränkenden Charakter, denn trotz ihrer meist gruppenpluralen Zusammensetzung, die auf eine Zuordnung zum gesellschaftlichen Bereich hindeuten könnte, sind sie vom Staat eingesetzt,

---

69 Vgl. zur damit verbundenen Anhebung der Eingriffsschwelle Hoffmann-Riem, AöR 109, 304, 362 f.; Groß, DVBl 1985, 353, 357.

70 A. Hesse, DöV 1986, 177, 185; Degenhart, AfP 1988, 327, 331.

71 Vgl. dazu C. Wagner, a.a.O., S. 161 ff.

72 Die Entscheidungen werden also nur zu einem geringen Grad vom Gesetzgeber gesteuert (vgl. dazu allgemein Schreyer, Pluralistische Entscheidungsgremien im Bereich sozialer und kultureller Staatsaufgaben, 1982, S. 76 f.), so daß die Landesmedienanstalten weitgehende Entscheidungsspielräume besitzen, so Hoffmann-Riem, in: Rundfunkaufsicht Bd. 3, S. 209, 219 f.

73 Hecker, DuR 1987, 65, 74.

74 Das zeigt sich an den teilweise recht vorsichtigen Bewertungen in der Literatur, z. B. Ricker/Weirich, Mediengesetzentwurf der CDU Hessen, S. 39 ("wohl auch" Behörde); Fuhr, in: Fuhr/Rudolf/Wasserburg, Recht der Neuen Medien, S. 350 ("partiell begrenzter Behördencharakter"); siehe weiter die Äußerungen von Schmidt, MP 1986, 162, 169 ("weisungsfreie Oberbehörde"); Rödding, AfP 1989, 648, 652 ("Behörde mit dem Sonderstatus einer Anstalt des öffentlichen Rechts"; Bestandteil der "Einrichtung Rundfunk"); C. Wagner, a.a.O., S. 111 ff. ("Teil der staatlichen Organisation" und deshalb Bestandteil der "mittelbaren (Landes-)Staatsverwaltung").

üben Hoheitsgewalt aus, so daß ihre Tätigkeit - wenn auch nicht unbedingt staatliche, so doch jedenfalls öffentlich-rechtliche - Fremdkontrolle bleibt[75]. Andererseits bezweckt ihre Einsetzung durch den Gesetzgeber, der damit seiner Funktionsgewährleistungspflicht im Rundfunkbereich nachgekommen ist[76], die Verwirklichung des Grundrechts, an dessen Schutzgehalt sie teilnehmen[77].

Der Gesetzgeber hat daher bei der organisationsrechtlichen Konzeption der Landesmedienanstalten dem Gebot der Staatsfreiheit als wichtigem Strukturprinzip des Rundfunks Rechnung zu tragen[78]. Die Wahrnehmung der Privatfunkaufsicht durch staatliche Stellen wäre nur zulässig, wenn die anzuwendenden Normen so beschaffen wären, daß sie keine Wertungsspielräume eröffnen[79]. Die Landesmediengesetze folgen jedoch einer anderen Konzeption, denn sie verwenden weithin unbestimmte Rechtsbegriffe, die die Gefahr des Einfließens unzulässiger politischer Wertungen mit sich bringen[80]. Dieser Gefahr muß durch organisatorische Maßnahmen begegnet werden und erfordert in jedem Fall

---

75 Etwas vereinfachend wohl Ladeur, MP 1985, 734, 739 und Hecker, DuR 1987, 65, 74, die von staatlicher Fremdkontrolle sprechen.

76 Die planmäßige und umfassende Aufsicht über einen bestimmten Bereich privaten Handelns läßt sich immer dann beobachten, wenn sich diese Betätigung in einem störanfälligen, für die Allgemeinheit besonders bedeutsamen Gebiet abspielt, für das den Staat wegen der überindividuellen Bedeutung eine hervorgehobene Verantwortung trifft, vgl. Krüger, Allgemeine Staatslehre, 2. Aufl. 1966, S. 558; Stein, Die Wirtschaftsaufsicht, 1967, S. 19 ff.; Brunner, Kontrolle in Deutschland, 1972, S. 170.

77 Verkürzend die Sichtweise bei Schmidt, Rundfunkgebühr, S. 74 ("Wirtschaftsaufsicht"). - Sie können sich deshalb auf Art. 5 Abs. 1 Satz 2 GG berufen, A. Hesse, DÖV 1986, 177, 184; ders., Rundfunkrecht, S. 167; Hartstein/Ring/Kreile, Rundfunkstaatsvertrag, Einf. zu Art. 12, Rn. 21 f.; C. Wagner, a.a.O., S. 39; a. A. Schmidt, MP 1986, 162, 169; ders., Rundfunkgebühr, S. 71.

78 Zum Erfordernis der Staatsfreiheit siehe Schmidt, Rundfunkvielfalt, S. 90; Bethge, JZ 1985, 308, 311; Hesse, DÖV 1986, 177, 183 f.; Stender-Vorwachs, Staatsferne und Gruppenferne, S. 151 f.; C. Wagner, a.a.O., S. 96.

79 BVerfGE 73, 118, 182 f.; siehe auch die Überlegungen in der amtlichen Begründung zum LMG BW, LT-Drucks. 9/955, S. 61

80 Vgl. BVerfGE 73, 118, 183.

eine Ausgliederung der Medienanstalten aus der unmittelbaren Staatsverwaltung[81].

## *II. Die Aufgaben und Befugnisse der Landesmedienanstalten*

Die Hauptaufgabe der Landesmedienanstalten liegt im Bereich der Überwachung der Veranstaltung privaten Rundfunks. Neben diesen Kernbereich treten noch weitere Aufgaben wie die Förderung des Ausbaus der technischen Übertragungswege[82] oder die Trägerschaft des offenen Kanals[83].

Die hauptsächliche Aufgabe der Privatfunkaufsicht läßt sich nach den "Kontrollphasen"[84] zweiteilen:

### *1. Zulassung privater Rundfunkveranstalter*

Die Landesmedienanstalten fungieren zum einen als Genehmigungsbehörde[85]; ihnen obliegt die Entscheidung über die Erteilung der Zulassung zur Veranstaltung von Rundfunk[86]. Wenn die Lan-

---

81 C. Wagner, a.a.O., S. 96. - Verwaltungswissenschaftlich gesehen handelt es sich um quasi-judizielle Organisationen; vgl. dazu Schuppert, Die Erfüllung öffentlicher Aufgaben durch verselbständigte Verwaltungseinheiten, 1981, S. 5 ff., insbesondere 17 ff.

82 Vgl. §§ 3 ff. LMG BW; § 52 Abs. 2 LRG NW; § 30a LRG RP.

83 Vgl. §§ 26 ff. KPPG; § 27 BremLMG; § 30 HmbLMG; §§ 29 f. HPRG; §§ 34 ff. LRG NW; § 18 LRG RP; § 52c LRG Saarl.

84 C. Wagner, a.a.O., S. 157 f.

85 Schmidt, Die Rundfunkgewährleistung, S. 34 f.; ders., Rundfunkvielfalt, S. 89 spricht von der "Eingangsstufe" der Aufsicht.

86 §§ 72 Abs. 2 Nr. 5, 16 LMG BW; § 27 KPPG; § 5 BremLMG; § 16 HmbLMG; § 4 HPRG; § 4 LRG NW; § 4 LRG RP; § 39 LRG Saarl.; § 6 LRG SH. Einzige Ausnahme bildet Niedersachsen, wo Erlaubnisbehörde eine staatliche Stelle ist, wobei jedoch über bestimmte Erlaubnisvoraussetzungen die Landesmedienanstalt zu entscheiden hat, vgl. § 3 NdsLRG. Nach dem NdsLRG a.F. hatte die staatliche

desmediengesetze besondere Vorschriften über die Veranstaltung lokalen Rundfunks enthalten, sind die Landesmedienanstalten auch insoweit für die Erteilung der Genehmigung zuständig[87]. Dies gilt auch für die rundfunkähnlichen Kommunikationsdienste und Textdienste, soweit diese eine besondere gesetzliche Regelung erfahren haben[88]. Zur Zulassungsfunktion läßt sich schließlich auch die Zuständigkeit der Landesmedienanstalten für die Erteilung der Genehmigung zur Weiterverbreitung von in anderen Bundesländern oder im Ausland genehmigten Programmen rechnen[89], soweit nach den jeweiligen Gesetzen eine solche erforderlich ist[90].

### *2. Die laufende Programmkontrolle*

Die wichtigste[91] und verfassungsrechtlich auch problematischste Aufgabe der Landesmedienanstalten besteht in der laufenden Kontrolle der privaten Programme. Dabei lassen sich entsprechend den anzuwendenden Maßstäben zwei Bereiche unterscheiden:

Die Landesmedienanstalten haben erstens über die Einhaltung der allgemeinen Programmbindungen, wie z. B. die Vorschriften über den

---

Behörde umfassende Kompetenzen, was jedoch verfassungswidrig war, vgl. BVerfGE 73, 118, 182 ff.

87 Vgl. §§ 24 Abs. 1 i.V.m. 5 BremLMG; §§ 33 i.V.m. 16 HmbLMG; §§ 23 Abs. 2 i.V.m. 4 LRG NW.

88 §§ 72 Abs. 2 Nr. 10 und 13a i.V.m. 33, 46 LMG BW; §§ 29 i.V.m. 5 BremLMG; § 28 HPRG; §§ 44 i.V.m. 4 LRG NW.

89 C. Wagner, a.a.O., S. 157.

90 Vgl. zu diesen in den einzelnen Ländern teilweise recht unterschiedlichen Regeln über die Weiterverbreitung Jarass, ZUM 1986, 303, 313 ff.; A. Hesse, Rundfunkrecht, S. 209 ff. Siehe zu den mit der Tatsache, daß die Landesmedienanstalten (insbesondere im Fernsehbereich, wo es praktisch nur bundesweit verbreitete Programme gibt) nicht nur auf Landesebene, sondern auch bundes- und europaweit verbreitete Programme kontrollieren müssen, verbundenen bundesstaatlichen Problemen A. Hesse, a.a.O., S. 163 ff. und C. Wagner, a.a.O., S. 132 ff.

91 Vgl. Thaenert, in: DLM-Jahrbuch, S. 35, 41.

Persönlichkeitsschutz, den Jugendschutz oder die Werbung zu wachen. Diese Bindungen gelten unabhängig vom jeweiligen Pluralismusmodell. Zweitens haben sie dafür Sorge zu tragen, daß die Vielfaltsbestimmungen, die auf ein ausgewogenes Gesamtprogramm abzielen, beachtet werden[92]. In diesem Bereich hängt die Kontrollrichtung vom jeweiligen Pluralismusmodell ab, denn im binnenpluralen Modell ist jedes Einzelprogramm[93] auf Einhaltung des Grundstandards an Vielfalt zu überwachen, während im außenpluralen Modell nur das Gesamtangebot an privaten Programmen diesem Vielfaltsgebot zu genügen hat. Soweit sich die Länder für ein "Gleitmodell" entschieden haben, bestimmen die Landesmedienanstalten die Kontrollrichtung selbst, denn sie haben auch zu entscheiden, ob sich das Rundfunksystem in der binnen- oder außenpluralen Phase befindet[94].

### 3. *Aufsichtsmittel*

Entsprechend der repressiven Kontrollrichtung steht den Anstalten bei der laufenden Programmüberwachung das klassische rechtsaufsichtliche Instrumentarium, angefangen von Auskunftsansprüchen[95] über die Möglichkeit des Hinweises bzw. die Feststellung von Gesetzesverstößen[96],

---

92 Vgl. zum Unterschied der beiden Arten von Richtlinien Lerche, Landesbericht, S. 94.

93 Das kann sich sinnvollerweise nur auf Vollprogramme beziehen, vgl. A. Hesse, a.a.O., S. 191 f.

94 Regelungstechnisch gehen die meisten Gesetze dabei so vor, daß sie eine widerlegliche Vermutung dafür aufstellen, daß bei Empfangbarkeit einer bestimmten Anzahl von Programmen (meist drei Vollprogramme) die Ausgewogenheit des Gesamtprogramms als erreicht gilt, sofern nicht die Landesmedienanstalten etwas anderes feststellen.

95 § 49 Abs. 1 KPPG; § 28 Abs. 5 NdsLRG; § 58 Abs. 2 LRG Saarl.; § 34 Abs. 1 LRG SH.

96 § 32 Abs. 2 LMG BW; § 9 Abs. 1 HPRG; § 49 Abs. 2 KPPG; § 12 Abs. 1 BremLMG; § 54 Abs. 1 HmbMG; § 28 Abs. 2 NdsLRG; § 10 Abs. 1 LRG NW; § 58 Abs. 3 LRG Saarl.; § 34 Abs. 2 LRG SH.

deren Beanstandung[97] bis hin zum Widerruf[98] der Erlaubnis zu Gebote[99]. Positive Maßnahmen, die über diese lediglich negativen Korrekturmöglichkeiten hinausgehen, sind in gewissem Ausmaß in Bremen und Hamburg[100] und insbesondere in Rheinland-Pfalz möglich, wo die Landesmedienanstalt sogar Programmrichtlinien erlassen kann[101].

### *III. Die Organisation der Landesmedienanstalten*

#### *1. Rechtsform*

Die verfassungsrechtlich gebotene Staatsunabhängigkeit der Medienanstalten ist organisatorisch in allen Bundesländern durch ihre Ausgliederung aus der allgemeinen Staatsverwaltung als rechtsfähige Anstalten des öffentlichen Rechts verwirklicht worden[102]. Dazu kommt das Recht, ihre Aufgaben in eigener Verantwortung wahrzunehmen,

---

97 § 32 Abs. 2 LMG BW; § 49 Abs. 2 KPPG; § 12 Abs. 1 BremLMG; § 9 Abs. 1 HPRG; § 10 Abs. 1 LRG NW; § 28 Abs. 2 NdsLRG; § 58 Abs. 3 LRG Saarl.; § 34 Abs. 2 LRG SH.

98 § 28 Abs. 1 LMG BW; § 12 Abs. 5 BremLMG; § 24 Abs. 2 HmbMG; § 9 Abs. 3 HPRG; § 9 Abs. 1 NdsLRG; § 10 Abs. 5 LRG NW; § 9 Satz 3 LRG RP; § 58 Abs. 4 LRG Saarl.; § 10 Abs. 2 LRG SH.

99 S. zu der Frage, inwieweit von diesen Möglichkeiten tatsächlich Gebrauch gemacht wird, die länderübergreifenden Beobachtungen von Hoffmann-Riem, RuF 1989, 215, 229 f.

100 Vgl. § 12 Abs. 1, 6 Nr. 1 BremLMG; § 54 Abs. 1 Satz 2 HmbMG (Anweisung zu bestimmter Maßnahme möglich). Fraglich ist allerdings, inwieweit es praktisch möglich ist, diese gedankliche Trennung negativer und positiver Maßnahmen durchzuhalten; so zutreffend C. Wagner, a.a.O., S. 233 Fn. 359.

101 § 12 Abs. 5 LMG RP. Zur Verfassungsmäßigkeit Piette, Meinungsvielfalt im privaten Rundfunk, S. 156 ff.

102 § 57 Abs. 1 LMG BW; § 12 Abs. 2 KPPG; § 38 Abs. 1 BremLMG; § 52 Abs. 1 HmbMG; § 38 Abs. 1 HPRG; § 27 Abs. 1 NdsLMG; § 51 Abs. 1 LMG NW; § 24 Abs. 1 LRG RP; § 53 Abs. 1 LRG Saarl.; § 40 Abs. 1 LRG SH.

wozu auch die Satzungsautonomie gehört[103]. Teilweise ist den Landesmedienanstalten auch die Dienstherrnfähigkeit zuerkannt worden[104]; die Personalhoheit über ihre Beschäftigten steht unabhängig davon allen Landesmedienanstalten zu[105].

Dem Selbstverwaltungsrecht entspricht es, daß die Medienanstalten nur einer staatlichen Rechtsaufsicht unterworfen sind[106]. Diese Rechtsaufsicht kann, ähnlich der staatlichen Rechtsaufsicht über die Rundfunkanstalten, nur eine "beschränkte" in dem Sinn sein, daß den Landesmedienanstalten bei der Ausfüllung der von ihnen anzuwendenden unbestimmten Rechtsbegriffe eine Einschätzungsprärogative zukommt und die staatliche Aufsicht auf eine Evidenzkontrolle beschränkt ist, um zu verhindern, daß sie über die Auslegung der unbestimmten Rechtbegriffe unversehens in eine Fachaufsicht umschlägt[107].

### *2. Organe*

Die Aufgaben der Landesmedienanstalten werden in der Regel von zwei (teilweise drei) Organen, einem meist monokratisch besetzten

---

103 A. Hesse, a.a.O., S. 167 f.; C. Wagner, a.a.O., S. 102 f. mit Überblick zu den Rechtsvorschriften.

104 § 57 Abs. 4 LMG BW; § 27 Abs. 1 Satz 3 NdsLRG; § 53 Abs. 3 Satz 2 LRG Saarl.

105 C. Wagner, a.a.O., S. 104.

106 § 71 LMG BW; § 12 Abs. 2 Satz 3 KPPG (mit "Staatsaufsicht" kann hier nur Rechtsaufsicht gemeint sein); § 45 BremLMG; § 62 HmbMG; § 49 Abs. 1 HPRG; § 49 NdsLRG; § 66 Abs. 1 Satz 1 LRG NW; § 33 LRG RP; § 59 LRG Saarl.; § 57 LRG SH.

107 So auch Hesse, DÖV 1986, 177, 187; Hartstein/Ring/Kreile, Rundfunkstaatsvertrag, Einf. zu Art. 12, Rn. 12; C. Wagner, a.a.O., S. 99 f. Vgl. zur Zulässigkeit einer lediglich subsidiären Evidenzkontrolle bei der Staatsaufsicht über die öffentlich-rechtlichen Rundfunkanstalten Lerche, Landesbericht, S. 99 und Fn. 326a; Fromm, FuR 1980, 414, 424; Jarass, Die Freiheit des Rundfunks vom Staat, S. 55 f.; Ossenbühl, Rechnungsprüfung, S. 63 f.; Badura, Finanzautonomie, S. 66; - a.A. (Staatsaufsicht über Rundfunk generell unzulässig) insbesondere Wilkens, Die Aufsicht über den Rundfunk, S. 105 f., 115.

Exekutivorgan und einem kollegial strukturierten Hauptorgan, wahrgenommen[108]. Die Zuständigkeitsverteilung geht dahin, daß wichtige Grundsatzentscheidungen, insbesondere in Programmfragen, in den Aufgabenbereich des Hauptorgans fallen, während das Exekutivorgan diese Entscheidungen vorbereitet und ausführt[109].

Nach der Zusammensetzung des Hauptorgans und der Art der Benennung seiner Mitglieder lassen sich zwei Grundformen unterscheiden, das "Versammlungsmodell"[110] und das "Ratsmodell"[111]. Das Versammlungsmodell folgt mit seiner gruppenpluralen Zusammensetzung aus von für wichtig erachteten gesellschaftlichen Kräften entsandten Vertretern dem Vorbild des Rundfunkrats in den öffentlich-rechtlichen Rundfunkanstalten. Beim Ratsmodell werden hingegen die Mitglieder vom Parlament mit einer qualifizierten Mehrheit gewählt[112]. Eine eigenartige Mischung beider Lösungen findet sich in Hamburg, wo das Hauptorgan pluralistisch zusammengesetzt ist, die Letztentscheidung über die Entsendung jedoch nicht bei den jeweiligen gesellschaftlichen Gruppen, sondern beim Parlament liegt, das die Mitglieder wählt[113].

---

108 Die Bezeichnung ist nicht ganz einheitlich: Vorstand/Geschäftsführer/Medienbeirat (§ 57 Abs. 2, 3 LMG BW); Kabelrat/Direktor (§ 12 Abs. 2 KPPG); Landesrundfunkausschuß/Direktor (§ 38 Abs. 3 BremLMG); Vorstand/Direktor (§ 52 Abs. 3 HmbMG); Versammlung/Direktor (§ 38 Abs. 3 HPRG); Versammlung/Vorstand (§ 29 NdsLRG); Rundfunkkommission/Direktor (§ 51 Abs. 3 LRG NW); Versammlung/Direktor (§ 25 LRG RP); Landesrundfunkausschuß/Vorstand (§ 53 Abs. 4 LRG Saarl.); Anstaltsversammlung/Vorstand/Direktor (§ 40 Abs. 3 LRG SH).

109 Vgl. zur Zuständigkeitsverteilung näher A. Hesse, a.a.O., s. 171; C. Wagner, a.a.O.; S. 114 ff.

110 § 39 BremLMG; § 39 HPRG; § 30 NdsLRG; § 55 LRG NW; § 26 LRG RP; § 54 LRG Saarl.; § 42 LRG SH.

111 §§ 58, 60 LMG BW; §§ 13, 15 KPPG.

112 Vorbild ist hier das Verfahren der Richterwahl beim Bundesverfassungsgericht, vgl. die amtliche Begründung zum LMG BW, LT-Drucks. 9/955, S. 116 f. Siehe zu den gegen diese Lösung in bezug auf die mangelnde Staatsfreiheit bestehenden Bedenken Hesse, DÖV 1986, 177, 186; Degenhart, AfP 1988, 327, 334.

113 § 55 HmbMG. - Die dadurch tendentiell begünstigte Festschreibung des Proporzes der Fraktionen ist nicht unbedenklich, vgl. Frank,

## IV. Die Finanzierung der Landesmedienanstalten

### 1. Einnahmen

Die Gesamteinnahmen der Landesmedienanstalten sind in den letzten Jahren kontinuierlich gewachsen. Im Jahre 1989 beliefen sie sich auf über 92,7 Mio. DM[114].

Die wichtigste Finanzierungsquelle ist seit Inkrafttreten des Rundfunkstaatsvertrages der "Aufsichtsgroschen" aus dem 2 % - Anteil der Rundfunkgebühr gemäß Art. 6 Abs. 1 Nr. 1 RfStV, 3 Abs. 1 RfFinStV und den jeweiligen Zustimmungsgesetzen der Länder[115]. Dieser Anteil betrug 1989 über 87,2 Mio. DM, das sind 94,1 % der Gesamteinnahmen der Landesmedienanstalten.

Daneben erheben die Landesmedienanstalten nach Maßgabe gesonderter Gebührensatzungen Verwaltungsgebühren und Auslagen für

---

KJ 1985, 272, 286 f.; Hesse, a.a.O., S. 187; Jarass, Gutachten G zum 56. DJT, Rn. 152.

114 Diese und die folgenden Zahlenangaben sind zitiert nach dem bei Wöste, MP 1990, 281 ff. veröffentlichten Umfrageergebnis. Die Angaben der Bayerischen Landeszentrale für Neue Medien sind in die Statistik mit einbezogen.

115 Baden-Württemberg: Art. 2 des Gesetzes zu dem Staatsvertrag zur Neuordnung des Rundfunkwesens (Rundfunkstaatsvertrag) vom 16.11.1987 (GBl. 1987, S. 511), § 70 Abs. 1 LMG BW; Berlin: § 2 des Gesetzes zu dem Staatsvertrag zur Neuordnung des Rundfunkwesens (Rundfunkstaatsvertrag) vom 1./3.4.1987 (GVBl. 1987, S. 2613), § 18 Abs. 1 KPPG; Bremen: § 44 Abs. 1 BremLMG; Hamburg: Art. 2 des Gesetzes zum Staatsvertrag zur Neuordnung des Rundfunkwesens (Rundfunkstaatsvertrag) vom 12.11.1987 (GVBl. 1987, S. 195), § 61 Abs. 1 HmbMG; Hessen: § 47 Abs. 2 HPRG; Niedersachsen: Art. 2 des Gesetzes zu dem Staatsvertrag zur Neuordnung des Rundfunkwesens vom 20.10.1987 (GVBl. 1987, S. 183), § 50 Abs. 2 NdsLRG; Nordrhein-Westfalen: § 65 Abs. 1 LRG NW; Rheinland-Pfalz: § 31 Abs. 1 LRG RP; Saarland: Art. 4 des Gesetzes Nr. 1221 über die Zustimmung zum Rundfunkstaatsvertrag vom 16.9.1987 (ABl. 1987, S. 1153); Schleswig-Holstein: Art. 2 des Gesetzes zu dem Staatsvertrag zur Neuordnung des Rundfunkwesens (Rundfunkstaatsvertrag) vom 5. Juni 1987 (GVBl. 1987, S. 233), § 53 Abs. 1 LRG SH.

Amtshandlungen[116]. Mit einem Ertrag von lediglich 0,3 Mio. DM betrug dieser Posten im Jahre 1989 nur 0,3 % der Einnahmen. Von diesen Verwaltungskosten zu unterscheiden sind als weitere Einnahmequelle besondere Veranstalterabgaben der Rundfunkveranstalter, die sich an deren Bruttoeinnahmen bemessen[117]. Diese von den privaten Rundfunkveranstaltern aufzubringenden Abgaben, die rechtspolitisch besonders umstritten waren, weil sie die in der Anfangsphase des Privatrundfunks sowieso schon schlechte Ertragslage der Unternehmer noch weiter verschlechterten[118], tragen gleichfalls nur zu einem geringen Teil zur Finanzierung der Medienanstalten bei (1989 mit 0,96 Mio. DM, das sind 1 % der Einnahmen).

Zuschüsse aus dem allgemeinen Staatshaushalt, die vor dem Rundfunkstaatsvertrag die einzige Alternative zu Abgaben der Veranstalter darstellten, sind nunmehr nur noch in Niedersachsen und im Saarland gesetzlich vorgesehen[119]. Seit Inkrafttreten des Rundfunkstaatsvertrages sind staatliche Zuschüsse nicht mehr gewährt worden.

### 2. *Ausgaben*

Die Personal- und Sachkosten der Landesmedienanstalten machen naturgemäß den größten Anteil an den Aufwendungen aus. 1989 waren dies mit knapp 40 Mio. DM etwa 43 % der Gesamtausgaben.

---

116 § 70 Abs. 1, 3 LMG BW; § 18 Abs. 1, 2 KPPG; § 44 Abs. 1 BremLMG; § 61 Abs. 1 i.V.m. 29 Abs. 1, 37 Abs. 3, 39 Abs. 2, 46 Abs. 1 HmbMG; § 47 Abs. 1 HPRG; § 50 Abs. 1 und 2 (Erstattungsanspruch gegen staatliche Erlaubnisbehörde) NdsLRG; § 65 Abs. 3 LRG NW; § 31 LRG RP; § 60 Abs. 1, 2 LRG Saarl.; § 53 Abs. 1, 2 LRG SH. - Vgl. zu den Gebühren und Abgaben der Landesmedienanstalten auch den Überblick von Kreuzinger, ZUM 1986, 274 ff.

117 § 18 Abs. 1, 3, 4 KPPG; § 61 Abs. 1 i.V.m. 29, 37 Abs. 3, 39 Abs. 2 HmbMG; § 51 Abs, 1, 2 NdsLMG; § 53 Abs. 3 LRG SH.

118 Vgl. C. Wagner, a.a.O., S. 106.

119 § 27 Abs. 4 NdsLRG; § 60 Abs. 1 Satz 2 LRG Saarl.

Für die Förderung der technischen Infrastruktur und die Übernahme von Postgebühren der Privaten haben die Landesmedienanstalten 1989 etwa 31 Mio. DM, also knapp 34 % der Gesamtaufwendungen ausgegeben. Als nächster Posten folgen die Kosten für den offenen Kanal mit 13,4 Mio. DM (14,5 % der Ausgaben). Gesondert ausgewiesene Kosten für Inhaltsanalysen und Forschungsvorhaben fielen demgegenüber mit 2,4 Mio. DM (2,6 % der Ausgaben) ebenso wie Ausgaben für Reichweitenforschung (0,8 Mio. DM, das entspricht 0,9 % der Ausgaben) relativ gering ins Gewicht.

## *V. Sonderfall: Bayern*

### *1. Das Grundkonzept des MEG*

Von den Mediengesetzen der anderen Bundesländer unterscheidet sich das MEG am augenfälligsten durch die 3-Stufigkeit der Rundfunkorganisation. Zwischen die Bayerische Landeszentrale für Neue Medien, die, wie die Landesmedienanstalten in den übrigen Ländern als rechtsfähige Anstalt des öffentlichen Rechts mit dem Recht der Selbstverwaltung konzipiert ist[120], und die privaten Anbieter schieben sich die

---

120 Art. 9 Abs. 1 MEG; dementsprechend unterliegt die Landeszentrale nur einer staatlichen Rechtsaufsicht, Art. 18 MEG. - Auch die innere Organisation ähnelt derjenigen der übrigen Landesmedienanstalten: Dem pluralistisch zusammengesetzten Medienrat als Hauptorgan (Art. 10, 11 MEG) steht der Präsident als monokratisch besetztes Exekutivorgan gegenüber (Art. 14 MEG). Als drittes Organ ist der Verwaltungsrat für wirtschaftliche Angelegenheiten zuständig (Art. 13 MEG). - Auch die Regelungen über die Finanzierung entsprechen denjenigen der übrigen Länder: Die Landeszentrale bestreitet ihre Ausgaben aus dem 2 % - Anteil aus der Rundfunkgebühr (Art. 20 Abs. 1 Nr. 2 MEG i.V.m. Art. 6 und 15 Satz 1 RfStV) sowie Verwaltungskosten (Art. 20 Abs. 1 Nr. 3, 21 MEG). Darüberhinaus erhält die Landeszentrale noch einen Anteil an den von den örtlichen Kabelgesellschaften erhobenen Teilnehmerentgelten (Art. 20 Abs. 1 Nr. 1, 28 Abs. 2 MEG).

gleichfalls privatrechtsförmig organisierten örtlichen und überörtlichen Kabelgesellschaften[121].

Diese Kabelgesellschaften, an denen kommunale Gebietskörperschaften, gemeinnützige Organisationen mit kultureller Zielsetzung sowie die örtlichen Anbieter von Rundfunksendungen einschließlich der örtlichen Zeitungs- und Zeitschriftenverlage beteiligt sind[122], haben im wesentlichen organisatorische Aufgaben: Sie schließen mit den privaten Anbietern Vereinbarungen, deren Gegenstand hauptsächlich die Überlassung technischer Einrichtungen an diese und die Zusammenstellung eines Programms aus den Beiträgen der Anbieter ist[123]. Die Kontrollaufgabe der Landeszentrale läßt sich, entsprechend der bei den übrigen Landesmediengesetzen vorgenommenen Aufteilung, zweiteilen: Der Zulassungkontrolle enspricht nach dem MEG die Genehmigung der Tätigkeit der Kabelgesellschaften einerseits und die Genehmigung der Vereinbarungen der Kabelgesellschaften mit den Anbietern andererseits. In diesem Genehmigungsverfahren ist vor allem zu prüfen, ob zu erwarten ist, daß die Programmgrundsätze eingehalten werden und ob sich ein ausgewogenes, alle Meinungsrichtungen berücksichtigendes Gesamtprogramm ergibt[124]. Daneben tritt die laufende Programmkontrolle, der insbesondere die Anordnungsbefugnis nach Art. 15 MEG zu Gebote steht.

### *2. Art. 111a BV: Die Rechtsprechung des BayVerfGH*

Dieses "recht komplizierte Regelungsgeflecht"[125] ist vor dem Hintergrund des Art. 111a Abs. 2 Satz 1 BV[126] zu sehen, der verlangt, daß

---

121 Art. 22 und 24 MEG.

122 Art. 22 Abs. 2 MEG.

123 Art. 22 Abs. 2, 24 Abs. 2 MEG.

124 Vgl. Art 22 Abs. 4, 26 MEG.

125 Piette, Meinungsvielfalt im privaten Rundfunk, S. 187.

126 Vgl. zu der bemerkenswerten Entstehungsgeschichte dieser Vorschrift Lerche, in: Festgabe Gesellschaft für Rechtspolitik,

in Bayern Rundfunk in "öffentlicher Verantwortung und in öffentlich-rechtlicher Trägerschaft" betrieben werden muß. Schwierigkeiten bereitet die Auslegung des Tatbestandsmerkmals der öffentlich-rechtlichen Trägerschaft, denn es ist fraglich, ob damit, ähnlich dem herkömmlichen Anstaltsrundfunk, die eigenverantwortliche Veranstaltung von Rundfunksendungen durch eine öffentlich-rechtliche Organisation unter weitgehendem Ausschluß der Zurechnung von Programmaussagen an Private gemeint ist[127], oder ob es genügt, daß einer öffentlich-rechtlichen Trägerinstanz mit entsprechenden Einwirkungsmöglichkeiten die "übergreifende Verantwortung für die Entwicklung des Gesamtbereichs" zukommt, wofür es nicht erforderlich ist, daß jede einzelne Sendung dem Träger zugerechnet wird[128].

Nach Auffassung des BayVerfGH, der über die Verfassungsmäßigkeit des MEG zu entscheiden hatte, will Art. 111a BV zwar nicht den herkömmlichen Anstaltsrundfunk festschreiben, doch sei eine öffentlich-rechtliche Trägerschaft nur dann anzunehmen, wenn die Trägerinstanz das Programm (d. h. bis zur einzelnen Sendung) selbst verantworte, was rechtlich und tatsächlich ausreichende Möglichkeiten der Einflußnahme auf das Programm voraussetze. Das Gebot der öffentlich-rechtlichen Trägerschaft bedeute also mehr als Beaufsichtigung oder Kontrolle des Privatrundfunks, so daß Art. 111a BV der Errichtung eines dualen Systems in Bayern entgegenstehe[129]. Insgesamt sieht der BayVerfGH die

---

S. 245, 246; Obermayer, ZUM 1985, 461 ff.; Schmitt Glaeser, ZUM 1986, 330, 333.

127 So Obermayer, ZUM 1985, 461, 465; Bethge, ZUM 1986, 255, 260; ders., Rundfunkfreiheit und öffentlich-rechtlicher Organisationsvorbehalt, 1987, S. 65.

128 So Lerche, in: Festgabe Gesellschaft für Rechtspolitik, S. 245, 252 f.; vgl. weiter Stettner, ZUM 1986, 559, 565.

129 VerfGHE N.F. 39, 96, 138, 143; BayVBl. 1991, 143, 145. - Deshalb ist nach Auffassung des VerfGH auch die Rechtsprechung des Bundesverfassungsgerichts zu den unterschiedlich hohen Anforderungen an öffentlich-rechtlichen und privaten Rundfunk nicht ohne weiteres auf Bayern übertragbar. Andererseits erlaube es jedoch der Fortbestand des herkömmlichen Anstaltsrundfunks, an das neue Modell weniger strenge Anforderungen zu stellen (a.a.O., S. 144).

Konzeption des MEG als verfassungskonform an, was ihm nach seiner Interpretation des Art. 111a BV aber nur bei einer denkbar weiten Auslegung des Art. 15 MEG[130] und insbesondere dem befremdlichen Vergleich der privaten Anbieter mit "Bediensteten"[131] der Landeszentrale als alleiniger Trägerin der Rundfunkfreiheit, die jene jeglicher rundfunkrechtlicher Grundrechtsposition beraubt, gelingt[132].

### 3. *Kritik*

Damit wird die Entscheidung wohl kaum dem Anliegen des Gesetzes, Privaten mehr Rechte als im herkömmlichen öffentlich-rechtlichen Rundfunk einzuräumen, gerecht[133]. Intention des Gesetzes ist es, trotz der Vorschrift des Art. 111a BV eine möglichst weitgehende Beteiligung Privater zu ermöglichen[134]; insoweit existiert daher auch in Bayern privater Rundfunk[135], und es ist sehr zweifelhaft, ob diese den Privaten einmal eröffnete Betätigungsmöglichkeit aufgrund einfachgesetzlicher Anordnung vom Schutz der Rundfunkfreiheit ausgenommen werden

---

Kritisch zu diesen widersprüchlichen Ausführungen A. Hesse, Rundfunkrecht, S. 204.

130 A.a.O., S. 145 f.

131 Vgl. VerfGH, a.a.O., S. 138, zum Gebot des Betreibens in öffentlich-rechtlicher Trägerschaft: "Damit ist freilich nicht gesagt, daß ein öffentlich-rechtlicher Träger, der Rundfunk betreibt, das Programm jeweils durch eigene Bedienstete herstellen lassen müßte. Er kann sich dazu auch Dritter bedienen."

132 A.a.O., S. 138, 143, 150; BayVBl. 1991, 143, 145.

133 Vgl. die amtliche Begründung zum MEG, Lt-Drucks. 10/3856, A.2.

134 Lerche, a.a.O., S. 247 bescheinigt dem MEG etwas "leicht Akrobatisches"; Degenhart, AfP 1987, 371 spricht von einem immanenten Zielkonflikt.

135 Badura, ZUM 1988, 155, 159.

kann[136]. Art. 111a BV fordert einen so weitgehenden Ausschluß des Grundrechtsschutzes der Privaten nicht[137].

Obwohl der VerfGH nachdrücklich den Unterschied des bayerischen Modells zur Konzeption der anderen Landesmediengesetze betont, erscheint es, insgesamt gesehen, fraglich, ob die Lösung des MEG sich im Ergebnis wesentlich von den anderen Gesetzen unterscheidet[138]. Auch wenn in Bayern kein duales, sondern ein öffentlich-rechtliches Rundfunksystem mit zwei Trägern von Rundfunkveranstaltungen besteht, so sind doch jedenfalls Aufgabe und Stellung der Landeszentrale für Neue Medien nicht mit derjenigen des Bayerischen Rundfunks vergleichbar[139], denn die Landeszentrale ist selbst kein Rundfunkveranstalter in dem Sinne, daß sie Programme produzieren würde[140]. Vielmehr ermöglicht das MEG, ebenso wie die übrigen Mediengesetze, daß Private, die sich aus Werbeeinnahmen finanzieren[141], selbst Rundfunksendungen gestalten können, und zwar in wesentlich weitgehenderem Ausmaß, als dies im herkömmlichen Anstaltsrundfunk im Rahmen eigenverantworteter Drittsendungen der Fall ist[142].

---

136 Vgl. Badura, a.a.O. Kritisch auch Degenhart, AfP 1987, 371, 373. Deshalb bestehen im Hinblick auf das Zensurverbot auch gravierende Bedenken gegen Art. 15 Abs. 1 Satz 2 MEG, so Lerche, a.a.O., S. 255 f.

137 Lerche, a.a.O., S. 252 ff.; Degenhart, a.a.O., S. 372 f.

138 Vgl. Jarass, ZUM 1986, 303, 305, der die Konstruktion des MEG als rechtlich zwar völlig anders, im sachlichen Ergebnis doch ähnlich wie die der übrigen Landesmediengesetze bezeichnet; Groß, DVBl. 1985, 353, 354 sieht die Landeszentrale nur formal, nicht auch faktisch als Rundfunkveranstalter an. - Vgl. weiter A. Hesse, a.a.O., der bezweifelt, ob die Landeszentrale über wesentlich weiterreichende Befugnisse als die übrigen Landesmedienanstalten verfügt.

139 Badura, ZUM 1988, 155.

140 Das bestreiten auch Befürworter des MEG nicht, vgl. Ring/Rothemund, MP 1985, 39; Stettner, ZUM 1986, 559, 565.

141 Vgl. Art. 28 Abs. 4 MEG.

142 Vgl. zu diesen Drittsendungen Lerche, Landesbericht, S. 64 f.

Diese Überlegungen erhellen, daß die vom BayVerfGH vorgenommene strikte Gegenüberstellung von Rundfunk in öffentlich-rechtlicher Trägerschaft nach bayerischem Muster und Privatrundfunk nach dem Modell anderer Landesmediengesetze eine Grenzziehung vornehmen will, die in dieser Rigidität kaum möglich ist. Angesichts der besonderen öffentlichen Verantwortung für den Rundfunk ist die Unterscheidung nach öffentlichem und privatem Recht hier von nur relativer Bedeutung[143]; sie läßt die Ausführungen des BayVerfGH als unzulässig vereinfachende Schwarz-Weiß-Malerei erscheinen. Angesichts der nicht zu umgehenden öffentlich-rechtlichen Eingebundenheit privaten Rundfunks kann man die bayerische Lösung auf einer Skala, die sich zwischen den beiden - idealtypisch vorgestellten - Extremen erstreckt, wohl etwas weiter in Richtung der öffentlich-rechtlichen Seite angesiedelt ansehen als diejenigen der übrigen Bundesländer, jedoch nicht als wesensmäßig verschieden.

---

143 Lerche, BayVBl. 1976, 530, 534 f.; ders., in: Festgabe Gesellschaft für Rechtspolitik, S. 254.

## 2. Abschnitt

## Die verfassungsrechtliche Zulässigkeit "zusätzlicher" zweckgebundener Anteile an der Rundfunkgebühr: Diskussionsstand in Rechtsprechung und Literatur

### *A. Rechtstatsächliche Bestandsaufnahme*

Eine intensivere Diskussion über die Zulässigkeit besonderer Zweckbindungen für bestimmte Anteile der Rundfunkgebühr hat erst im Anschluß an die im Rundfunkgebührenstaatsvertrag '82[1] im Zusammenhang mit der Anhebung der Rundfunkgebühr von 13,00 DM auf 16,25 DM[2] vorgesehene Pflicht der Rundfunkanstalten zur finanziellen Beteiligung an den Kabelpilotprojekten ("Kabelgroschen") eingesetzt. Das Phänomen ist jedoch nicht neu, sondern derartige Zweckbindungen[3] haben auch

---

1 Staatsvertrag über die Höhe der Rundfunkgebühr und zur Änderung des Staatsvertrages über einen Finanzausgleich zwischen den Rundfunkanstalten v. 2.7.1982 (GVBl. 1982, S. 380). - Aus Gründen der Übersichtlichkeit werden im folgenden nur die Fundstellen im Bayerischen Gesetz- und Verordnungsblatt zitiert.

2 Zur Entwicklung der Höhe der Rundfunkgebühr vgl. Hartstein/Ring/Kreile, Rundfunkstaatsvertrag, Art. 3, Rn. 15. - Die nächste Erhöhung der Rundfunkgebühr, die zur Zeit in ganz Deutschland einheitlich 19 DM pro Monat beträgt, ist bereits für Anfang 1992 zu erwarten, um insbesondere die in den fünf neuen Bundesländern erforderliche "Anschubfinanzierung" zu ermöglichen. Dabei könnte die Erhöhung vorerst auf die alten Bundesländer beschränkt bleiben, um nicht die Rundfunkteilnehmer im Osten Deutschlands, die erst im Oktober 1990 durch die Anpassung auf das Westniveau eine deutliche Anhebung der Rundfunkgebühr hinnehmen mußten, erneut zu belasten, vgl. FK Nr. 10 v. 7.3.91, S. 6.

3 Unter "zweckgebundenen Anteilen" werden im folgenden alle Anteile am Aufkommen an der Rundfunkgebühr verstanden, die von der zuständigen Landesrundfunkanstalt i.S.d. Art. 5 RfGebStV nicht unmittelbar zur Erfüllung ihres Programmauftrages, sondern zur Finanzierung anderer, heteronom vorgegebener Zwecke zu verwenden sind.

schon vor Erhebung des "Kabelgroschens" existiert, wie nachfolgender Überblick zeigen soll.

### *I. Überblick über Teile der Rundfunkgebühr mit besonderer Zweckbestimmung*

1. Gemäß Art. 23 Abs. 1 ZDF-StV[4] und Art. 8 Abs. 2 RfGebStV stehen dem ZDF 30 v.H. des Aufkommens der Landesrundfunkanstalten an der Fernsehgebühr zu; dieser Anteil berechnet sich nach Abzug der Anteile der nach Landesrecht zuständigen Stellen (Art. 6 Abs. 1 RfStV und Art. 3 Abs. 1 RfFinStV[5])[6].

---

4 Staatsvertrag über die Errichtung der Anstalt des öffentlichen Rechts "Zweites Deutsches Fernsehen" v. 6.6.1961 (GVBl. 1962, S. 111).

5 Staatsvertrag über die Höhe der Rundfunkgebühr und zur Änderung des Staatsvertrages über einen Finanzausgleich zwischen den Rundfunkanstalten v. 7. - 14.10.1988 (GVBl. 1988, S. 453).

6 Die Eigenart der Finanzierung des ZDF aus einem zweckgebundenen Teil der Rundfunkgebühr wird allerdings heute kaum mehr deutlich, denn das Programm des ZDF kann wie dasjenige der Landesrundfunkanstalten von allen Rundfunkteilnehmern empfangen werden, und das ZDF ist, auch wenn der Gebühreneinzug bei den Landesrundfunkanstalten liegt, selbst Gebührengläubiger. (Das ist nunmehr durch die Neuregelung des RfStV klargestellt, vgl. Art. 8 Abs. 2 RfGebStV und die amtliche Begründung zu Art. 13 Abs. 1 Nr. 2 RfStV). S. zu der früheren Kontroverse wegen der Gläubigereigenschaft bezüglich des ZDF-Anteils Armbruster/Schneider, Rechtsgutachten zum Staatsvertrag über die Errichtung der Anstalt "Zweites Deutsches Fernsehen", 1965, S. 22; Bachof/Kisker, Rechtsgutachten zur Verfassungsmäßigkeit des Staatsvertrages über die Errichtung der Anstalt "Zweites Deutsches Fernsehen", 1965, S. 11 f.; Konrad, FuR 1968, 197 ff., 289 ff.; Nagel, Die Rechtsbeziehungen, S. 128 ff.; dies., FuR 1968, 164 ff., 231 ff.; Steimer, Rundfunkfinanzierung, S. 39 ff.). Die Besonderheit der Finanzierung des ZDF aus einem Anteil der grundsätzlich den Landesrundfunkanstalten zustehenden Gebühr ist jedoch nach wie vor nicht nur von akademischem Interesse, wie die jüngst aufgetretene Frage der Zulässigkeit einer "Spaltung" der Rundfunkgebühr im Hinblick auf die ZDF-Finanzierung zeigt, vgl. dazu das Gutachten von Bethge, Grundprobleme einer Spaltung der Rundfunkgebühr, 1990.

2. Gemäß Art. 2 RfFinStV haben die Landesrundfunkanstalten jährlich den Betrag von 58 Mio. DM von der ihnen zustehenden Grundgebühr an den Deutschlandfunk abzuführen, wobei sich die Anteile der einzelnen Rundfunkanstalten nach dem Grundgebührenschlüssel richten[7].

3. Art. 1 des Staatsvertrages über einen Finanzausgleich zwischen den Rundfunkanstalten[8] ermächtigt und verpflichtet die Landesrundfunkanstalten zur Durchführung eines angemessenen Finanzausgleichs. Die Finanzausgleichsmasse beträgt nach Art. 3 Abs. 1 des Staatsvertrages ab 1.1.1990 mindestens 222 Mio. DM; davon erhalten der SFB 96,544 Mio. DM, RB 57,032 Mio. DM und der SR 68,424 Mio. DM[9]. Die Ausgleichsmasse wird gemäß § 1 Abs. 2 der Vereinbarung folgendermaßen aufgebracht: BR: 33,737 Mio. DM; HR: 15, 297 Mio. DM; NDR: 37,118 Mio. DM; SDR: 15,959 Mio. DM; SWF: 20,433 Mio. DM; WDR: 99,456 Mio. DM.

4. Gem. Art. 6 Abs. 1 RfStV (für Bayern vgl. zusätzlich Art. 15 RfStV) und Art. 3 Abs. 1 RfFinStV kann ein Anteil von 2 v.H. an der Rundfunkgebühr für die Finanzierung folgender Aufgaben verwendet werden:[10]

- die Zulassungs- und Aufsichtsfunktionen der für private Veranstalter nach Landesrecht zuständigen Stellen (d.h. der Landesmedienanstalten bzw. in Bayern die Landeszentrale für Neue Medien);

- die Förderung offener Kanäle;

---

7 Die restlichen ca. 2/3 seines Etats erhält der DLF aus Mitteln des Bundeshaushaltes. 1989 belief sich dieser Zuschuß auf 109,8 Mio. DM (Kapitel 0602, Titel 68508).

8 V. 20.9.1973 (GVBl. 1973, S. 708), zuletzt geändert durch Staatsvertrag v. 7. - 14.10.1988 (GVBl. 1988, S. 453).

9 Art. 3 Abs. 2 des Staatsvertrages, § 1 Abs. 3 der Vereinbarung über den Finanzausgleich zwischen den Landesrundfunkanstalten v. 6.10.1988.

10 Vorläufer dieser Regelung war Art. 3 des Rundfunkgebührenstaatsvertrages '82, der die Rundfunkanstalten verpflichtete, jeweils 35 Mio. DM für die Kabelpilotprojekte in Bayern, Berlin, Nordrhein-Westfalen und Rheinland-Pfalz bereitzustellen.

- die Förderung von landesrechtlich gebotener technischer Infrastruktur zur terrestrischen Versorgung des gesamten Landes[11].

5. Soweit der Anteil nach Art. 6 Abs. 1 RfStV nicht in Anspruch genommen wird (bzw. gem. Art. 3 Abs. 2 RfFinStV den Landesmedienanstalten nur teilweise zugewiesen wird), steht er gemäß Art. 6 Abs. 2 RfStV den jeweiligen Landesrundfunkanstalten zu, wobei eine landesgesetzliche Zweckbestimmung zulässig ist. Die meisten Länder haben von dieser Ermächtigung Gebrauch gemacht und schreiben den Rundfunkanstalten vor, wie etwaige Überschüsse zu verwenden sind, so Baden-Württemberg (Förderung des den Landesrundfunkanstalten obliegenden kulturellen Programmauftrages)[12], Berlin (Finanzierung technischer Investitionen)[13], Bremen (Durchführung besonderer kultureller Veranstaltungen)[14], Hessen (Ausweitung der Darbietungen von im Lande veranstalteten Festspielen, künstlerischen Wettbewerben, Konzerten, Opern und Schauspielen sowie zum Ausbau des Sinfonieorchesters des HR)[15], Niedersachsen (Aufbau von Einrichtungen des NDR in Niedersachsen)[16] und Schleswig-Holstein (Aufbau weiterer Regionalstudios und Korrespondentenbüros des NDR in Schleswig-Holstein, insbesondere im Landesteil Schleswig)[17].[18]

---

11 Diese Möglichkeit besteht nur noch bis Ende 1992.

12 Vgl. Art. 2 Abs. 1 des Gesetzes zu dem Staatsvertrag zur Neuordnung des Rundfunkwesens (Rundfunkstaatsvertrag) v. 16.11.1987 (GBl. 1987, S. 511).

13 Vgl. § 2 Abs. 2 des Gesetzes zu dem Staatsvertrag zur Neuordnung des Rundfunkwesens (Rundfunkstaatsvertrag) v. 1./3.4.1987 (GVBl. 1987, S. 2613).

14 Vgl. § 44 Abs. 1 BremLMG.

15 Vgl. § 47 Abs. 4 HPRG.

16 Vgl. Art. II Abs. 2 des Gesetzes zu dem Staatsvertrag zur Neuordnung des Rundfunkwesens v. 28.10.1987 (GVBl. 1987, S. 183).

17 Vgl. Art. 2 des Gesetzes zu dem Staatsvertrag zur Neuordnung des Rundfunkwesens (Rundfunkstaatsvertrag) und zur Änderung des Landesrundfunkgesetzes v. 5.6.1987 (GVBl. 1987, S. 233).

18 Daneben existieren eine Vielzahl von Zweckbindungen, die in Erklärungen der Ministerpräsidenten oder in schlichten Parlamentsbeschlüssen ihre Grundlage finden (vgl. etwa die Synopse in

## *II. Die gesetzestechnische Konstruktion der Zweckbindung*

Diejenigen Zweckbestimmungen, die bewirken, daß ein Teil der Rundfunkgebühr einer anderen Einrichtung als der jeweiligen Landesrundfunkanstalt zufließt, lassen sich konstruktiv auf zwei Wegen bewerkstelligen.

Die eine Möglichkeit besteht darin, der jeweiligen Rundfunkanstalt als Gläubigerin des gesamten Gebührenanspruchs die Verpflichtung aufzuerlegen, bestimmte Zwecke mit einem summenmäßig exakt bezeichneten Betrag aus ihrem Gebührenaufkommen zu finanzieren. Diesem Muster folgt Art. 2 S. 1 des RfFinStVes, der lautet: "Die Landesrundfunkanstalten haben ... jährlich den Betrag von 58 Millionen DM von der ihnen zustehenden Grundgebühr an den Deutschlandfunk abzuführen ...".[19]

---

MP 1983, 974 ff.). Exemplarisch sei hier die Situation im Jahr 1983 herausgegriffen, als die Regierungen den Rundfunkanstalten anläßlich der Erhöhung der Rundfunkgebühr eine große Anzahl von Auflagen stellten. So gaben die Regierungschefs der Länder den Rundfunkanstalten auf, 0,15 DM der Fernsehgebühr für die Schließung von Lücken in der Fernsehrestversorgung sowie 0,45 DM der Rundfunkgebühr (0,10 DM der Grundgebühr und 0,35 DM der Fernsehgebühr) für Innovationen in technischer Hinsicht im Rahmen der neuen Kommunikationstechniken zu verwenden (vgl. dazu Badura, Finanzautonomie, S. 37). Wegen des im Finanzierungsbereich geltenden Gesetzesvorbehalts sind derartige "Erwartungshaltungen" zwar rechtlich unverbindlich (Badura, a.a.O., S. 73), politisch können sie jedoch, was im Hinblick auf die Unabhängigkeit der Anstalten sehr bedenklich ist, durchaus Wirkung zeigen; vgl. zu diesen Gefahren dezidiert BayVGH, BayVBl. 1988, 685, 687.

19 In diese Kategorie sind auch der Finanzausgleich zwischen den Rundfunkanstalten und die Finanzierung der Kabelpilotprojekte einzuordnen. Der Staatsvertrag über einen Finanzausgleich zwischen den Rundfunkanstalten schreibt zwar den Rundfunkanstalten ebensowenig wie der Rundfunkgebührenstaatsvertrag '82 vor, daß die abzuführenden Summen gerade aus den Erträgen der Rundfunkgebühr aufzubringen sind (waren), doch zeigen die Regelungen in Art. 3 Abs. 3 des Staatsvertrages über einen Finanzausgleich, der die Anpassung der Ausgleichsleistungen mit Änderungen der Rundfunkgebühr verknüpft bzw. Art. 3 Abs. 4 Rundfunkgebührenstaatsvertrag '82, der die Anteile der einzelnen Anstalten nach dem Fernsehgebührenschlüssel bemaß, den Zusammenhang der Abführungspflicht mit der Höhe des Gebührenaufkommens.

Der andere Weg liegt darin, den zweckgebundenen Anteil mit einem v.H.-Satz der Rundfunkgebühr zu bezeichnen, gegebenenfalls verbunden mit der Zuerkennung der Gläubigerschaft an die Institution, die ertragsberechtigt ist, so daß eine Gesamthandsgläubigerschaft am Rundfunkgebührenaufkommen entsteht[20]. Diese Konstruktion führt im Ergebnis dazu, daß sich der zweckgebundene Anteil der Rundfunkgebühr als "Zuschlag" auf die Rundfunkgebühr darstellt, der zwar zunächst noch - etwa aus einziehungstechnischen Gründen - den Landesrundfunkanstalten zufließen kann, für diese jedoch nur ein aussonderbarer "durchlaufender" Posten ist.

Dieses Konzept liegt der Regelung in § 23 Abs. 1 ZDF-StV, Art. 8 Abs. 2 RfGebStV und Art. 6 Abs. 1 RfStV, 8 Abs. 1, 2 RfGebStV, 3 RfFinStV zugrunde. Sowohl im Fall der Finanzierung des ZDF als auch der Landesmedienanstalten sind die Landesrundfunkanstalten hinsichtlich des zweckgebundenen Anteils, der prozentual bestimmt ist, nicht Gebührengläubiger, auch wenn sie zum Gebühreneinzug berechtigt sind (Art. 8 Abs. 4 RfGebStV)[21].

Diese Unterscheidung scheint zunächst eher von akademischem Interesse zu sein. Wie aber noch zu zeigen sein wird, spielt im Rahmen der Diskussion über die Zulässigkeit besonderer zweckgebundener Anteile der Rundfunkgebühr gerade dieser Punkt eine wichtige Rolle.

## *B. Die Rechtsprechung zum Kabelgroschen*

Art. 3 Abs. 1 des Rundfunkgebührenstaatsvertrages '82 verpflichtete die Landesrundfunkanstalten und das ZDF, für die Durchführung von

---

20 Vgl. Konrad, FuR 1968, 197, 198.

21 Zum originären Anspruch der Landesmedienanstalten auf den Anteil der Rundfunkgebühr vgl. Rombach, zitiert in FK Nr. 13/14 v. 27.3.1991, S. 13 f.

Versuchen mit Breitbandkabel (Kabelpilotprojekte) in den Ländern Bayern, Berlin, Nordrhein-Westfalen und Rheinland-Pfalz einen Betrag von 35 Mio. DM je Vorhaben beizusteuern. Die dadurch auf die Anstalten entfallenden Mehrbelastungen wurden ausweislich der Gesetzesmaterialien bei der Kalkulation der zum 1.7.1983 vorgenommenen Rundfunkgebührenanpassung mit 0,20 DM in Ansatz gebracht[22]. Dieser Vorgang führte zu gerichtlichen Klagen von Rundfunkteilnehmern, die die Auffassung vertraten, sie seien nicht zur Entrichtung dieses Teilbetrages der Rundfunkgebühr verpflichtet, weil sie an Kabelfernsehen nicht interessiert seien bzw. keine Möglichkeit zur Teilnahme an den Pilotprojekten hätten. Die Kläger argumentierten, daß diese 0,20 DM kein Teil der Rundfunkgebühr, sondern ein gesondert zu beurteilender Zuschlag seien, der für die Rundfunkanstalten nur einen durchlaufenden Posten darstelle. Da 99% der Haushalte nicht an den Kabelpilotprojekten teilnehmen könnten, stelle der Kabelgroschen wegen fehlender Äquivalenz keine Gebühr, sondern eine verfassungswidrige Zwecksteuer dar.

Von den bislang vier veröffentlichten Gerichtsentscheidungen[23] zum Thema seien im folgenden drei herausgegriffen, um zu demonstrieren, wie unterschiedlich die verfassungsrechtliche Problematik zu bewältigen versucht wird[24].

---

22 Vgl. hierzu Ott, Rechtsgutachten, S. 1 ff.

23 VG Berlin, Urt. v. 9.7.1986, ZUM 1986, 685 ff.; VG Stuttgart, Urt. v. 29.10.1986, ZUM 1987, 470 ff.; VG München, Urt. v. 4.12.1986, ZUM 1987, 472 ff.; BayVGH, Beschl. v. 6.7.1988, BayVBl. 1988, 685 ff.

24 Nicht dargestellt werden die Gründe der Entscheidung des VG München, das im wesentliche ähnlich wie das VG Berlin argumentiert, auch wenn es anders als Berlin die Rundfunkgebühr als Benutzungsgebühr qualifiziert.

### *I. VG Berlin*

Das VG Berlin[25] setzt sich in seiner Entscheidung zunächst mit dem Problem auseinander, ob der Kabelgroschen einen rechtlich gesondert zu bewertenden Zuschlag zur Rundfunkgebühr in Höhe von 0,20 DM darstellt, oder ob ein derart separierbarer Sonderbetrag nicht existiert. Es kommt zu dem Ergebnis, daß sich von der einheitlichen Rundfunkgebühr ein gesonderter Zuschlag nicht abspalten lasse. Die in der Begründung zum Staatsvertrag genannten 0,20 DM seien lediglich ein Kalkulationsfaktor. Die Mittel seien nicht im Wege einer besonderen Abgabe zu Lasten der Rundfunkteilnehmer erhoben worden, sondern stammten aus dem allgemeinen Finanzaufkommen der Rundfunkanstalten.

Sodann wendet sich das Gericht der Frage zu, ob es rechtlich bedenklich ist, daß die Kabelpilotprojekte aus dem allgemeinen Gebührenaufkommen der Rundfunkanstalten mitfinanziert würden. An die Spitze ihrer Ausführungen stellt die Kammer die Feststellung, daß die Rundfunkgebühr ihrer Rechtsnatur nach eine "beitragsähnliche Abgabe eigener Art zur Finanzierung des Rundfunks als einer einheitlichen, allgemeinen öffentlichen Aufgabe" sei[26]. Sie betont unter Verweis auf das zweite Rundfunkurteil des Bundesverfassungsgerichts den Charakter des Rundfunks als einer "Gesamtveranstaltung" und führt weiter aus, daß der besondere abgabenrechtliche Charakter der Rundfunkgebühr es erlaube, die Gebührenerhebung nicht an das Leistungsangebot und die Inanspruchnahme im Einzelfall, sondern schon an das bloße Bereithalten eines Rundfunkgeräts zu knüpfen, unabhängig davon, in welchem Umfang der Teilnehmer die Leistungen des Rundfunks überhaupt nutze[27].

Als Mittel zur Finanzierung der Gesamtveranstaltung Rundfunk könne die Rundfunkgebühr ihrer Bestimmung gemäß für alle diejenigen Aufgaben verwendet werden, die zur Durchführung dieser Gesamtveranstal-

---

25 A.a.O., S. 686 f.

26 A.a.O., S. 687.

27 A.a.O.

tung zu zählen seien. Nach Einschätzung des Verwaltungsgerichts gehört dazu nicht nur die Erstellung und Sendung eines Rundfunkprogramms, sondern auch die Erprobung neuer Techniken. Dabei sei es grundsätzlich unbeachtlich, wenn dies nicht von den Anstalten selbst, sondern unter ihrer finanziellen Beteiligung von Dritten durchgeführt werde. Entscheidend für die Bestimmungsgemäßheit der Verwendung der Rundfunkgebühr sei allein, daß sie der öffentlichen Aufgabe "Rundfunk" zugute komme[28]. Auch einen Verstoß gegen Art. 3 GG kann das Gericht nicht erkennen, denn das Versuchsziel der Kabelpilotprojekte komme allen Rundfunkteilnehmern gleichermaßen zugute, unabhängig von der Möglichkeit der aktuellen Teilnahme an den Versuchen. Im Ergebnis bejaht das Gericht daher die Zulässigkeit des Kabelgroschens.

### *II. VG Stuttgart*

Das VG Stuttgart verneint unter Bezugnahme auf das VG Berlin gleichfalls das Vorliegen eines gesondert zu beurteilenden zweckgebundenen Zuschlags auf die Rundfunkgebühr. Die Überlegungen der Kläger zur Rechtsnatur des Kabelgroschens seien somit gegenstandslos, da er den Charakter der Rundfunkgebühr teile[29]. Ein Verstoß gegen höherrangiges Recht kann sich nach diesem Ansatz nur noch durch die konkrete Gebührenhöhe ergeben, so daß hier der Schwerpunkt der Ausführungen der Kammer liegt.

Die Kammer läßt die genaue Bestimmung der Rechtsnatur der Rundfunkgebühr ausdrücklich dahinstehen, denn eine Zuordnung zu den in Betracht kommenden Abgabeformen von Gebühr, Beitrag, Abgabe mit Beitragscharakter bzw. beitragsähnlicher Abgabe führe im Hinblick auf die rechtliche Kontrolle der Höhe der Rundfunkgebühr letztlich nicht weiter. Ohne gesetzliche Normierung ließen sich nämlich aus dem bundes-

---

28 A.a.O.

29 ZUM 1987, 470, 471.

rechtlichen Beitrags- oder Gebührenbegriff keine Kontrollmaßstäbe ableiten, die es erlaubten, die rechtlich zulässige Rundfunkgebühr oder wenigstens die obere Grenze des Betrages zu bestimmen[30]. Dem Gesetzgeber komme bei der Festlegung der Gebührenhöhe ein weitreichender Gestaltungsspielraum zu, der seine Grenze nur im Verfassungsrecht, insbesondere dem Grundrecht der Informationsfreiheit und dem Äquivalenzprinzip als abgabenrechtlicher Ausformung des Verhältnismäßigkeitsgrundsatzes finde. Das Äquivalenzprinzip sei jedoch nicht verletzt, da sich diesem keine Aussagen darüber entnehmen ließen, welche Kalkulationsfaktoren in die Errechnung der Rundfunkgebührenhöhe Eingang finden dürften. Ebensowenig sei ein Verstoß gegen die Informationsfreiheit festzustellen, denn es liege auf der Hand, daß eine Erhöhung der Fernsehgebühr um monatlich 2,- DM nicht zu einer übermäßigen Einschränkung des Informationsrechtes der Rundfunkteilnehmer führe[31].

### *III. BayVGH*

Genau entgegengesetzt ist die Entscheidung des VGH in Argumentation und Ergebnis. Er läßt nicht nur die Frage nach der Rechtsnatur der Rundfunkgebühr[32], sondern auch die Problematik des Vorliegens eines aussonderbaren "durchlaufenden" Gebührenanteils ausdrücklich offen, weil er diesen Punkt für nicht entscheidungserheblich hält[33]. Auf jeden Fall werde durch den Kabelgroschen den Rundfunkteilnehmern effektiv eine Leistungspflicht auferlegt, die als unzulässige Sonderabgabe im Sinne der Rechtsprechung des Bundesverfassungsgerichts zu beurteilen sei. Ebenso wie es für die rechtliche Beurteilung einer Abgabe als Sonderabgabe auf ihren materiellen Gehalt ankomme, müsse auch für die Beantwortung der Frage, ob bereits eine Abgabe vorliegt, maßgeb-

---

30 A.a.O., S. 471.

31 A.a.O., S. 472.

32 BayVBl. 1988, 685, 686.

33 A.a.O., S. 688.

lich auf die finanziellen Auswirkungen auf den beanspruchten Personenkreis abgestellt werden. Die Kabelpilotprojekte seien keine gruppennützigen Veranstaltungen; es handele sich nicht um spezifische Aufgaben des öffentlich-rechtlichen Rundfunks, sondern um allgemeine Aufgaben im Bereich der Fortentwicklung der Medien insgesamt. Es sei nicht ersichtlich, daß die Fernsehteilnehmer zu der allgemeinen öffentlichen Aufgabe der Umstrukturierung des Medienwesens in einer engeren Beziehung stünden als die Allgemeinheit der Steuerzahler oder die Rundfunkteilnehmer insgesamt. Eine besondere Sachnähe und Gruppennützigkeit könnte eher für die privaten Anbieter gegeben sein, deren Beteiligung am Medienmarkt durch die Versuche gefördert werden solle[34].

## *C. Literaturstimmen zur Zulässigkeit "zusätzlicher" Anteile an der Rundfunkgebühr*

### *I. Kabelgroschen*

Die Diskussion in der Literatur zeigt, was die Argumentationsansätze betrifft, ein ähnliches Bild wie die Rechtsprechung. Die Kontroverse um die Abspaltbarkeit eines gesonderten Zuschlages zur Rundfunkgebühr zieht sich wie ein roter Faden auch durch die Stellungnahmen aus der Wissenschaft, wobei mit der Entscheidung in diesem Punkt in der Regel zugleich die Weichen für das Ergebnis in der verfassungsrechtlichen Beurteilung gestellt sind. Soweit die Autoren nämlich das Vorliegen einer abspaltbaren gesonderten Abgabe bestreiten, bejahen sie im Ergebnis die Rechtmäßigkeit des Kabelgroschens[35], während umgekehrt dieje-

---

[34] A.a.O., S. 688 f.

[35] So Grupp, FuR 1984, 283 ff.; Steimer, Rundfunkfinanzierung, S. 60 ff.; Hümmerich/Beucher, AfP 1989, 708, 715; für zulässig,

nigen Autoren, die eine materiell eigenständige Abgabe annehmen, diese schließlich für verfassungswidrig halten[36].

Die zweitgenannte Gruppe versucht, den Kabelgroschen in den Kanon der anerkannten Abgabeformen einzuordnen und kommt zu dem Ergebnis, daß, da 99 % der Haushalte an den Kabelpilotprojekten nicht teilnehmen könnten, wegen Fehlens einer ausreichenden Gegenleistung bzw. nutzbaren Einrichtung eine Gebühr oder ein Beitrag nicht gegeben sein könne. Bei der Abgabe handele es sich daher um eine - wegen fehlender Steuerhoheit der Rundfunkanstalten und Verstoß gegen Art. 3 GG - unzulässige Zwecksteuer[37] oder eine unzulässige, weil nicht in die besondere Gruppenverantwortung der Gebührenzahler fallende und auch nicht gruppennützig verwendete Sonderabgabe[38].

Die zuerst genannte Gruppe der Befürworter des Kabelgroschens läßt sich nochmals unterteilen, was den Duktus der Argumentation angeht. Einige Autoren untersuchen, ob die durch den Rundfunkgebührenstaatsvertrag '82 neu festgesetzte Rundfunkgebühr hinsichtlich ihrer Höhe gegen Bemessungsgrundsätze, wie etwa das Äqivalenzprinzip, verstoßen könnte. Im Ergebnis wird mangels eines krassen Mißverhältnisses zwischen Leistung und Gegenleistung ein solcher Verstoß abgelehnt. Auch eine Verletzung des Gleichheitsgrundsatzes wird verneint, denn es komme diesbezüglich nicht auf die Möglichkeit

---

weil "sachgerecht" halten auch Hartstein/Ring/Kreile, Rundfunkstaatsvertrag, Art. 6 Rn. 22 die Finanzierung der Kabelpilotprojekte aus dem Rundfunkgebührenaufkommen.

36 So Ott, FuR 1984, 231 ff.; ders., Rechtsgutachten, S. 26 ff.; Kollek, Finanzierung, S. 77 ff.; skeptisch auch EKM, Abschlußbericht I, S. 156. Hümmerich/Beucher, a.a.O., die hilfsweise auch diesen Ansatzpunkt durchprüfen, betrachten den Kabelgroschen allerdings auch insoweit für haltbar; ebenso Grupp, a.a.O., S. 291 f.

37 So Ott, FuR 1984, 231, 243; ders., Rechtsgutachten, S. 40 ff. - Die Begründung mit der fehlenden Steuerhoheit kann freilich schon deshalb nicht richtig sein, weil der Kabelgroschen aufgrund eines staatlichen Gesetzes erhoben wird, so zutreffend der Einwand von Grupp, FuR 1984, 283, 291 und Steimer, Rundfunkfinanzierung, S. 65.

38 So insbesondere Kollek, Finanzierung, S. 84 ff.

zur Teilnahme an den Pilotversuchen an, sondern entscheidend sei, daß das Versuchsergebnis allen Rundfunkteilnehmern zugute komme[39]. Andere stellen weniger auf die Höhe der Rundfunkgebühr ab, sondern befassen sich mit ihrem Verwendungszweck. Dabei fragen sie danach, ob die mit dem Kabelgroschen finanzierten Projekte noch eine "hinreichende rundfunkmäßige Konnexität" aufwiesen[40], oder ob es sich dabei um eine "rundfunkfremde" Aufgabe handele[41], denn es sei unzulässig, die Rundfunkgebühr für beliebig angehängte Zwecke mitzuverwenden, die nur lose oder gar nicht mit den öffentlichen Rundfunkleistungen zusammenhängen, um deretwillen der Empfänger sein Gerät bereithalte[42]. Im Ergebnis stellen die Kabelpilotprojekte für diese Stimmen einen zulässigen Verwendungszweck für die Rundfunkgebühr dar, weil das Versuchsziel auch dem öffentlich-rechtlichen Rundfunk bzw. der "Gesamtveranstaltung" Rundfunk zugute komme[43].

### *II. Aufsichtsgroschen*

Anders als beim Kabelgroschen wird hier die Frage der Aussonderbarkeit eines zusätzlichen Anteils der Rundfunkgebühr nicht gestellt, was sich offenbar mit der andersgearteten einfachgesetzlichen Konstruktion erklärt[44]. Im übrigen springen jedoch Parallelen zum Diskussionsstand beim Kabelgroschen ins Auge.

---

39 So Grupp, a.a.O., S. 287 ff.; Steimer, Rundfunkfinanzierung, S. 60 ff.

40 Oppermann/Kilian, Finanzierung, S. 96; vgl. auch S. 89.

41 Hümmerich/Beucher, a.a.O.; vgl. weiter Steimer, a.a.O., S. 63, der den Kabelgroschen auch deshalb für zulässig hält, weil er der Finanzierung der "Gesamtveranstaltung" diene; gleiche Argumentation bei Picozzi, Aufsicht und Staatseinfluß bei Rundfunkanstalten, Kreditinstituten und Versicherungen, 1985, S. 102.

42 Oppermann/Kilian, a.a.O., S. 95.

43 Hümmerich/Beucher, a.a.O.; Oppermann/Kilian, a.a.O., S. 95; Picozzi, a.a.O.; Steimer, a.a.O.

44 Vgl. oben unter A II.

Ein Teil der Autoren unternimmt es, den Aufsichtsgroschen einer der gängigen Abgabekategorien zuzuordnen. Nach diesem Ansatz wird der zweckgebundene Anteil mangels Gegenleistung oder Vorteil für den Rundfunkgebührenzahler nicht als Gebühr oder Beitrag qualifiziert[45]. Auch eine Zuordnung zu den Sonderabgaben scheitere mangels besonderer Sachnähe der Abgabebelasteten bzw. mangels gruppennütziger Verwendung des Abgabeaufkommens, so daß der Aufsichtsgroschen letztlich für verfassungswidrig gehalten wird[46].

Andere Stimmen fragen vor dem Hintergrund einer postulierten Zweckbindung des Rundfunkgebührenaufkommens nach der Legitimation für die Finanzierung der Landesmedienanstalten, wobei die abgabenrechtliche Typisierung dieses Anteils nicht problematisiert wird. Bei dieser Betrachtungsweise wird die Zulässigkeit des Aufsichtsgroschens nicht einheitlich beurteilt:

Teilweise wird die Abgabe für verfassungswidrig gehalten, weil die damit finanzierte Privatrundfunkaufsicht eine allgemeine Aufgabe des Staates sei, für deren Finanzierung die Rundfunkgebühr nicht verwendet werden dürfe. Die Kosten seien entweder vom Staat oder den Privatfunkunternehmen als den Veranlassern zu tragen, dürften aber nicht den Rundfunkteilnehmern aufgebürdet werden[47]. Der öffentlich-rechtliche Rundfunk könne hier, anders als beim Kabelgroschen nicht mit einer verwertbaren Gegenleistung rechnen[48]. Die besondere Zweck-

---

45 Schmidt, Rundfunkgebühr, S. 71 f.; vgl. auch EKM Abschlußbericht I, S. 156.

46 Schmidt, MP 1986, 162, 170; ders., Rundfunkgebühr, S. 72 f.; Stender-Vorwachs, Staatsferne und Gruppenferne, S. 176 f.; Hümmerich/Beucher, a.a.O. Anders Rudolf, in: v. Münch, Besonderes Verwaltungsrecht, S. 916, Fn. 165 mit dem Argument, im dualen System seien öffentlich-rechtlicher und privatrechtlicher Rundfunk als Einheit zu begreifen, was die gruppennützige Verwendung begründe.

47 Oppermann/Kilian, a.a.O., S. 97.

48 Oppermann/Kilian, a.a.O., S. 97 f.

bindung des Rundfunkgebührenaufkommens stehe einer "Umwidmung" zugunsten der Aufsichtsanstalten entgegen[49].

Dem wird erwidert, die Finanzierung der Privatrundfunkaufsicht aus der Rundfunkgebühr sei folgerichtig, weil diese Mittel zur Finanzierung der "Gesamtveranstaltung Rundfunk" sei, zu der auch der Privatrundfunk gehöre. Außerdem erfolge die Aufsicht im Interesse der Rundfunkteilnehmer, so daß es gerechtfertigt sei, sie zur Finanzierung heranzuziehen[50].

### *III. Subventionierung Privater aus der Rundfunkgebühr*

Der Gedanke einer besonderen öffentlich-rechtlichen Zweckbindung der Rundfunkgebühr wird auch herangezogen, soweit die Frage der Zulässigkeit der Subventionierung privater Rundfunkveranstalter aus der Rundfunkgebühr diskutiert wird[51]. So wird vorgebracht, die Finanzierung Privater aus der öffentlich-rechtlichen Rundfunkgebühr sei mit dieser Zweckbindung nicht vereinbar; die Abgabe dürfe nur zur Fi-

---

49 So insbesondere Schmidt, MP 1986, 162, 164, 168, 169 f.; ders., Rundfunkgebühr, S. 73. Vgl. auch a.a.O., S. 32 (aus der Funktionsbestimmung: "Finanzierung der Gesamtveranstaltung" folgende Zweckbindung).

50 So Hartstein/Ring/Kreile, Rundfunkstaatsvertrag, Art. 6, Rn. 22. Rombach, zitiert in FK Nr. 13/14 v. 27.3.91, S. 13, hält die Beteiligung der Landesmedienanstalten an der Rundfunkgebühr, die eigentlich der öffentlichen Aufgabe Rundfunk vorbehalten sei, deshalb für zulässig, weil die Aufgaben der Rundfunkanstalten und der Landesmedienanstalten verfassungsrechtlich gleichwertig seien.

51 Wegen Art. 6 Abs. 3 RfStV hat diese Frage allerdings weitgehend nur akademische Bedeutung (anders in Bayern wegen der Sonderregel in Art. 15 RfStV, vgl. dazu Badura, ZUM 1988, 155 ff.). Die Diskussion bezieht sich de lege lata hauptsächlich auf die Infrastrukturförderung gemäß Art. 6 Abs. 1 Nr. 3 RfStV, die, etwa durch Übernahme von Postgebühren (vgl. dazu die amtl. Begr. zu Art. 6 RfStV, abgedruckt bei Hartstein/Ring/Kreile, Rundfunkstaatsvertrag, Art. 6), zu einer zumindest indirekten finanziellen Unterstützung Privater führen kann.

nanzierung der Gesamtveranstaltung Rundfunk verwendet werden, wozu der Privatrundfunk nicht zu zählen sei[52].

Teilweise wird das Verbot der Privatfunksubventionierung auch mit der Begründung gestützt, die Rundfunkgebühr sei strukturnotwendig ausschließliches Finanzierungsinstrument des öffentlich-rechtlichen Rundfunks, bzw. diese Subventionierung widerspreche dem System der Rundfunkfinanzierung[53].

## *D. Analyse des Materials*

### *I. Prüfungsansätze*

Die Argumentationsmuster zur Bewältigung der Problematik besonderer zweckgebundener Anteile der Rundfunkgebühr sind, das hat der Überblick gezeigt, vielfältig. Trotz der Vielfalt im Detail lassen sich, auf der großen Linie gesehen, vier verschiedene Prüfungsansätze herauskristallisieren.

#### *1. Eigenständige abgabenrechtliche Qualifikation der zweckgebundenen Anteile*

Teilweise werden die zweckgebundenen Anteile losgelöst von der übrigen Rundfunkgebühr gesehen. Die Zuschläge werden als selbständige Abgabe behandelt, die zwar, wie die Rundfunkgebühr, von allen Besit-

52 Enz, ZUM 1987, 58, 76; Badura, ZUM 1988, 155, 164; Schmidt, Rundfunkgebühr, S. 86; Degenhart, in: Bonner Kommentar, Art. 5 Abs. 1 und 2, Rn. 704.

53 Badura, a.a.O., S. 163 f.; Schneider/Radek, Rundfunkfinanzierung, S. 84.

zern eines Rundfunkgerätes und verwaltungstechnisch zusammen mit der Rundfunkgebühr erhoben wird, aber ansonsten rechtlich keinen Zusammenhang mit dieser aufweist[54].

*2. Überprüfung der Gesamthöhe der Rundfunkgebühr anhand gebührenrechtlicher Bemessungskriterien*

Andere sehen die zweckgebundenen Anteile als integralen Bestandteil der Rundfunkgebühr an, der deren rechtliches Schicksal, insbesondere was die abgabenrechtliche Qualifikation anbetrifft, teile. Problematisiert wird nach diesem Ansatz, ob die Einbeziehung der in Frage stehenden Zwecke in die Bemessung der Gebühr zu einer unzulässigen Rundfunkgebührenhöhe führt, wobei insbesondere nach einem Verstoß gegen das gebührenrechtliche Äquivalenzprinzip gefragt wird[55].

*3. Differenzierung nach der Zweckbestimmung der gebundenen Anteile*

Ein dritter Argumentationsweg, der zumeist mit den beiden bereits genannten verwoben wird, stellt darauf ab, ob die mit dem zweckgebundenen Anteil der Rundfunkgebühr finanzierte Aufgabe so beschaffen ist, daß die Verwendung des Rundfunkgebührenaufkommens dafür gerechtfertigt erscheint. Ungeachtet der unterschiedlichen Formulierungen (etwa "Gesamtveranstaltung Rundfunk", "öffentliche Aufgabe Rundfunk", "rundfunkfremde Aufgabe", "rundfunkmäßige Konnexität") besteht offenbar Einigkeit darüber, daß ein bestimmter Zusammenhang mit dem Sachgebiet "Rundfunk" bestehen muß[56].

---

54 So BayVGH, a.a.O.; Ott, a.a.O.; Kollek, a.a.O.; Stender-Vorwachs, a.a.O.; Schmidt, Rundfunkgebühr, a.a.O.

55 So VG Stuttgart, a.a.O.; Steimer, a.a.O.; Grupp, a.a.O.

56 VG Berlin, a.a.O., S. 687; VG München, a.a.O., S. 474 f.; Steimer, a.a.O.; Picozzi, a.a.O.; Enz, a.a.O.; Badura, a.a.O.; Hümmerich/Beucher, a.a.O.; Oppermann/Kilian, a.a.O.; Schmidt, a.a.O.; Hartstein/Ring/Kreile, a.a.O.

### *4. Überprüfung anhand des Grundsatzes der Systemgerechtigkeit*

Schließlich sehen einige Autoren in der Abzweigung von Gebührenanteilen für andere Zwecke als die öffentlich-rechtlichen Rundfunkanstalten einen Verstoß gegen das Gebot der Systemgerechtigkeit[57].

## *II. Zum Postulat einer besonderen verfassungsrechtlichen Zweckbindung des Rundfunkgebührenaufkommens*

Als besonders problematisch hinsichtlich der dogmatischen Einordnung erweist sich bei näherer Betrachtung der unter 3. dargestellte Gedankengang. Da gerade diese Vorstellung bei den meisten Stellungnahmen zum Thema zumindest anklingt, soll das an dieser Stelle näher dargestellt werden, um zu zeigen, daß die Problematik nur dann zufriedenstellend behandelt werden kann, wenn Klarheit über die dogmatische Einordnung der vorgebrachten Argumente bzw. die Prämissen der Argumentation besteht[58].

Eine Argumentation, die die Zulässigkeit von Zweckbindungen besonderer Anteile an der Rundfunkgebühr von einem wie auch immer beschaffenen spezifischen Zusammenhang der unterstützen Aufgabe mit der Sachmaterie "Rundfunk" abhängig macht, setzt - stillschweigend - voraus, daß das Rundfunkgebührenaufkommen kraft Verfassung nur zur Finanzierung bestimmter Aufgaben verwendet werden darf. Wesentlich für die Überzeugungskraft solcher Überlegungen ist, woraus die zugrunde gelegte verfassungsrechtliche Zweckbindung der Rundfunkgebühr abgeleitet wird. Bei der Erörterung des Kabel- und Aufsichtsgroschens wird nun gerade dieser Punkt meist überhaupt nicht angespro-

---

57 So ausdrücklich Oppermann/Kilian, Finanzierung, S. 98, vgl. auch S. 88; ähnlich Schneider/Radek, Rundfunkfinanzierung, S. 84 f.; vgl. auch Badura, ZUM 1988, 155, 164.

58 Zur Bedeutung der Prämissensetzung für die Argumentation vgl. Perelman, Juristische Logik als Argumentationslehre, 1979, S. 11.

chen. Dies soll exemplarisch anhand der bereits dargestellten Entscheidung des VG Berlin demonstriert werden, gilt jedoch auch für viele Äußerungen in der Literatur[59].

Die Kammer qualifiziert die Rundfunkgebühr als "beitragsähnliche Abgabe eigener Art", die an das bloße Bereithalten eines Rundfunkgerätes anknüpft. Den Kabelgroschen sieht sie als untrennbaren Teil der Rundfunkgebühr an, der auch deren Rechtsnatur teile. Die Finanzierung der Kabelpilotprojekte aus dem Rundfunkgebührenaufkommen hält das Gericht im Ergebnis deshalb für unbedenklich, weil die Rundfunkgebühr als Mittel zur Finanzierung der Gesamtveranstaltung Rundfunk ihrer Bestimmung gemäß für alle diejenigen Aufgaben verwendet werden könne, die zu dieser Gesamtveranstaltung zu zählen seien, und dazu gehörten auch die Kabelpilotprojekte.

Diese Formulierungen können nur so verstanden werden, daß andere Aufgaben, die nicht zu der "Gesamtveranstaltung" gezählt werden können, aus verfassungsrechtlichen Gründen auch nicht aus dem Aufkommen der Rundfunkgebühr unterstützt werden dürfen, denn sonst wären die Überlegungen zu diesem Punkt überflüssig. Kein Wort verliert die Entscheidung darüber, aus welchen verfassungskräftigen - und nur solche interessieren hier - Grundsätzen diese Zweckgebundenheit des Abgabeaufkommens herzuleiten ist. Gerade dies wäre jedoch erläuterungsbedürftig gewesen, denn das Postulat einer besonderen Zweckgebundenheit des Aufkommens der zulässigerweise erhobenen Abgabe "Rundfunkgebühr" versteht sich nicht von selbst:

---

59 So etwa Steimer, a.a.O.; Hartstein/Ring/Kreile, a.a.O. Dieser Vorwurf trifft diejenigen Autoren nicht, die auf die Kriterien parafiskalischer Sonderabgaben i.S.d. Rechtsprechung des Bundesverfassungsgerichts abstellen, denn diese sind durch eine strenge Zweckbindung des Abgabeaufkommens gekennzeichnet (vgl. u. 5. Abschnitt A III 1).

### *1. Grundsätzliche Fungibilität der Erträge von Gebühren und Beiträgen*

Das Gericht qualifiziert die Rundfunkgebühr einschließlich Kabelgroschen als "beitragsähnlich", also als Vorzugslast[60]. Ein - durch die Argumentation der Kammer impliziertes - Verbot der Finanzierung von Aufgaben, die nicht der "Gesamtveranstaltung" Rundfunk zuzurechnen sind, würde nach abgabenrechtlichen Kriterien ein Verbot des Einsatzes des Ertrags von Vorzugslasten zur Finanzierung allgemeiner Staatsaufgaben voraussetzen. Ein solches Verbot existiert jedoch nach hM nicht. Es ist heute fast allgemein anerkannt, daß das Aufkommen von *zulässigerweise* erhobenen Entgeltabgaben grundsätzlich keiner Zweckbindung dergestalt unterliegt, daß es nur zur Finanzierung bestimmter Zwecke, etwa der die Abgabepflicht auslösenden öffentlichen Leistung, verwendet werden dürfte, solange nicht Gebührenerhebungskompetenz und Ertragshoheit völlig auseinanderfallen und sich die Abgabe als angemessene Gegenleistung für die öffentliche Leistung darstellt[61]. So hat etwa das Bundesverfassungsgericht in einer Entscheidung zu § 21 PostVerwG (a.F.) keine Einwände dagegen erhoben, daß die Bundespost einen Teil der Einnahmen aus den erwirtschafteten Gebühren an den allgemeinen Staatshaushalt abzuführen hat, denn solange den Postkunden für die von ihnen geleisteten Gebühren eine angemessene Gegenleistung erbracht werde, verlören die Abgaben ihren Gebührencharakter nicht[62]. Angesichts dieses Meinungsstandes hätte es zumindest nahegelegen, auf

---

60 Zu diesem Begriff Vogel, in: EvStL, Stichwort: Abgaben, öffentliche, Spalte 10.

61 Raecke, Kostendeckungsprinzip, S. 64; Kloepfer, AöR 97, 232, 245; Wilke, Gebührenrecht, S. 51 ff.; Feigenbutz, Post- und Fernmeldewesen, S. 163 (es existiere kein Funktionsvorbehalt zugunsten der Steuer für die Deckung des allgemeinen Finanzbedarfs); Henseler, Begriffsmerkmale und Legitimation von Sonderabgaben, 1984, S. 32 f. (das sei eine weitgehend unbestrittene Erkenntnis); Selmer, Finanzierung des Umweltschutzes, S. 37; Jarass, DöV 1989, 1013, 1015; Selmer/Brodersen/Nicolaysen, Straßenbenutzungsabgaben, S. 58, 82. A.A. vorwiegend die ältere Literatur, vgl. Ehle, DöV 1962, 45, 48 Fn. 40; Eyben, Beitrag, S. 152 f.; Müller, BB 1970, 1105, 1109; Richter, Sonderabgaben, S. 43 f.

62 BVerfG NJW 1984, 1871.

die Prämisse der Zweckgebundenheit weiter einzugehen, denn allgemein anerkannte abgabenrechtliche Grundsätze können die These nicht ohne weiteres stützen[63].

*2. Das zweite Rundfunkurteil des Bundesverfassungsgerichts*

Nachdem sich die Entscheidung[64] ausdrücklich auf das zweite Rundfunkurteil des Bundesverfassungsgerichts beruft, in dem die bekannte Formel von der "Gesamtveranstaltung Rundfunk" geprägt worden ist, wäre es auch denkbar, daß sich den Ausführungen des Bundesverfassungsgerichts eine derartige Zweckbindung des Rundfunkgebührenaufkommens mit Verfassungsrang entnehmen läßt. Das ist jedoch, betrachtet man die Ausführungen des Bundesverfassungsgerichts im Kontext, nicht der Fall:

Gegenstand des zweiten Rundfunkurteils war die Frage, ob § 2 Abs. 3 des Umsatzsteuergesetzes v. 29.5.1967, der die Tätigkeit der Rundfunkanstalten der Umsatzsteuerpflicht unterwarf, verfassungswidrig war. Dabei kam es entscheidend darauf an, ob die Veranstaltung von Rundfunksendungen gewerblicher Art ist, was das Bundesverfassungsgericht im Ergebnis verneint hat[65]. Im Rahmen dieser Prüfung setzte sich das Bundesverfassungsgericht auch mit dem Argument auseinander, die Gewerbsmäßigkeit der Tätigkeit der Rundfunkanstalten folge aus der

---

63 Auch die Tatsache, daß die Rundfunkgebühr nicht als Gebühr oder Beitrag, sondern als beitragsähnliche Abgabe eigener Art qualifiziert wird, ändert an diesem Befund nichts, denn dann wäre eine Darlegung zu erwarten gewesen, worin genau die "Eigenart" zu sehen ist. Ein Indiz dafür, daß hier nicht der Schlüssel zur Lösung des Problems liegt, bietet auch der Vergleich mit der Entscheidung des VG München, a.a.O., das die Rundfunkgebühr als Gebühr qualifiziert und in diesem Punkt trotzdem fast wortgleich argumentiert.

64 Vgl. VG Berlin, ZUM 1986, 684, 687, wo ausdrücklich auf BVerfGE 31, 314 verwiesen wird.

65 Vgl. BVerfGE 31, 314, 224 - die Frage war aus kompetenzrechtlichen Gründen, die hier nicht weiter interessieren, entscheidungserheblich.

Rundfunkgebührenpflicht. Dabei lehnte es den Schluß vom Vorhandensein einer Gebühr auf die gewerbliche Natur der Rundfunkdarbietungen ab, denn die Gebühr sei wegen der Zusammenarbeit der Rundfunkanstalten, dem Finanzausgleich und der gemeinsamen Finanzierung des ZDF keine Gegenleistung der Rundfunkteilnehmer für eine bestimmte Leistung der Anstalten, "sondern das von den Ländern eingeführte Mittel zur Finanzierung der Gesamtveranstaltung"[66].

Das Bundesverfassungsgericht hat sich im Mehrwertsteuerurteil weder zur Rechtsnatur der Rundfunkgebühr geäußert, noch hat es Aussagen zu verfassungskräftigen Zweckbindungen des Rundfunkgebührenaufkommens getroffen. Die Redeweise vom "Mittel zur Finanzierung der Gesamtveranstaltung" war das Ergebnis einer Bestandsaufnahme der einfachgesetzlichen Regelung der Rundfunkfinanzierung; sie hatte ausschließlich deskriptiven Charakter[67] und sollte die mangelnde Gewerbsmäßigkeit der Tätigkeit der öffentlich-rechtlichen Rundfunkanstalten begründen[68], nicht jedoch Zweckbindungen der Rundfunkgebühr herbeiführen.

### *3. Der Grundsatz der Systemgerechtigkeit*

Der Begriff "Gesamtveranstaltung" könnte zur Normenkontrolle daher nur dann nutzbar gemacht werden, wenn mit der Entscheidung des Gesetzgebers zugunsten eines bestimmten Finanzierungskonzeptes Konsequenzen verbunden wären, die über diejenigen eines lediglich einfachgesetzlichen Regelungswerks hinausgehen. Sie müßten so beschaffen sein, daß es dem Gesetzgeber verwehrt wäre, von einer einmal getroffenen Entscheidung wieder abzugehen.

Die Möglichkeit einer Bindung des Gesetzgebers an bestimmte Vorgaben wird unter dem Stichwort "Systemgerechtigkeit" diskutiert. Aus der

---

66 A.a.O., S. 330.

67 Vgl. a.a.O.: "unter diesen Umständen".

68 So auch Wenzel, ZUM 1990, 497, 499 Fn. 23.

Bedeutungsfülle, in der das Wort von Literatur und Rechtsprechung verwendet wird[69], lassen sich zwei besonders wichtige Konstellationen herauskristallisieren, nämlich die Pflicht zur Beachtung innerer, in der sozialen Wirklichkeit vorgegebener Gesetzlichkeiten und die Bindung des Gesetzgebers an von ihm selbst statuiertes Recht[70]. In diesem zweiten Sinn, der allein hier von Bedeutung sein könnte, wird aus dem Grundsatz der Systemgerechtigkeit die Pflicht des Gesetzgebers, einer Regelung zugrundegelegte Wertentscheidungen konsequent durchzuhalten, hergeleitet[71].

Es braucht an dieser Stelle nicht weiter erörtert zu werden, ob sich dem Grundgesetz ein eigenständiges Gebot zur Aufstellung oder Erhaltung eines Systems als Maßstab der Normenkontrolle entnehmen läßt[72], oder ob der Grundsatz der Systemgerechtigkeit allenfalls als - verzichtbarer - Topos zur Vergleichsgruppenbildung bei der Gleichheitsprüfung taugt[73], denn jedenfalls läßt sich aus der Verfassung nicht ohne weiteres ein Kontinuitätsgebot[74] in dem Sinne gewinnen, daß es dem Gesetzgeber verwehrt wäre, die einer Regelung zugrundeliegenden leitenden Wertungsgesichtspunkte zu wechseln[75]. Eine derart weitgehende Bindung an einmal getroffene Entscheidungen würde einen nicht zu rechtfertigenden lähmenden Effekt auf Gesetzgebungsaktivitäten

---

69 Vgl. dazu die umfassende Analyse bei Peine, Systemgerechtigkeit, S. 24 ff.

70 Vgl. Lerche, DÖV 1961, 486, 488; Battis, in: FS Ipsen, S. 11, 14 f.

71 Starck, in: v. Mangoldt/Klein/Starck, GG, Art. 3 Abs. 1, Rn. 33 m.w.N. zur Rspr. des BVerfG.

72 Kritisch Battis, a.a.O., S. 26 ff.; Peine, a.a.O., S. 105 ff.; zurückhaltend auch Lerche, a.a.O., S. 488 f. - Sehr zurückhaltend nunmehr auch das 6. Rundfunkurteil des Bundesverfassungsgerichts, vgl. EuGRZ 1991, 49, 68, 71 f.

73 Vgl. Peine, a.a.O., S. 54, 302; Lerche, a.a.O., 487 Fn. 5.

74 Zum Kontinuitätsgebot umfassend und kritisch Peine, a.a.O., S. 239 ff.

75 Lerche, a.a.O., S. 488; ders., Übermaß, S. 271 mit Fn. 60.

ausüben, der Reaktionen auf neue Gegebenheiten nahezu unmöglich machte.

Allein die Tatsache, daß der Gesetzgeber die Rundfunkgebühr als Mittel zur Finanzierung der Gesamtveranstaltung Rundfunk eingeführt hat, kann nicht als Begründung für die Unzulässigkeit der Finanzierung neuer Aufgaben herangezogen werden, denn es kann dem Gesetzgeber grundsätzlich nicht verwehrt sein, die Funktionsbestimmung der Rundfunkgebühr zu ändern, solange er die sonstigen verfassungsrechtlichen Bindungen beachtet. Auch der Gedanke der Systemgerechtigkeit ist also nicht ohne weiteres geeignet, das Postulat einer besonderen Zweckbindung der Rundfunkgebühr plausibel zu machen[76].

### *III. Zwischenergebnis: Notwendigkeit einer speziell kommunikationsgrundrechtlich orientierten Betrachtungsweise*

Als Zwischenergebnis dieses Überblicks über den Diskussionsstand kann festgehalten werden, daß die Argumentationsansätze zwar vielgestaltig sind, sich im wesentlichen jedoch mit rein abgabenrechtlichen Erwägungen begnügen[77]. Die Thematik weist zwar eine nach allgemein abgabenrechtlichen Kriterien zu behandelnde Komponente auf, doch erschöpft sich das Problem allein darin nicht. Ein Indiz dafür sind die

---

76 Das Argument der Systemgerechtigkeit, mit dem, wie dargestellt, die unmittelbare oder mittelbare Subventionierung Privater aus der Rundfunkgebühr kritisiert wird, dürfte von den genannten Autoren daher wohl auch in einem mehr rechtspolitischen denn verfassungsrechtlichen Sinn gemeint sein. Der Gedanke ist jedenfalls bei allen zitierten Autoren nur lapidar angedeutet und nicht näher erläutert. - S. zur rechtspolitischen Funktion der Systemgerechtigkeit allgemein Battis, a.a.O., S. 26 f.; kritisch Gusy, JuS 1982, 30, 35, der bemängelt, daß der Grundsatz der Systemgerechtigkeit oft dazu benutzt wird, rechtspolitisch Erwünschtes als verfassungsrechtlich geboten darzustellen.

77 So ausdrücklich Hümmerich/Beucher, AfP 1989, 708, 715: Die Frage der Zulässigkeit des Kabelgroschens sei "abgabenrechtlicher Natur". Ebenso Oppermann/Kilian, Finanzierung, S. 95 Fn. 172, wo von "finanzrechtlicher Konnexität" und a.a.O. S. 97, wo von "gebührenrechtlichen Bedenken" die Rede ist.

soeben aufgezeigten Begründungsdefizite hinsichtlich der Annahme einer verfassungsrechtlichen Zweckbindung des Rundfunkgebührenaufkommens.

Erforderlich ist eine speziell an den betroffenen Grundrechten orientierte Betrachtungsweise. Die - allgemeinen - abgabenrechtlichen Zulässigkeitsbedingungen sind im Hinblick auf die Grundrechte der abgabepflichtigen Bürger primär an Art. 2 Abs. 1, 14 Abs. 1 und 3 Abs. 1 GG ausgerichtet und, was die erhebungsberechtigten Körperschaften anbelangt, insbesondere auf die Wahrung der Finanzverfassung des Grundgesetzes angelegt[78]. Sie berücksichtigen daher nicht ausreichend die Besonderheiten, die die Rundfunkgebühr kennzeichnen und den Legitimationsbedarf dieser Abgabe in einem anderen Licht erscheinen lassen. Diese Besonderheiten sind sind in zwei Richtungen, nämlich sowohl in bezug auf die Rundfunkanstalten als Abgabegläubiger, als auch in bezug auf die Rundfunkteilnehmer als Abgabeschuldner zu beobachten.

### *1. Die freiheitssichernde Funktion der Rundfunkgebühr in bezug auf die Abgabegläubiger*

Öffentliche Abgaben dienen der Erzielung von Einnahmen für das erhebungsberechtigte Gemeinwesen und sollen ihm die Erfüllung seiner Aufgaben finanziell ermöglichen. Diese banale Erkenntnis gilt auch für die Rundfunkgebühr. Die Besonderheit der Rundfunkfinanzierung ist darin zu sehen, daß es hier nicht nur um das "ob" bzw. das "wieviel" bei der Zuweisung von Mitteln geht, sondern auch und im besonderen um das "wie". Anders als die meisten sonstigen abgabeerhebungsberechtigten juristischen Personen des öffentlichen Rechts nehmen die Rundfunkanstalten nicht lediglich ihnen zugewiesene Kompetenzen wahr, sondern handeln als Grundrechtsträger[79]. Die Rundfunkgebühr soll ih-

---

78 Näher dazu unten 5. Abschnitt, B.

79 Nach der Rechtsprechung des Bundesverfassungsgerichts sind juristische Personen des öffentlichen Rechts grundsätzlich nicht

nen die Verwirklichung des Grundrechts ermöglichen und besitzt daher eine spezifisch freiheitssichernde Funktion. Diese Eigenheit der Rundfunkgebühr bedingt, daß bei der Untersuchung der Zulässigkeit des Aufsichtsgroschens immer die Vorgaben der verfassungsrechtlichen Rundfunkgewährleistung im Blickfeld zu bleiben haben[80].

## *2. Die Grundrechte der Rundfunkteilnehmer*

Spezifische Grundrechtsrelevanz kommt der Rundfunkgebühr aber auch im Hinblick auf die Abgabepflichtigen zu, denn ihr Charakter als Bereithaltegebühr belastet mit fast steuergleicher Wirkung die Besitzer eines Rundfunkempfangsgerätes, was gerade im dualen System besondere Fragen wegen der dadurch erschwerte Informationsaufnahme provoziert. Gerade diesem Aspekt des Problems wurde bisher kaum Beachtung geschenkt; er wird deshalb noch ausführlich zu behandeln sein.

Die Untersuchung der Zulässigkeit des Aufsichtsgroschens hat daher - grob eingeteilt - in zwei Richtungen zu erfolgen: Die Problematik ist sowohl aus der Perspektive der Rundfunkanstalten (sogleich 3. Abschnitt), als auch aus dem Blickwinkel der Rundfunkteilnehmer zu be-

---

grundrechtsfähig. Eine Ausnahme gilt nur dann, wenn eine juristische Person des öffentlichen Rechts von ihrem Aufgabenbereich her unmittelbar einem bestimmten grundrechtlich geschützten Lebensbereich zuzuordnen ist. Die Rundfunkanstalten sind gerade zur Verwirklichung des Grundrechts der Rundfunkfreiheit geschaffen worden; sie verteidigen hier trotz ihrer öffentlich-rechtlichen Organisationsform Grundrechte in einem Bereich, in dem sie vom Staat unabhängig sind, daher können sie sich auf den Schutz des Art. 5 Abs. 1 Satz 2 GG berufen (BVerfGE 31, 314, 322; 35, 202, 222; 59, 231, 254 f.; 78, 101, 102).

80 Auszuscheiden als Prüfungsmaßstab ist demgegenüber von vorneherein Art. 14 GG, mit dem sich das Bundesverwaltungsgericht in seiner Entscheidung zur Verfassungsmäßigkeit von § 23 ZDF-StV, der dazu führt, daß den Landesrundfunkanstalten 30 % des Gebührenaufkommens entzogen wird, auseinandersetzte (BVerwGE 22, 299, 303 f.). Die Rundfunkanstalten sind nämlich insoweit nach der st. Rspr. des Bundesverfassungsgerichts nicht grundrechtsfähig, vgl. BVerfGE 59, 231, 254 f.; 78, 101, 102; weiter EuGRZ 1991, 49, 71 (keine Berufung auf Pressefreiheit).

leuchten, wobei sich insoweit nicht nur Fragen im Hinblick auf das verfassungsrechtliche Abgabensystem ergeben (5. Abschnitt), sondern vor allem auch speziell kommunikationsgrundrechtliche Überlegungen (4. Abschnitt) anzustellen sein werden.

# 3. Abschnitt

# Der Aufsichtsgroschen und die Rundfunkfreiheit der öffentlich-rechtlichen Rundfunkanstalten

## *A. Die These W. Schmidts*

Insbesondere Walter Schmidt[1] hat in jüngster Zeit wieder verstärkt auf den Zusammenhang des Instituts der Rundfunkgebühr mit Art. 5 GG hingewiesen[2]. In Anknüpfung an die wegweisende Untersuchung Ipsens, dessen Verständnis der Rundfunkgebühr nicht mehr als Postgebühr, sondern als Rundfunkanstaltsgebühr wesentlich auf Überlegungen zur Informationsfreiheit beruhte[3], bringt Schmidt die verfassungsrechtlichen Wurzeln der Rundfunkgebühr in die Diskussion[4]. Seine Kritik an der von "Äußerlichkeiten der Begriffszuordnung innerhalb des Formenarsenals verwaltungsrechtlicher Abgaben" geführten Diskussion[5] ist danach folgerichtig und trifft sich mit der hier gewonnenen Erkenntnis, daß sich die Funktion der Abgabe "Rundfunkgebühr" nicht in der Erzielung von Einnahmen erschöpft, sondern insbesondere in ihren freiheitssichernden Eigenschaften liegt.

Aus dem konstatierten Zusammenhang der Rundfunkgebühr mit der verfassungsrechtlichen Rundfunkgewährleistung leitet Schmidt eine besondere Zweckbindung des Rundfunkgebührenaufkommens ab, die zu den

---

1 MP 1986, 162 ff.; ders., Die Rundfunkgebühr in der dualen Rundfunkordnung, 1989.

2 So auch die Einschätzung in der Rezension des Schmidt'schen Gutachtens bei Hümmerich, RuF 1990, 277, 278.

3 Ipsen, Die Rundfunkgebühr, S. 44 ff.

4 MP 1986, 162, 166; Rundfunkgebühr, S. 30 ff.

5 A.a.O.

allgemeinen Bindungen des Gesetzgebers hinzutrete und die einer "Umwidmung" von Anteilen der Gebühr für andere Zwecke als der Finanzierung der öffentlich-rechtlichen Rundfunkanstalten entgegenstehe[6]. Ihre Grundlage findet die Zweckbindung nach Schmidt in Art. 5 Abs. 1 Satz 2 GG.

Diese These ist deshalb von besonderem Interesse, weil sie, sollte sie sich als zutreffend erweisen, geeignet wäre, die dargestellten Begründungsdefizite hinsichtlich einer von vielen Stimmen vorausgesetzten Zweckbindung der Rundfunkgebühr auszuräumen.

## *B. Kritik*

Das Besondere im Ansatz Schmidts liegt darin, daß er zusätzlich zu der bekannten abgabenrechtlichen eine spezifisch rundfunkverfassungsrechtliche Betrachtungsweise fordert, da die Eigenart der Rundfunkgebühr nur aus den vom Bundesverfassungsgericht zu Art. 5 Abs. 1 Satz 2 GG entwickelten Grundsätzen verstanden werden könne[7]. Dieser These ist, jedenfalls was den dogmatischen Ansatzpunkt betrifft, zuzustimmen. Fraglich ist, ob auch die daraus gezogenen Schlußfolgerungen überzeugen. Die Beantwortung der Frage setzt zunächst einen allgemeinen Blick auf die verfassungsrechtlichen Grundsätze der Finanzierung des öffentlich-rechtlichen Rundfunks voraus (unter I. und II.), bevor dann das Konzept der "zusätzlichen Anteile" nach dem Rundfunkstaatsvertrag untersucht werden kann (unter III.).

---

6 So vor allem in MP 1986, 162, 164, 169 f.; weniger pointiert in ders., Rundfunkgebühr, S. 73. - In diese Richtung auch Badura, ZUM 1988, 155, 163.

7 Rundfunkgebühr, S. 19, 30 f.

### *I. Der verfassungsrechtliche Anspruch der Rundfunkanstalten auf eine funktionsgerechte Finanzierung*

Aus der Garantie des freien Rundfunks resultiert eine staatliche Funktionsverantwortung[8]. Der Staat muß sicherstellen, daß ein Rundfunkwesen existiert, das seine verfassungsrechtlichen Aufgaben erfüllen kann[9]. Nachdem der Gesetzgeber sich dafür entschieden hat, seiner Gewährleistungspflicht - jedenfalls auch - durch die Schaffung öffentlich-rechtlichen Rundfunks nachzukommen, konkretisiert diese sich zu einer besonderen Funktionsverantwortung den öffentlich-rechtlichen Rundfunkanstalten gegenüber[10]. Diese Funktionsverantwortung, mit der ein Funktionsgewährleistungsanspruch der Anstalten korreliert[11], folgt nicht nur aus der öffentlich-rechtlichen Organisation des Mediums[12], sondern auch aus dem Grundrecht der Rundfunkfreiheit[13]. Einen besonderen Akzent hat diese Funktionsverantwortung durch das vom Bundesverfassungsgericht im vierten und fünften Rundfunkurteil entwickelte Konzept des dualen Systems erhalten. Aus der Koppelung der Zulässigkeit werbefinanzierten Privatrundfunks an die Existenz eines leistungsfähigen öffentlich-rechtlichen Rundfunks[14] resultiert nämlich

---

8 So schon oben 1. Abschnitt, A III.

9 Ossenbühl, Deutschlandfunk, S. 16; Badura, Finanzautonomie, S. 48; Bethge, DÖV 1988, 97, 98; sowie die Nachweise oben 1. Abschnitt, Anm. 29.

10 Lerche, Landesbericht, S. 26; Badura, a.a.O.; Bethge, JöR 35 (1986), 103, 109 f.; ders., DÖV 1988, 97, 98; Ossenbühl, Rechnungsprüfung, S. 54; Oppermann/Kilian, Finanzierung, S. 87.

11 Bethge, a.a.O.; Ossenbühl, a.a.O.

12 S. dazu Lerche, in: FS Löffler, S. 1, 3; ders., Landesbericht, S. 26.

13 Fuhr/Krone, AfP 1984, 141, 142; Badura, a.a.O.; Bethge, Der verfassungsrechtliche Standort, S. 30; ders., Spaltung der Rundfunkgebühr, S. 26. - Deutliche Trennung dieser beiden Gesichtspunkte auch bei Heidel, Verfassungsfragen der Finanzierung, S. 138.

14 Vgl. oben 1. Abschnitt, A V 2 mit Anm. 50.

faktisch eine verfassungsrechtliche Bestands -und Entwicklungsgarantie[15].

Unabhängig von dieser Eigenheit des dualen Systems steht der Funktionsgewährleistungspflicht nicht entgegen, daß die einzelnen Rundfunkanstalten vom Staat, der sie geschaffen hat, auch jederzeit wieder aufgelöst werden könnten[16], ja, daß eine verfassungsrechtliche Garantie des öffentlich-rechtlichen Rundfunks generell nicht besteht[17], denn diese Garantenstellung knüpft allein an die Existenz der jeweiligen Anstalten an. Solange diese bestehen, genießen sie den Schutz der Rundfunkfreiheit; die Herleitung einer freien staatlichen Dispositionsbefugnis über die Ausstattung der Rundfunkanstalten im Wege eines argumentum a fortiori ist nicht statthaft[18].

Aus der Funktionsgewährleistungsverantwortung folgt insbesondere die Pflicht des Muttergemeinwesens, für eine ausreichende Finanzausstattung zu sorgen, denn die Rundfunkanstalten können ihre Aufgaben nur dann hinreichend unabhängig und eigenverantwortlich wahrnehmen, wenn ihnen ein Finanzgerüst zur Verfügung steht, das ihnen auch

---

15 S. die herbe Kritik von Schmitt Glaeser, DÖV 1987, 837 ff., der von einer "Ewigkeitsgarantie" spricht; vgl. weiter zum Problem etwa Ory, ZUM 1987, 427, 432; Degenhart, ZUM 1988, 47, 56; Selmer, Bestands -und Entwicklungsgarantien, S. 57 ff.

16 Bachof/Rudolf, Verbot des Werbefernsehens, S. 26 unter Verweis auf BVerfGE 12, 205, 262; Scholz, JuS 1974, 299, 303; Lerche, AfP 1984, 183, 193.

17 BVerfGE 12, 205, 262; 57, 295, 321 f.; Schmitt Glaeser, BayVBl. 1985, 97, 103; Bethge, JöR 35 (1986), 103, 111.

18 Stern/Bethge, Funktionsgerechte Finanzierung, S. 39 ff.; dies., Öffentlich-rechtlicher und privatrechtlicher Rundfunk, S. 82 f.; Lerche, in: FS Löffler, S. 1, 4; Degenhart, in: Bonner Kommentar, Art 5 Abs. 1 u.2, Rn. 672; Schneider/Radek, Finanzierung, S. 88; Bethge, Spaltung der Rundfunkgebühr, S. 26 f. - Ein signifikantes Beispiel dafür, daß sich der Gesetzgeber durch eigene Entscheidungen selbst binden kann, so explizit Bethge, Der verfassungsrechtliche Standort, S. 30. Problematisch daher die "erstrecht" Argumentation bei Ory, AfP 1987, 466, 467 und AfP 1989, 616, 620; bedenklich auch Kull, AfP 1987, 568, 571.

faktisch die Veranstaltung der geschützten Programme ermöglicht[19]. Es muß ein "aufgabengerechtes Funktionieren" (Lerche)[20] gewährleistet sein, wobei diese Aufgabe im dualen System vornehmlich in der Wahrnehmung der unerläßlichen Grundversorgung besteht[21]. Der Staat hat sich bei der Bemessung der Finanzausstattung an der Programmplanung der Anstalten, denen die Umsetzung und Konkretisierung des Programmauftrages obliegt, zu orientieren[22]. Diese finanzielle Absicherung der Rundfunkanstalten ist Bestandteil ihres Schutzes durch die Rundfunkgewährleistung[23]. Eine Verletzung der Funktionsgewährleistungspflicht verstößt nicht nur gegen die objektiv-rechtliche Garantie des freien Rundfunks, sondern auch gegen das Individualgrundrecht der einzelnen Anstalten aus Art. 5 Abs. 1 Satz 2 GG[24].

---

19 BVerfGE 73, 118, 158; 74, 297, 342; EuGRZ 1991, 49, 70; Stern/Bethge, Funktionsgerechte Finanzierung, S. 39 f.; dies., Öffentlich-rechtlicher und privatrechtlicher Rundfunk, S. 82; Ossenbühl, Deutschlandfunk, S. 15 f.: Lerche, Landesbericht, S. 26, 92; Badura, Finanzautonomie, S. 60; Jarass, Gutachten G zum 56. DJT, Rn. 31; Fuhr, ZDF-StV, § 23 II 2; Selmer, Bestands- und Entwicklungsgarantien, S. 87; Bethge, DÖV 1988, 97, 99; Oppermann/Kilian, Finanzierung, S. 87; Schneider/Radek, Rundfunkfinanzierung, S. 36 f.

20 In: Der Staat als Mäzen der Medien?, S. 1, 4.

21 Vgl. oben 1. Abschnitt, A V 2.

22 Schreckenberger, Die Finanzierung der öffentlich-rechtlichen Rundfunkanstalten, S. 5, 10; Bühringer, MP 1985, 1, 2; Lange, Alternative Finanzierungskonzepte, S. 183, 185; Badura, Finanzautonomie, S. 55, 59, 71; A. Hesse, Rundfunkrecht, S. 142.

23 BVerfGE 74, 297, 342; Ossenbühl, Deutschlandfunk, S. 16; Stern/Bethge, Öffentlich-rechtlicher und privatrechtlicher Rundfunk, S. 82; Fuhr/Krone, AfP 1984, 141, 142.

24 Fuhr/Krone, a.a.O., S. 142; Bethge, Der verfassungsrechtliche Standort, S. 29; ders., DÖV 1988, 97, 98 f. Mit dieser - mittlerweile gesicherten - Erkenntnis beginnen die wirklichen Probleme freilich erst, denn das Postulat der aufgabengerechten Finanzierung erfordert die Festlegung der Aufgaben, die sie ermöglichen soll (so zutreffend Ory, AfP 1989, 616, 620), so daß sich die Frage stellt, wer berechtigt ist, über den Wirkungskreis der Anstalten zu entscheiden (vgl. A. Hesse, Rundfunkrecht, S. 94 ff. mit Überblick zum Streitstand). Eine konstitutive gesetzliche Festlegung des Aufgabenkreises läuft tendentiell Gefahr, mit der Rundfunkfreiheit auf Kollisionskurs zu geraten, während die umgekehrte Lösung, die den Rundfunkanstalten die Kompetenz-Kompetenz

Weiterer Bestandteil der Rundfunkfreiheit ist, zusammen mit den Prinzipien der Anstalts- und der Programmautonomie, der Grundsatz der Finanzautonomie[25]. Danach muß der Staat die Rundfunkanstalten die ihnen zur Verfügung gestellten Finanzmittel auch unabhängig und eigenverantwortlich bewirtschaften lassen. Die freie Programmgestaltung der Rundfunkanstalten ist nämlich nicht nur dann gefährdet, wenn ihnen generell nicht genügend Geld zur Verfügung steht, sondern auch dann, wenn ihnen vom Staat detailliert vorgeschrieben würde, in welcher Art und Weise sie ihre Mittel zu verwenden haben. So werden, ungeachtet der Frage der Zulässigkeit der Rundfunkfinanzierung aus dem Staatshaushalt, Zuschüsse, die mit Verwendungsauflagen gekoppelt sind, für unzulässig gehalten[26].

---

einräumt, den Staat zu immer neuen Gebührenerhöhungen zwingen würde. Das Bundesverfassungsgericht hat sich im 5. Rundfunkurteil im Sinne der zweiten Lösung entschieden und den Vorbehalt einer besonderen gesetzliche Zulassung für Spartenprogramme sowie Ton- und Bewegtbilddienste auf Abruf für verfassungswidrig erklärt (BVerfGE 74, 297, 344 ff., 350 ff.). Die daraus erwachsenden Gefahren hat das Gericht zwar gesehen, wenn es ausführt, den Rundfunkanstalten müsse die Finanzierung nur derjenigen Programme ermöglicht werden, "deren Veranstaltung ihren spezifischen Funktionen nicht nur entspricht, sondern auch zur Wahrnehmung dieser Funktionen erforderlich ist" (a.a.O., S. 342), doch überzeugt es kaum, wenn das Bundesverfassungsgericht auch gleich noch selbst festlegt, wieviele Programme pro Sparte erlaubt sein sollen (kritisch auch Bullinger, JZ 1987, 928, 929 mit Fn. 22; Ory, ZUM 1987, 427, 433). - Vorsichtiger nun auch die Äußerungen im 6. Rundfunkurteil, EuGRZ 1991, 49, 68, wonach von neuen Techniken nur im Rahmen der "gesetzlich übertragenen Aufgaben" Gebrauch gemacht werden dürfe.

25 Badura, Finanzautonomie, S. 59.

26 Thieme, Rundfunkfinanzierung im Bundesstaat, 1977, S. 28; Varnbühler, FuR 1979, 630, 639. Aus diesem Grund sind Zulässigkeit und Grenzen der staatlichen Finanzkontrolle umstritten, denn auch wenn sich die Rechnungsprüfung auf die vordergründig programmneutralen Grundsätze sparsamer und wirtschaftlicher Haushaltsführung bezieht, so kann sie doch im Ergebnis zu staatlichen Ingerenzen auf die Programmgestaltung führen; vgl. dazu insbesondere Ossenbühl, Rundfunkfreiheit und Rechnungsprüfung, 1984; weiter Jarass, Die Freiheit des Rundfunks, S. 52 ff.; Badura, Finanzautonomie, S. 67 ff.

## *II. Die Rundfunkgebühr als vorrangige Finanzierungsquelle des öffentlich-rechtlichen Rundfunks*

### *1. Der Grundsatz der gesetzgeberischen Gestaltungsfreiheit*

Bezüglich der Ausgestaltung des Finanzierungssystems steht dem Gesetzgeber ein ähnlich umfassender Freiraum wie bei der Ausformung des Rundfunkwesens überhaupt zu. Eine bestimmte Finanzierungsart gibt ihm Art. 5 GG nicht vor, solange er nur sicherstellt, daß dem Rundfunk generell ausreichende Finanzmittel zur Verfügung stehen[27].

### *2. Einschränkungen des Grundsatzes*

Die Forderung nach einer "funktionsgerechten" Finanzierung, die dem öffentlich-rechtlichen Rundfunk im dualen System die Wahrnehmung der unerläßlichen Grundversorgung ermöglicht, indiziert zugleich die Grenzen des gesetzgeberischen Freiraumes: Er endet dort, wo die Funktion des Rundfunks, der freien und individuellen Meinungsbildung zu dienen, gefährdet wird[28].

Die Modalitäten der Finanzierung stellen eines der wesentlichen Strukturmerkmale einer Rundfunkordnung dar, das erhebliche Auswirkungen auf Art und Niveau der hervorgebrachten Programme hat, wobei die verschiedenen Finanzierungformen jeweils unterschiedliche Gefahren in sich bergen. Dem Staat ist es daher verwehrt, den Rundfunk - zumindest vorrangig - auf solche Finanzierungsquellen zu ver-

---

27 BVerfGE 74, 297, 342; EuGRZ 1991, 49, 70; Bachof/Rudolf, Verbot des Werbefernsehens, S. 34; Stern/Bethge, Funktionsgerechte Finanzierung, S. 42 f.; Ossenbühl, Deutschlandfunk, S. 16; Fuhr/Krone, AfP 1984, 141, 143; Bethge, DÖV 1988, 97, 100; Oppermann/Kilian, Finanzierung, S. 87 f.

28 So BVerfG, EuGRZ 1991, 49, 70. Das Bundesverfassungsgericht relativiert damit seine in BVerfGE 74, 297, 342 "etwas pauschal geratenen Darlegungen" (so zutreffend Bethge, Spaltung der Rundfunkgebühr, S. 29 f.) zur gesetzgeberischen Gestaltungsfreiheit.

weisen, die wegen ihrer Eigenheiten ungünstige Rückwirkungen auf die Aufgabenerfüllung erwarten lassen[29]. So hat das Bundesverfassungsgericht im vierten und im sechsten Rundfunkurteil gerade die negativen Auswirkungen, die eine überwiegende Werbefinanzierung wegen der Bedeutung der Einschaltquoten auf die Programmgestaltung besitzt, deutlich herausgestellt[30]. Vor diesem Hintergrund sind Äußerungen in Rechtsprechung und Literatur zu sehen, die trotz der dem Gesetzgeber grundsätzlich konzedierten Gestaltungsfreiheit letztlich doch den Vorrang der Gebührenfinanzierung nach dem derzeit praktizierten Muster postulieren[31]. Für die Annahme eines verfassungskräftigen Gebotes einer vorrangigen Gebührenfinanzierung, wobei besonderes Wesensmerkmal der Rundfunkgebühr ist, daß sie, unabhängig vom tatsächlichen Empfang öffentlich-rechtlicher Programme, von allen Besitzern eines Rundfunkempfangsgerätes geschuldet wird[32], sprechen tatsächlich gute Gründe:

---

29 Vgl. Stern/Bethge, Funktionsgerechte Finanzierung, S. 43; dies., Öffentlich-rechtlicher und privatrechtlicher Rundfunk, S. 85 f.; Ossenbühl, Deutschlandfunk, S. 16 f.; Lehr, Programmauftrag und Wirtschaftlichkeit einer öffentlich-rechtlichen Rundfunkanstalt, S. 19, 22; Bethge, DÖV 1988, 97, 100; Schneider/Radek, Rundfunkfinanzierung, S. 88.

30 BVerfGE 73, 118, 155; BVerfG, EuGRZ 1991, 49, 70. - Die Auswirkungen der Wirtschaftswerbung auf die Programmgestaltung sind in der rundfunkrechtlichen Lit. bereits vielfach erörtert worden, vgl. etwa, Stammler, Kabelrundfunk, S. 29 f.; Lange, Kommerzielle Ziele, S. 31, 42 ff.; Kübler, Medienverflechtung, S. 99 f.; Hoffmann-Riem, AöR 109, 304, 350; Winkel, Die Finanzierung privaten Fernsehens in einem außenpluralen Modell, 1985, S. 67 ff.; Heidel, Verfassungsfragen der Finanzierung, S. 30 ff.

31 So besonders apodiktisch BVerfGE, 31, 314. 344 f. - abw. Meinung; weiter Stern/Bethge, Funktionsgerechte Finanzierung, S. 49; dies., Öffentlich-rechtlicher und privatrechtlicher Rundfunk, S. 85; Bethge, MP 1983, 690, 696; ders., DÖV 1988, 97, 100 f.; Bullinger, JZ 1987, 928, 930; Oppermann/Kilian, Finanzierung, S. 88; Schneider/Radek, Rundfunkfinanzierung, S. 88 f.; Tillmann/Hein, DVBl. 1990, 91, 96.

32 Zur Bedeutung dieser Gestaltung für die Rechtsnatur der Rundfunkgebühr s. u. 5. Abschnitt, A.

*a) Vorrang öffentlich-rechtlicher Finanzierungsformen*

Der ersten grundlegenden Einschränkung des gesetzgeberischen Spielraumes liegen Überlegungen formeller Art zugrunde. Wegen der öffentlich-rechtlichen Verfaßtheit des Mediums verbieten sich privatrechtliche Finanzierungsformen, wie etwa Wirtschaftswerbung oder privatrechtliche Entgelte, als überwiegende Einkunftsquelle. Die öffentlich-rechtliche Organisation des Rundfunks verlangt auch nach primär öffentlich-rechtlichen Finanzierungsarten[33]. Durch diese wird die öffentliche Verantwortung für einen leistungsfähigen Rundfunk zum Ausdruck gebracht[34] und auf seine Integrationsfunktion hingewiesen[35].

*b) Vorrang autonomiestärkender Finanzierungsformen*

Weitere "Dispositionslimitierungen"[36] ergeben sich im Hinblick auf das Gebot der Rundum- und der Staatsfreiheit des Rundfunks.

(1) Unabhängigkeit von Rezipienten und werbetreibender Industrie

Die Gebührenfinanzierung sichert den Rundfunkanstalten ein hohes Maß an wirtschaftlicher Unabhängigkeit, sowohl im Verhältnis zur werbetreibenden Industrie[37], als auch in bezug auf die Rundfunkteilnehmer als

---

33 Vgl. Lerche, Werbefernsehen, S. 19; ders., AfP 1984, 183, 192; Bachof/Rudolf; Verbot des Werbefernsehens, S. 34; Stammler, Kabelrundfunk, S. 45; Fuhr/Krone, AfP 1984, 141, 144; Bethge, DÖV 1988, 97, 101; ders., Spaltung der Rundfunkgebühr, S. 31; Oppermann/Kilian, Finanzierung, S. 88.

34 Badura, Finanzautonomie, S. 45; Lerche, Referat 56. DJT, O 57.

35 Vgl. dazu Kollek, Rundfunkfinanzierung, S. 48 Fn. 67; Ory, AfP 1987, 466, 471; Schneider/Radek, Rundfunkfinanzierung, S. 81, 90.

36 Fuhr/Krone, a.a.O., S. 143.

37 Die Darstellung ist insoweit vereinfachend, als sie die Problematik der "Werbung im Programm", insbesondere des product placement außer Betracht läßt; vgl. hierzu Bork, Werbung im Programm, S. 4 ff. Schleichwerbung ist jedoch nicht auf gebührenfinanzierten Rundfunk beschränkt, also kein spezifischer Nachteil dieser Finanzierungsform.

Rezipienten. Anders als im Fall einer überwiegenden Werbefinanzierung, die wegen der Bedeutung der Seherbeteiligung entweder zu einer Orientierung am Massenpublikum und damit zu einer Programmnivellierung oder zu einer gezielten Programmausrichtung auf ein besonders kaufkräftiges Publikum führt[38], spielen für einen gebührenfinanzierten Rundfunk Einschaltquoten und -demographie keine bestimmende Rolle[39]. Durch den Wegfall der Massenattraktivität von Sendungen als leitendem Gesichtspunkt bei der Programmerstellung sind die Anstalten in der Lage, ein gegenständlich breitgefächertes und inhaltlich anspruchvolles, auch an Minderheiten gerichtetes Angebot auszustrahlen, was auch ihren kulturellen Auftrag fördert[40].

Diese qualitätssichernden Wirkungen der Gebührenfinanzierung sind jedoch an eine Ausgestaltung der Rundfunkgebühr gebunden, die die Pflicht zur Entrichtung der Abgabe, unabhängig vom tatsächlichen Programmempfang, bereits an das bloße Bereithalten eines Rundfunkempfangsgerätes knüpft[41]. Würde, wie dies in der neueren medienrechtlichen Diskussion verstärkt gefordert wird, die Gebührenpflicht an die tatsächliche Nutzung des öffentlich-rechtlichen Angebotes gebun-

---

38 Vgl. Kollek, Rundfunkfinanzierung, S. 41 m.w.N; Goerlich/Radek, JZ 1989, 53, 57 (Werbefinanzierung als Desintegrations- und Segregationsfaktor). Es wäre auch deshalb unvereinbar mit der Grundversorgungsaufgabe der öffentlich-rechtlichen Rundfunkanstalten im dualen System, sie auf eine vorrangige Werbefinanzierung zu verweisen, BVerfG EuGRZ 1991, 49, 70.

39 Auch dies gilt nur cum grano salis, denn die Gebührenfinanzierung verpflichtet die Anstalten, ein "Programm für alle" zu gestalten; vgl. dazu Enz, ZUM 1987, 58 ff.

40 S. zu diesen Wirkungen Lerche, Referat 56. DJT, O 47; Lange, Alternative Finanzierungskonzepte, S. 185 f.; Kollek, Rundfunkfinanzierung, S. 47 ff.; Ricker/Müller-Malm, ZUM 1987, 208, 210; Oppermann/Kilian, Finanzierung, S. 88 ff.; Schneider/Radek, Rundfunkfinanzierung, S. 90 f.

41 Mißverständlich daher die Terminologie bei Schneider/Radek, Rundfunkfinanzierung, die die Finanzierung über Rundfunkgebühren als "teilnehmerabhängig" bezeichnen und ihr die "teilnehmerunabhängige" Werbefinanzierung gegenüberstellen (etwa S. 37, 75, 76, 79, 81). Tatsächlich ist eher die Werbefinanzierung, wenn auch mittelbar, als teilnehmerabhängig zu charakterisieren (so auch - einschränkend - Schneider/Radek, a.a.O., S. 75 Fn. 305).

den[42], so wären die öffentlich-rechtlichen Rundfunkanstalten einem dysfunktionalen Wettbewerbsdruck von Seiten der Privaten, die scheinbar[43] kostenlose Programme verbreiten, ausgesetzt. Dies würde entweder, ähnlich wie beim werbefinanzierten Rundfunk, wegen des Zwanges zur Gewinnung neuer Kunden[44] zu einem massenattraktiven Programm oder aber auch entgegengesetzt zu einer übermäßigen Spezialisierung der Programmangebote im Hinblick auf einkommensstarke Minderheiten und damit zu einer Segmentierung der Öffentlichkeit führen[45]. Beides würde die Wahrnehmung der Grundversorgung in Frage stellen[46] und genügt daher nicht den Anforderungen, die das Grundgesetz an eine funktionsadäquate Finanzierungsform stellt[47].

(2) Unabhängigkeit vom Staat

Als nicht ganz so unproblematisch stellt sich die Gebührenfinanzierung im Hinblick auf das Gebot der Staatsfreiheit des Rundfunks dar, denn sie eröffnet, jedenfalls wenn die Rundfunkanstalten die Gebührenhöhe nicht autonom bestimmen können, die Gefahr politischer Einflußnahme

---

42 Z. B. Monopolkommission, 7. Hauptgutachten, BT-Drucks. 11/2677, 4.3., Rz. 539.

43 Vgl. dazu Kollek, a.a.O., S. 39 f.; Ladeur, ZUM 1987, 491, 493.

44 Der Vorteil gegenüber dem werbefinanzierten Rundfunk läge allerdings darin, daß "Kunden" hier nicht die werbetreibende Industrie, sondern die Rezipienten wären, die unmittelbar und nicht nur indirekt - über die Nachfrage der Wirtschaft nach Sendezeiten für Reklame - die Programmgestaltung beeinflussen könnten; vgl. Kantzenbach, Mehr Wettbewerb im Rundfunk?, S. 161, 164. Das Resultat (massenattraktive Programme) dürfte freilich identisch sein.

45 So Lange, Kommerzielle Ziele, S. 186; Hartstein/Ring/Kreile, Rundfunkstaatsvertrag, Art. 4, Rn. 16. Vgl. zu den Bestimmungsfaktoren des Entgeltrundfunks Kantzenbach, a.a.O., S. 164: Zahl der Interessenten an einem Programm, Zahlungsbereitschaft und Zahlungsfähigkeit der Interessenten.

46 Hoffmann-Riem, JZ 1989, 247, 249.

47 Kritisch auch Schneider/Radek, Rundfunkfinanzierung, S. 91 und Gall, ZUM 1991, 167, 171. Gerade entgegengesetzt Wenzel, ZUM 1990, 497, 499, der bei der Gebührenfinanzierung den zu geringen Einfluß der Zuschauer auf das Programm bemängelt.

auf die Programmgestaltung[48]. Dennoch ist die Gebührenfinanzierung als verfassungsrechtlich zulässig anzusehen, denn sie entspricht den an eine unbedenkliche Finanzierungsart zu stellenden Anforderungen besser als denkbare Alternativen[49], zumal das historisch gewachsene System der Mischfinanzierung, nach welchem die Anstalten auch Einnahmen aus Wirtschaftswerbung erzielen dürfen[50], geeignet ist, einseitige Abhängigkeiten zu lockern[51]. Als Barriere gegen politische Steuerungsversuche durch die einzelnen Landesparlamente ist auch die Einheitsgebühr anzusehen, die das Prinzip der föderalistischen Gewal-

---

48 So nun ausdrücklich BVerfG, EuGRZ 1991, 49, 70. Vgl. auch schon oben B I. - Zur Frage, ob die parlamentarische Festsetzung der Gebührenhöhe deshalb verfassungswidrig ist, wird aufgrund des Vorlagebeschlusses des BayVGH (vgl. oben 2. Abschnitt, B III) demnächst ein Grundsatzurteil des Bundesverfassungsgerichts erwartet.

49 Vgl. Stern/Bethge, Funktionsgerechte Finanzierung, S. 48 f., dies., Öffentlich-rechtlicher und privatrechtlicher Rundfunk, S. 85; Ossenbühl, Deutschlandfunk, S. 17; Varnbühler, FuR 1979, 630, 634; Jarass, Gutachten G zum 56. DJT, Rn. 101; Kollek, Rundfunkfinanzierung, S. 63; Bethge, DÖV 1988, 97, 100.

50 Vgl. dazu die Regelungen in Art. 3 Abs. 2 bis 8 RfStV. - Die Erträge aus der Werbung sind nicht unbeträchtlich; so erzielten die Anstalten der ARD 1987 von den Gesamteinnahmen in Höhe von 5.141,4 Mio. DM 908,6 Mio. DM aus der Werbung (Quelle: ARD-Jahrbuch 1988, S. 127). Beim ZDF liegt die Quote traditionell noch höher. 1987 waren es von 1.573 Mio. DM Gesamteinnahmen 605,5 Mio. DM Werbeeinnahmen (Quelle: ZDF-Jahrbuch 1988, S. 205).

51 BVerfG, EuGRZ 1991, 49, 70; s. zu der autonomiefördernden Wirkung der Werbefinanzierung durch eine "Diversifizierung von Abhängigkeiten" weiter Ladeur, ZUM 1987, 491, 495; Oppermann/Kilian, Finanzierung, S. 92 f.; Kopper, RuR 1991, 55, 61; Lange, MP 1991, 8. 16. Ein weiterer positiver Aspekt der Mischfinanzierung ist, daß die Rundfunkgebühr auf einem aus sozialpolitischen Gründen erwünschten niedrigem Niveau gehalten werden kann, vgl. Oppermann/Kilian, a.a.O., S. 92; Bethge, Spaltung der Rundfunkgebühr, S. 31. Weitergehende Überlegungen im Sinne eines verfassungsrechtlichen Mischfinanzierungsgebotes (so Schneider/Radek, Rundfunkfinanzierung, S. 87 ff.) lassen sich dem 6. Rundfunkurteil jedoch nicht entnehmen (zurückhaltend insoweit auch die Bewertung des Urteils bei A. Hesse, JZ 1991, 357, 359). Kritisch zu einer Aufwertung der Werbefinanzierung mit dem Argument der Stärkung der Staatsunabhängigkeit Lerche, Referat 56. DJT, O 48.

tenteilung zur Stärkung der Staatsunabhängigkeit des Rundfunks nutzbar macht[52].

Im Vergleich zu der anderen öffentlich-rechtlichen Finanzierungsmethode, der Zuweisung von Mitteln aus dem Staatshaushalt, stellt die Gebührenfinanzierung eine eher staatsferne Finanzierungart dar, denn mit dem Instrument der Rundfunkgebühr wird den Rundfunkanstalten eine eigene Einnahmequelle erschlossen, die sie eigenverantwortlich bewirtschaften können[53]. Die Rundfunkgebühr verwirklicht das Prinzip der Eigenfinanzierung der Anstalten, und zwar auch dann, wenn die Gebührenhöhe nicht von den Rundfunkanstalten selbst festgesetzt wird[54]. Mit der Zuweisung eines bestimmten Abgabeaufkommens, das nicht in den allgemeinen Staatshaushalt fließt, werden die Rundfunkfinanzen auf ein vergleichsweise sicheres und berechenbares Fundament gestellt. Dieses stabilisierende Element würde fehlen, wenn die Rundfunkfinanzierung als Alimentierung aus dem Staatshaushalt seine Grundlage nur in dem jährlich neu zu erlassenden und daher gegenüber wechselnden politischen Konstellationen besonders anfälligen Haushaltsgesetz hätte[55], und selbst wenn die Dotationen auf einem speziellen Gesetz beruhten, also insoweit keinen prinzipiellen Unterschied zur gleichfalls durch Gesetz festgelegten Rundfunkgebührenhöhe aufwiesen, so würde in einem solchen Fall doch der Rundfunk mit anderen Titeln um die stets knappen Haushaltsmittel konkurrieren, was zusätzlich Raum für sachfremde Erwägungen eröffnen könnte[56]. Mit der hM

---

52 Vgl. Kopper, FuR 1991, 55, 60.

53 Oppermann/Kilian, Finanzierung, S. 89; vgl. auch Hasper, ZUM 1989, 176, 179 ("staatsneutral konstruierte Gebühren").

54 Bethge, Spaltung der Rundfunkgebühr, S. 30.

55 Das Haushaltsgesetz allein würde daher nie als Grundlage ausreichen, vgl. Stern/Bethge, Funktionsgerechte Finanzierung, a.a.O.; Badura, Finanzautonomie, S. 72 f.; Kollek, Rundfunkfinanzierung, S. 61 f.; a.A. Heydt, AöR 100, 584, 600.

56 Darauf weist Kollek, a.a.O., zu Recht hin. Vgl. auch Thieme, Rundfunkfinanzierung im Bundesstaat, 1977, S. 29 ff. S. weiter Henseler, Begriffsmerkmale und Legitimation von Sonderabgaben, 1984, S. 40, der zutreffend ausführt, daß die Festlegung des Verwendungszwecks einer Abgabe außerhalb des Haushaltsgesetzes eine

ist daher eine Finanzierung der Rundfunkanstalten aus allgemeinen Haushaltsmitteln nur als ultima ratio anzusehen[57].

*c) Zum Problem der Festlegung der Gebührenhöhe*

Als bedeutungsvoll für die Beurteilung der Schmidt'schen These könnte sich erweisen, ob die genannte Schwachstelle im Hinblick auf das Gebot der Staatsfreiheit, nämlich die Tatsache, daß die Höhe der Rundfunkgebühr nicht, wie es dem Grundsatz der Freiheit und Unabhängigkeit vom Staat "an sich entsprechen"[58] würde, von den Rundfunkanstalten selbst festgelegt wird, die Unabhängigkeit der Anstalten so stark beeinträchtigt, daß das parlamentarische Gebührenfestsetzungsverfahren als verfassungswidrig beurteilt werden müßte. Im Falle einer verfassungsrechtlich gebotenen anstaltsautonomen Gebührenfestsetzung könnten die Rundfunkanstalten nämlich auf die "Umwidmung" von Teilen der Gebühr mit einer umgehenden Erhöhung des ihnen selbst zustehenden Anteils reagieren; das würde die gesamte Problematik in einem etwas anderen Lichte erscheinen lassen. Es soll deshalb an dieser Stelle noch ausführlicher auf den jüngsten Vorlagebeschluß des BayVGH[59] nach Art. 100 GG eingegangen werden, mit dem er sich gegen das zur Zeit praktizierte Gebührenfestsetzungsverfahren wendet.

---

Privilegierung bewirkt, weil die Finanzierung dieser Ziele von einer Abwägung mit konkurrierenden Ausgabebedürfnissen freigestellt wird.

57 Stern/Bethge, Funktionsgerechte Finanzierung, S. 48; Ossenbühl, Deutschlandfunk, S. 17, 27; Thieme, a.a.O., S. 32 f.; Varnbühler, a.a.O., S. 634; Bethge, Spaltung der Rundfunkgebühr, S. 30. - A.A. Heydt, a.a.O; - auch Lerche, Referat 56. DJT, O 48 Fn. 40 plädiert längerfristig für eine Finanzierung aus Steuermitteln.

58 Ossenbühl, Rechnungsprüfung, S. 57; ebenso BVerfGE 31, 314, 345 - abw. Meinung.

59 BayVBl. 1988, 685; andeutungsweise schon im Beschl. v. 28.3.1986, BayVBl. 1986, 339, 340. - Den Bedenken des VGH folgend Schmidt, Rundfunkgebühr, S. 65.

(1) Der Vorlagebeschluß des BayVGH

Im Gegensatz zur hM in der Literatur, die zwar rechtspolitisch eine Änderung des gegenwärtigen Gebührenfestsetzungsverfahrens fordert[60], verfassungsrechtlich jedoch die parlamentarische Gebührenfestsetzung, wenn auch mit einem gewissen Unbehagen, im Ergebnis toleriert[61], hält der BayVGH Art. 1 RfGebStV für verfassungswidrig, weil er die Gebührenhoheit der Rundfunkanstalten verletze. Die Festsetzung der Höhe der Rundfunkgebühr durch den Staat bedeutet seiner Meinung nach einen Eingriff in die Rundfunkfreiheit, der mit Art. 5 GG nicht zu vereinbaren ist[62]. Der Gesetzesvorbehalt für die Einrichtung juristischer Personen des öffentlichen Rechts, der sich auch auf die Finanzierung bezieht, hindere entgegen Stimmen in der Literatur eine autonome Festsetzung der Gebührenhöhe nicht; erforderlich sei nur ein staatliches Gesetz über die Erhebung der Rundfunkgebühr, in dessen Vollzug die Rundfunkanstalten dann die Gebührenhöhe selbst festlegen könnten, wie dies auch im Gemeindeabgabenrecht der Fall sei. Die Gebührenhoheit der Anstalten als wesentlicher Bestandteil ihrer autonomen Selbstverwaltung werde durch die staatliche Festetzung der Gebühren unter Verletzung des Verhältnismäßigkeitsgrundsatzes beeinträchtigt, weil weniger einschneidende Kontrollmöglichkeiten, etwa die Aufstellung staatlicher Genehmigungserfordernisse für Ge-

---

60 Vgl. zur Diskussion Grupp, Rundfunkgebührenrecht, S. 44; Bühringer, MP 1985, 1 ff. mit Erwiderung Schleyer, MP 1985, 355 und Replik von Bühringer, a.a.O.; Hilf, Die finanzielle Situation der öffentlich-rechtlichen Rundfunkanstalten, S. 31 ff.; Lange, Alternative Finanzierungskonzepte für den Rundfunk, S. 194; Rombach, Möglichkeiten und Probleme der Sicherung eines wirtschaftlichen Handelns der öffentlich-rechtlichen Rundfunkanstalten, S. 63 ff.; Kollek, Rundfunkfinanzierung, S. 150 ff.; Schmidt, Rundfunkgebühr, S. 65 ff.; Schneider/Radek, Rundfunkfinanzierung, S. 42 ff.; A. Hesse, Rundfunkrecht, S. 141 f.; Libertus, DÖV 1990, 635 ff.

61 Ossenbühl, Rechnungsprüfung, S. 57 f.; Steimer, Rundfunkfinanzierung, S. 38 f.; Starck, in: v. Mangoldt/Klein/Starck, GG, Art. 5, Rn. 93; Badura, Finanzautonomie, S. 45, 62 ff.; Bethge, DÖV 1988, 97, 99 f.; ders., NJW 1990, 2451 f.; Libertus, DÖV 1990, 635, 639.

62 A.a.O.

bührensatzungen, zur Verfügung stünden[63]. Als Beleg für seine These, durch die staatliche Festlegung der Gebührenhöhe werde unzulässiger Einfluß auf die Rundfunkanstalten ausgeübt, verweist das Gericht nachdrücklich auf die Praxis des Verfahrens der Gebührenanpassung[64].

(2) Kritik

Die von den Richtern festgestellten Vorgänge beim vorletzten Gebührenänderungsverfahren sprechen für sich[65], doch überzeugen die von diesen tatsächlichen Beobachtungen initiierten rechtlichen Erwägungen nicht.

aa) Staatliche Festsetzung der Rundfunkgebührenhöhe als Eingriff in die Rundfunkfreiheit?

Verfehlt erscheint bereits der vom Senat gewählte Ansatzpunkt, die parlamentarische Festsetzung der Rundfunkgebührenhöhe als Eingriff in die den Anstalten kraft Verfassungsrecht zukommende Gebührenhoheit einzustufen, denn damit wird die vom Bundesverfassungsgericht[66] im Rundfunkbereich betonte Unterscheidung zwischen Grundrechtsausgestaltung und Schrankenziehung außer acht gelassen[67] und die Rundfunkfreiheit einseitig abwehrrechtlich interpretiert[68]. Die staatliche Gewährleistungspflicht für ein funktionierendes Rundfunksystem umfaßt auch die Ausgestaltung der Rundfunkfinanzierung einschließlich der Entscheidung über die Rundfunkgebühr. Die Gebührenfestsetzung

---

63 A.a.O, S. 686.

64 A.a.O, S. 687 f.

65 Hoffmann-Riem, JZ 1989, 247, 248 spricht von "bemerkenswerten Beobachtungen über die Praxis der Gebührenerhöhung". Vgl. dazu auch A. Hesse, Rundfunkrecht. S. 137 ff., insbesondere S. 140 mit Fn. 342.

66 BVerfGE 57, 295, 321; 73, 118, 166.

67 So Hoffmann-Riem, JZ 1989, 247, 248; ihm zustimmend Ory, AfP 1989, 616, 619.

68 Vgl. Badura, Finanzautonomie, S. 45, 62 f.; Bethge, NJW 1990, 2451, 2452.

durch das Parlament entspricht der öffentlichen Kontrolle des Rundfunks[69]. Ein Eingriff in die Rundfunkfreiheit der Anstalten läge nur dann vor, wenn die Grenzen dieser Ausgestaltungsermächtigung überschritten wären[70]. Allein mit dem Hinweis auf zu beobachtende Mißstände bei der Gebührenfestsetzung durch die Parlamente läßt sich noch nicht eine Verengung des gesetzgeberischen Gestaltungsspielraumes dartun, wonach jede andere Lösung als die Zuerkennung der Befugnis zur Gebührenfestsetzung an die Rundfunkanstalten verfassungswidrig wäre. Dies würde zumindest eine Auseinandersetzung mit in der Literatur diskutierten Alternativen voraussetzen, die in der Entscheidung jedoch fehlt[71].

Der Ansatz des VGH erscheint auch nicht konsequent zu Ende gedacht, wenn er als effiziente, aber weniger eingreifende Möglichkeit zur Erfüllung der "legitimen staatlichen Kontrollbedürfnisse(n)" bezüglich anstaltsautonomer Gebührensatzungen Genehmigungserfordernisse nach dem Vorbild der Kommunalabgabengesetze vorschlägt. Das mit derartigen Genehmigungen verbundene Problem des anzuwendenden Kontrollmaßstabes wird nämlich mit keinem Wort erwähnt. Soll aber ein solches Genehmigungsverfahren nicht eine leere Formalie sein, so muß es sich materiell-inhaltlich mit der Angemessenheit einer bestimmten Gebührenhöhe befassen, so daß sich das alte Dilemma, wenn auch in einem anderen verfahrensrechtlichen Kontext, wieder von neuem auftut[72].

---

69 Kopper, RuF 1991, 55, 65 f.

70 Hoffmann-Riem, a.a.O., S. 248.

71 Vgl. Hoffmann-Riem, a.a.O., S. 248 f. Unzutreffend ist die Auffassung von Hümmerich/Beucher, AfP 1989, 708, 713, die aus der gesetzgeberischen Dispositionsbefugnis über die Rundfunkgebühr überhaupt die Befugnis zur Festsetzung der Gebührenhöhe ableiten wollen. Dieses argumentum a fortiori übersieht, daß sich der Gesetzgeber durch eigene Vorgaben selbst binden kann, vgl. dazu bereits oben Anm. 18.

72 Vgl. Hoffmann-Riem, a.a.O., S. 249; Ory, a.a.O., S. 620. Wie der VGH jedoch bereits Ladeur, ZUM 1987, 491, 496.

bb) Notwendigkeit des Ausgleichs konkurrierender Rechtspositionen

Diese einseitig auf den "status negativus"[73] ausgerichtete Sichtweise führt offenbar auch dazu, daß der Senat die Frage der Rundfunkgebührenhöhe ausschließlich im Verhältnis Rundfunkanstalten - Staat problematisiert, obwohl damit auch Belange Dritter, insbesondere der Presse und der privaten Rundfunkveranstalter, aber auch der Rundfunkteilnehmer angesprochen sind[74].

Mit der Festsetzung der Rundfunkgebühr wird ein wesentliches Datum für die Einfügung des öffentlich-rechtlichen Rundfunks in die Ordnung aller Massenmedien gesetzt[75]. Insbesondere wird ein im dualen System bedeutsamer Fixpunkt für den ökonomischen Wettbewerb zwischen dem öffentlich-rechtlichen und dem privatrechtlichen Rundfunk plaziert, denn nachdem das Bundesverfassungsgericht der Grundversorgungsfunktion eine die Tätigkeit der öffentlich-rechtlichen Rundfunkanstalten begrenzende Bedeutung nicht zuerkennt, könnte eine großzügig bemessene Gebührenfinanzierung die Anstalten in die Lage versetzen, die Privaten mittels einer Taktik der "Marktverstopfung" an die Wand zu drücken[76]. Auch im Verhältnis zur Presse ist die Höhe der Rundfunkgebühr nicht ohne Bedeutung, wenn man sich vergegenwärtigt, daß in den meisten Haushalten nur ein begrenztes Medienbudget zur Verfügung steht, so daß Belastungen dieses Budgets durch erhöhte Rundfunkgebühren den Vertrieb von Zeitungen und Zeitschriften beeinträchtigen kann[77]. Nachdem die wirtschaftlichen Grundlagen der Tätig-

---

73 So ausdrücklich BayVGH, a.a.O., S. 686.

74 Vgl. A. Hesse, Rundfunkrecht, S. 140.

75 Vgl. insbesondere Badura, Finanzautonomie, S. 64, 71; s. weiter A. Hesse, Rundfunkrecht, S. 140.

76 Ob die Rundfunkanstalten in der Praxis wirklich so verfahren, wie ihnen häufig vorgeworfen wird (beispielhaft sei hier das 7. Hauptgutachten der Monopolkommission zitiert, wo dem öffentlich-rechtlichen Rundfunk eine "aggressive Expansionsstrategie" vorgehalten wird, BT-Drucks. 11/2677, 4.3., Rn. 537), sei dahingestellt, weil es darauf nicht ankommt.

77 Vgl. Kübler, NJW 1987, 2961, 2963; Degenhart, ZUM 1988, 47, 57.

keit von Presse[78] und Privatrundfunk vom Schutz des Art. 5 GG umfaßt sind, betrifft die Entscheidung über die Höhe der Rundfunkgebühr also konkurrierende Grundrechte. Der Ausgleich dieser Rechtspositionen ist dem Gesetzgeber vorbehalten[79]. Die in dieser Abwägungsentscheidung liegende medienpolitische Dimension erfordert eine parlamentarische Leitentscheidung; die Rundfunkanstalten als Konkurrenten der Privaten können jedenfalls nicht als legitimiert angesehen werden, selbst die Rahmenbedingungen des Wettbewerbs mit anderen Medien zu setzen[80].

cc) Die Grundrechte der Rundfunkteilnehmer

Völlig unbeachtet läßt der VGH schließlich die Interessen der Rundfunkteilnehmer. Wenn der Senat die Rundfunkanstalten mit den Anstalten der Gemeinden im Sinne der Kommunalabgabengesetze vergleicht, so läßt er damit eine besonders augenfällige Anomalie des rundfunkrechtlichen Anstaltsnutzungsverhältnisses[81] außer Betracht. Im Regelfall der kommunalen Anstaltsnutzungsverhältnisse kann der Bürger einer als zu drückend empfundenen Gebührenlast entgehen, indem er sein Verbrauchsverhalten ändert, äußerstenfalls auf bestimmte öffentliche Leistungen verzichtet und auf andere Leistungen ausweicht. Das ist bei der Rundfunkgebühr gerade nicht möglich, weil sie an das Bereithalten eines Rundfunkgerätes anknüpft. Die Gebührenpflicht kann nur durch den völligen Verzicht auf Teilnahme am Rundfunk zum Erlöschen gebracht werden, was wegen der existentiellen Angewiesenheit auf den Zugang zum Rundfunk nicht praktizierbar erscheint[82]. Die in der Lite-

---

78 BVerfGE 64, 108, 119.

79 Ory, AfP 1989, 616, 619; A. Hesse, Rundfunkrecht, S. 140; vgl. auch Ory, ZUM 1987, 427, 430.

80 Vgl. Kuch, BayVBl. 1986, 340, 342; Ory, AfP 1989, 616, 620; Hartstein/Ring/Kreile, Rundfunkstaatsvertrag, Art. 4, Rn. 16.

81 Die Beziehung der Rundfunkteilnehmer zu den Rundfunkanstalten wird v.a. in der älteren Lit. als Anstaltsnutzungsverhältnis gesehen, vgl. etwa Herrmann, AöR 90, 286, 322 ff.

82 Hoffmann-Riem, JZ 1989, 247, 249.

ratur gewählte bildhafte Umschreibung der Gefahr einer "Selbstbedienung" der Anstalten ist daher verständlich[83].

Die verfassungsrechtlichen Implikationen des Problems werden jedoch verkürzt, wenn der Ruf nach Sicherungen gegen den "Mißbrauch dieser Entscheidungsmacht"[84] oder die Forderung nach "Verbraucherschutz"[85] nur im Hinblick auf das sozialpolitische Postulat nach einer möglichst niedrigen Rundfunkgebühr[86] oder auch wegen der Gefahren für die gesellschaftliche Akzeptanz der Rundfunkgebühr[87] erfolgen, denn es ist mehr als nur Sozialpolitik im Spiel. Die Rundfunkgebühr knüpft an die Grundrechtsausübung im besonders sensiblen Bereich der Kommunikationsfreiheiten an, indem sie das Bereithalten eines Rundfunkgerätes als conditio sine qua non des Empfangs von Informationen, die über das Medium Rundfunk verbreitet werden, mit einer Abgabepflicht belegt[88]. Wie noch ausführlich darzulegen sein wird[89], erweist sich diese Form der Finanzierung des öffentlich-rechtlichen Rundfunks gerade im dualen System als eine nicht unproblematische Beeinträchtigung der Informationsfreiheit der Rundfunkteilnehmer, die auch insoweit nach einer parlamentarischen Entscheidung nicht nur über das "ob" einer Rund-

---

83 So Ory, AfP 1989, 616, 620; - Kopper, RuF 1991, 55, 66 spricht vom "Egoismus" der Anstalten.

84 So die Formulierung bei Hoffmann-Riem, a.a.O., S. 248.

85 So die pointierte Formulierung bei Bullinger, JZ 1987. 928, 930.

86 So etwa Ory, AfP 1989, 616, 620; Bethge, NJW 1990, 2451, 2452; ders., Spaltung der Rundfunkgebühr, S. 35 f.

87 Hier sieht jedoch anscheinend Libertus, DÖV 1990, 635, 639 den Kern der Problematik. Zutreffend ist die politische Bewertung Libertus', daß der Fortbestand der Rundfunkgebühr als Bereithaltegebühr im Falle einer anstaltsautonomen Gebührenfestlegung gefährdet sein könnte; so auch A. Hesse, Rundfunkrecht, S. 141.

88 Kuch, BayVBl. 1986, 340, 343 hält eine Übertragung der Gebührenhoheit auf die Rundfunkanstalten daher nur für möglich, wenn die Gebührenpflicht an den tatsächlichen Rundfunkempfang anknüpfte. - Hasper, ZUM 1989, 176, 178 hält im Fall einer autonomen Rundfunkgebührenfestsetzung die Direktwahl des Rundfunkrats als Legitimationsausgleich für erforderlich.

89 Im 4. Abschnitt, A.

funkgebührenfinanzierung, sondern auch über das "wie", d.h. die Höhe der Gebühr, verlangt[90].

dd) Ergebnis

Die Festlegung der Höhe der Rundfunkgebühr durch die Parlamente ist nicht nur verfassungsrechtlich unbedenklich, sondern sogar geboten[91].

### *III. Zweckgebundene "zusätzliche" Anteile und Art. 5 Abs. 1 Satz 2 GG*

Mit den soeben angestellten Überlegungen zu den verfassungsrechtlichen Grundlagen der Rundfunkfinanzierung ist die Basis geschaffen, auf welcher aufbauend die eingangs vorgestellte These Schmidts beurteilt werden kann. Diese Beurteilung setzt zunächst einen Blick auf das Konzept der zweckgebundenen Anteile, wie es dem Rundfunkstaatsvertrag zugrunde liegt, voraus (unter 1.), bevor dann untersucht

---

90 Im Ergebnis wie hier auch Bethge, doch mit einer völlig anderen Begründung: Nach seiner Auffassung haben die Rundfunkteilnehmer, jedenfalls solange der öffentlich-rechtliche Rundfunk in einer länderübergreifenden Informations- und Programmverantwortung betrieben wird, einen aus der Informationsfreiheit und dem Gleichheitsgrundsatz abzuleitenden Anspruch auf Erbringung der unerläßlichen Grundversorgung zu gleichen Bedingungen, wozu auch eine gleichhohe Rundfunkgebühr in allen Bundesländern zähle. Die Länder seien unter dem Gesichtspunkt der Pflicht zu kooperativer Verwirklichung des Grundrechtsschutzes i.V.m. dem Grundsatz der Bundestreue verpflichtet, sich auf eine einheitliche Rundfunkgebühr zu verständigen. Diese Koordinationspflicht könnten nicht die Rundfunkanstalten, sondern nur die Länderparlamente wahrnehmen (vgl. Spaltung der Rundfunkgebühr, S. 40 ff.; DÖV 1990, 629 ff.). - Anders auch die Argumentation von Hümmerich/Beucher, AfP 1989, 708, 713 f., die die Notwendigkeit einer parlamentarischen Festlegung der Gebührenhöhe aus der Rechtsnatur der Rundfunkgebühr als "Zwecksteuer" ableiten; diese Auffassung ist jedoch unzutreffend, vgl. unten 5. Abschnitt, A II.

91 Wie hier Kuch, BayVBl. 1986, 340, 343; Ladeur, ZUM 1987, 491, 496; Hoffmann-Riem, JZ 1989, 247, 248. A. A. (gesetzliche Festlegung der Höhe zulässig, aber nicht geboten) im Hinblick auf den hier betonten Aspekt der Grundrechtswesentlichkeit Bethge, DÖV 1988, 97, 99; ders., NJW 1990, 2451 f.

werden kann, ob dieser Konzeption in Hinblick auf das Grundrecht der Rundfunkfreiheit Bedenken entgegenstehen (unter 2.).

### *1. Gebührenmittel "1. und 2. Klasse": Zur Konzeption von Art. 3 und Art. 6 RfStV*

Vor dem Hintergrund der soeben dargestellten Finanzautonomie sowie der staatlichen Finanzierungsgarantie für den Rundfunk unterscheidet der Rundfunkstaatsvertrag, abgestuft nach Schutzwürdigkeit der Anstalten, offenbar zweierlei Arten von Gebührenmitteln: solche nach Art. 3 Abs. 1 und solche nach Art. 6 Abs. 2[92]. Dabei gelten offensichtlich für die "Überschußmittel" nach Art. 6 RfStV nach der Konzeption des Staatsvertrages alle dargestellten Grundsätze der Rundfunkfinanzierung nicht. Nicht nur, daß eine besondere gesetzliche Verwendungsauflage für zulässig erklärt wird[93], sondern es hängt teilweise auch von der Exekutive (den Landesmedienanstalten) ab, ob dem Rundfunk diese Mittel überhaupt zukommen. Will man dem Gesetzgeber nicht unterstellen, daß er in Art. 6 RfStV unter Mißachtung allgemein anerkannter Prinzipien einen eindeutigen Verfassungsverstoß begangen hat, so läßt sich die Regelung nur so erklären, daß die Gebührenmittel nach Art. 6 RfStV von vorneherein nicht zur Erfüllung des Anspruchs der Rundfunkanstalten auf Sicherstellung einer funktionsgerechten Finanzierung gedacht sind. Die Terminologie des Rundfunkstaatsvertrages ("zusätzlicher Anteil") ist also durchaus wörtlich zu nehmen, denn diese Gebühren sind offenbar insofern "zusätzlich", als ihre Erhebung nicht in Erfüllung der staatlichen Funktionsgewährleistungspflicht erfolgt[94]. Diesem Zweck sollen nur die Gebühren im Sinne des Art. 3 Abs. 1 RfStV dienen, auf deren Zuweisung die Rundfunkanstalten einen unbedingten Anspruch haben. Die Konzeption des Staatsvertrages kann

---

92 Vgl. dazu Giani, ZUM 1990, 400 f., 403.

93 Vgl. dazu bereits oben 2. Abschnitt, A I 5.

94 Vgl. Giani, a.a.O., S. 402 f., der von "treuhänderisch verwalteten" Mitteln spricht.

also nur so verstanden werden, daß die Gebührenanteile nach Art. 6 über das zur Erfüllung der Rundfunkaufgabe für notwendig erachtete Maß hinausgehen und daher zur Disposition stehen[95].

## *2. Verfassungsrechtliche Bedenken*

Verfassungsrechtliche Bedenken stünden dieser Konzeption freilich dann entgegen, wenn sich nachweisen ließe, daß das Rundfunkgebührenaufkommen, d.h. der Ertrag derjenigen Abgabe, die anknüpft an das Bereithalten eines Rundfunkempfangsgerätes, einer besonderen verfassungsrechtlichen Zweckbindung unterliegt, wonach es ausschließlich zur Finanzierung der öffentlich-rechtlichen Rundfunkanstalten verwendet werden darf, so wie dies Schmidt fordert. Sollte sich diese These erhärten lassen, so könnte auch die Idee eines "zusätzlichen" Anteils der Rundfunkgebühr, der einfach der "eigentlichen" Rundfunkgebühr, die zur Deckung des Finanzbedarfs der Rundfunkanstalten bestimmt ist, zugeschlagen wird, nichts an der Verfassungswidrigkeit des Aufsichtsgroschens ändern.

### *a) Konsequenzen der Grundannahme des gesetzgeberischen Gestaltungsfreiraums für die Zulässigkeit zweckgebundener Anteile*

Das Bundesverfassungsgericht hat im fünften und im sechsten Rundfunkurteil in Übereinstimmung mit der hM im Schrifttum klargestellt,

---

95 Daß dem Staatsvertrag dieses Konzept zugrunde liegt, läßt sich auch aus der amtlichen Begründung Art. 13 Abs. 2 Nr. 1 RfStV folgern, wo es heißt: "Nr. 1 erhöht die Rundfunkgebühr (unter Aufrundung der Gesamtgebühr) um den zusätzlichen Anteil nach Art. 6 Abs. 1 des vorliegenden Staatsvertrages durch Änderung des Artikels 1 des Staatsvertrages über die Höhe der Rundfunkgebühr. Die durch die Aufrundung entstehenden Mehrbeträge stehen den ARD-Landesrundfunkanstalten und dem ZDF zu; sie sind bei der nächsten Gebührenerhöhung zu berücksichtigen." Dieser Begründung läßt sich entnehmen, daß die Rundfunkgebühr zunächst entsprechend dem Finanzbedarf der Anstalten festgesetzt und dann um den zusätzlichen Anteil angehoben wurde.

daß der Schutz der Rundfunkfreiheit sich grundsätzlich nicht auf eine bestimmte Finanzierungsform erstreckt, solange nur insgesamt die Rundfunkfinanzierung sichergestellt ist[96]. Auch wenn man diese Ausführungen im Sinne eines Vorranges der Gebührenfinanzierung interpretiert[97], so verbleibt doch dem Gesetzgeber ein beträchtlicher Spielraum bei der Ausgestaltung des Finanzierungssystems; insbesondere ist er grundsätzlich nicht verpflichtet, den Rundfunkanstalten das gesamte Aufkommen der Rundfunkgebühr zuzuweisen, solange nur eine ausreichende, primäre Gebührenfinanzierung gewährleistet ist. Dies könnte nur dann angezweifelt werden, wenn die Grundannahme des gesetzgeberischen Freiraumes in Frage gestellt würde, was aber offenbar nicht die Absicht Schmidts ist.

### *b) Überschreitung des gesetzgeberischen Freiraums?*

Mit diesem Zwischenergebnis ist die These von der auf der Rundfunkfreiheit basierenden Zweckbindung der Rundfunkgebühr noch nicht widerlegt. Die Freiheit des Gesetzgebers findet seine Grenze dort, wo die konkrete Ausgestaltung des Finanzierungssystems die Erfüllung der den Rundfunkanstalten gestellten Aufgaben beeinträchtigen könnte. Dieser Grundsatz wurde bereits dargestellt, so daß auf Bekanntes verwiesen werden kann[98]. Hier geht es allerdings nicht um dysfunktionale Auswirkungen auf die Tätigkeit der Rundfunkanstalten, die einer bestimmten Finanzierungsquelle gleichsam immanent, d.h. unabhängig von der gesetzlichen Ausgestaltung sind, sondern um solche Rückwirkungen einer - wie gezeigt - grundsätzlich funktionsgerechten Finanzierungsform, die durch eine besondere, nicht wesensnotwendige Ausgestaltung durch den Gesetzgeber hervorgerufen werden.

Sollte die "Umwidmung" von Gebührenanteilen für andere Zwecke als den öffentlich-rechtlichen Rundfunk negative Auswirkungen auf die

---

[96] BVerfGE 74, 297, 342; EuGRZ 1991, 49, 70.

[97] Vgl. oben II 2.

[98] Vgl. oben II 2.

Rundfunkanstalten zeitigen, die die Erfüllung der ihnen von der Verfassung gestellten Aufgaben ernstlich beeinträchtigten, könnte von einer funktionsgerechten Ausgestaltung des Systems der Rundfunkfinanzierung nicht mehr gesprochen werden. Der Gesetzgeber hätte mithin seinen Gestaltungsspielraum überschritten. Die behauptete Zweckbindung wäre somit nachgewiesen[99], weil es aus den genannten Gründen unzulässig wäre, Teile der Rundfunkgebühr der Finanzierung besonderer Zwecke vorzubehalten.

Folgende negative Rückwirkungen auf die öffentlich-rechtlichen Rundfunkanstalten, die die Erfüllung der ihnen gestellten Grundversorgungsaufgabe in Frage stellen könnten und damit verfassungsrechtlich von Bedeutung sein könnten, sind denkbar:

Im dualen System mit einer gebührenfinanzierten öffentlich-rechtlichen und einer werbefinanzierten privaten Seite besteht latent die Gefahr, daß der für die Gebührenfinanzierung erforderliche Grundkonsens in Frage gestellt wird[100], was im Extremfall bis zur Gebührenverweigerung gehen kann[101], liefern die Privaten doch ein - scheinbar - kostenloses Programm, während an die Öffentlich-rechtlichen ein "Zwangsentgelt" zu entrichten ist[102]. In größerem Ausmaß durch Zuschläge auf die eigentliche Rundfunkgebühr bewirkte ("künstliche") Gebührenerhöhungen könnten dazu beitragen, daß es zu offenen oder

---

99 Vgl. dazu den ähnlichen Gedanken bei Giani, ZUM 1990, 400, 403, wonach Zweckbindungen der Überschußmittel nach Art. 6 Abs. 2 RfStV, die den Anstalten auch ganz verweigert werden können, problematisch sind, wenn sie ihrem Programmauftrag widersprechen; solange das nicht der Fall ist, bestünden auch gegen die Zweckbestimmungen keine Bedenken.

100 Vgl. Stock, RuF 1987, 5, 23; Wieland, Die Freiheit des Rundfunks, S. 133 f.

101 Vgl. Lange, Kommerzielle Ziele, S. 72 f., der als Beispiel Japan aufführt.

102 Kritiker sprechen gern von "Zwangsgebühr", etwa Kuch, BayVBl. 1986, 340, 342 f.; Stoiber laut epd Nr. 83 v. 19.10.1988, S. 10. Diese Formulierung ist pleonastisch, denn die einseitige hoheitliche Auferlegung ist konstitutives Begriffsmerkmal der Gebühr; vgl. Wilke, Gebührenrecht, S. 89.

verdeckten (durch unzulässiges Nichtanmelden von Geräten) Gebührenverweigerungen der Rundfunkteilnehmer kommt, die über die Grundlagen der Rundfunkfinanzierung überwiegend schlecht unterrichtet sind[103], so daß sie möglicherweise die Zusammenhänge, die zu den Gebührenanhebungen führen, nicht durchschauten und die öffentlich-rechtlichen Rundfunkanstalten für die steigende Abgabebelastung verantwortlich machten. Das würde zu Gebührenausfällen der Rundfunkanstalten führen, die im Extremfall ein Ausmaß erreichen könnten, das die Erfüllung des Programmauftrages gefährdet. Aber auch wenn es nicht zu Verweigerungen der Rundfunkgebühr kommen würde, könnte immerhin durch die Öffentlichkeit auf die Rundfunkanstalten Druck zu größerer Sparsamkeit ausgeübt werden. Dies könnte im Ergebnis dazu führen, daß von den Parlamenten die wegen allgemeiner Kostensteigerungen gebotenen Anpassungen der Gebührenhöhe hinausgeschoben werden. Auch in diesem Fall könnte die ausreichende Finanzierung der Rundfunkanstalten in Frage gestellt sein.

Zuschläge auf die Rundfunkgebühr könnten schließlich im Extremfall auch eine derartige Verteuerung der Rundfunkgebühr bewirken, daß einzelne Rundfunkteilnehmer zum legalen Mittel der Vermeidung der Rundfunkgebühr, nämlich der Abschaffung ihrer Geräte, greifen; auch das könnte zu unter Umständen bedrohlichen Gebührenausfällen bei den Rundfunkanstalten führen.

Diese Überlegungen verdeutlichen, daß das Aufstocken der Rundfunkgebühr um zusätzliche Anteile durchaus Rückwirkungen auf die öffentlich-rechtlichen Rundfunkanstalten haben kann, im Hinblick auf Art. 5 Abs. 1 Satz 2 GG also nicht völlig bedeutungslos ist. Auch wenn die

---

103 Der Kenntnisstand der Rundfunkteilnehmer über die Grundlagen der Rundfunkfinanzierung ist als eher niedrig einzuschätzen: Nach einer im März/April und Juni 1988 im Auftrag der GEZ an 2000 Personen durchgeführten repräsentativen Umfrage äußerten sich nur 4 von 10 Befragten überhaupt zur Höhe der Rundfunkgebühr; davon schätzte 1/3 die Gebührenhöhe um mehr als 5 DM zu hoch ein. Auch den Begriff "öffentlich-rechtlicher Rundfunk" konnte ein großer Teil der Befragten nicht richtig einordnen (FK Nr. 39 v. 30.9.1988, S. 8).

Ausgaben für "besonderen Aufgaben" nicht aus dem für die Rundfunkanstalten bestimmten Teil der Rundfunkgebühr bestritten werden, sondern mittels zusätzlicher Anteile, die zu einer Erhöhung der Gesamtgebühr führen, kann letztlich doch die gesicherte Finanzierung der Anstalten gefährdet sein. Fraglich ist nun, ob die geschilderten Auswirkungen so beschaffen sind, daß sich daraus ein kategorisches Verbot der Umwidmung von Teilen der Rundfunkgebühr ableiten läßt:

Was die Gefahr von Gebührenausfällen durch offene Gebührenverweigerungen anbetrifft, so können die Anstalten darauf mit den vom Gesetz vorgesehenen Maßnahmen, nämlich den Mitteln des Verwaltungszwangs[104] reagieren, so daß es insoweit in der Hand der Rundfunkanstalten liegt, ihr Finanzaufkommen zu sichern. Weniger wirksam sind diese Mittel allerdings als Reaktion auf verdeckte Gebührenverweigerungen. Neben dem verstärkten Einsatz von "Gebührenbeauftragten"[105] müßten hier die Anstalten versuchen, durch intensive Öffentlichkeitsarbeit auf die Zusammenhänge von Erhöhungen der Rundfunkgebühr mit der Einführung von Privatrundfunk hinzuweisen, um eine Steigerung der Akzeptanz der Rundfunkgebühr herbeizuführen. Zu einer entsprechenden Aufklärung der Öffentlichkeit wären darüberhinaus auch die Länder verpflichtet, die sich wegen ihrer Funktionsverantwortung schützend vor die Rundfunkanstalten stellen müßten. Ein - möglicherweise populäres - Hinausschieben notwendiger Rundfunkgebührenerhöhungen wäre ein klarer Verstoß gegen diese Gewährleistungspflicht. Im übrigen könnte gerade die Tatsache, daß Teile der Rundfunkgebühr auch für Zwecke des Privatrundfunks verwendet werden, dazu beitragen, daß die Akzeptanz der Gebühr im dualen System steigt, weil die öffentlich-rechtlichen Rundfunkanstalten darauf verweisen könnten, daß

---

104 Vgl. dazu die Darstellung bei Grupp, Rundfunkgebührenrecht, S. 87 ff. (zur Sachverhaltsermittlung) und S. 216 ff. (zum Vollstreckungsverfahren).

105 Vgl. dazu Grupp, a.a.O., S. 94 ff.

die "Zwangsgebühr" eben nicht nur für ihr Programm verwendet wird[106].

Die dargestellten Akzeptanzverluste hinsichtlich der Rundfunkgebühr sind also nicht unabwendbar. Sollte es aber dennoch zu Gebührenausfällen in bedrohlichem Ausmaß kommen, so wäre der Staat aufgrund seiner Funktionsverantwortung für den öffentlich-rechtlichen Rundfunk verpflichtet, diesem andere Finanzquellen zu eröffnen[107].

Diese Überlegungen zeigen, daß die durch das "Umwidmen" von Gebührenanteilen zu befürchtenden Auswirkungen auf die öffentlich-rechtlichen Rundfunkanstalten nicht so beschaffen sind, daß ihre gesicherte Finanzierung unabweislich in Frage gestellt ist.

### *3. Ergebnis*

Als Ergebnis bleibt mithin festzuhalten, daß sich der Rundfunkfreiheit des Art. 5 Abs. 1 Satz 2 GG, jedenfalls unter Beibehaltung der Prämisse der grundsätzlichen Freiheit des Gesetzgebers bei der Ausgestaltung des Systems der Rundfunkfinanzierung, kein Verbot der Zuweisung von Teilen des Rundfunkgebührenaufkommens an andere Institutionen als die öffentlich-rechtlichen Rundfunkanstalten herleiten läßt[108]. Gegen den Aufsichtsgroschen bestehen daher im Hinblick auf die Rundfunkfreiheit keine Bedenken.

---

106 S. dazu den Gedanken bei Gall, ZUM 1991, 167, 170, der darauf hinweist, daß mit der Zahlung der Rundfunkgebühr die Ausstrahlung der privaten Programme letztlich erst ermöglicht werde.

107 Vgl. zu dieser Kompensationspflicht bei Verlust oder Entzug einer Einnahmequelle BVerfGE 74, 297, 342; Bethge, MP 1983, 690, 697; Fuhr/Krone, AfP 1984, 141 ff.; Ladeur, ZUM 1987, 491, 496.

108 So auch Degenhart, in: Bonner Kommentar, Art. 5 Abs. 1 u. 2, Rn. 704.

# 4. Abschnitt

# Der Aufsichtsgroschen und die Informationsfreiheit der Rundfunkteilnehmer

## *A. Informationsfreiheit und Rundfunkgebührenpflicht*

### *I. Der Meinungsstand zur Zulässigkeit der Erhebung einer Rundfunkgebühr*

Unter dem Gesichtspunkt der Informationsfreiheit werden gegen die Zulässigkeit der Erhebung einer Rundfunkgebühr allgemein keine Bedenken erhoben[1]. Trotz aller Streitigkeiten um die "Rechtsnatur" der Rundfunkgebühr liegt hier - jedenfalls in einem rein öffentlich-rechtlichen System - doch offenbar der Vergleich mit dem Erwerb beispielsweise einer Tageszeitung zu nahe[2]. Unstreitig ist allerdings auch, daß eine Erhöhung der Rundfunkgebühr über ein gewisses Maß hinaus eine

---

1 Vgl. BVerwGE 29, 214, 218; Ipsen, Die Rundfunkgebühr, S. 46; Schneider, NJW 1961, 53, 56; Herrmann, AöR 90, 286, 325; ders., Fernsehen und Hörfunk in der Verfassung der Bundesrepublik Deutschland, 1975, S. 163; Wohland, Informationsfreiheit, S. 118; Varnbühler, FuR 1979, 630 f.; Fuhr, ZDF-StV, § 23 II 1; Starck, in: v. Mangoldt/Klein/Starck, GG, Art. 5 Abs. 1, 2, Rn. 25; Steimer, Rundfunkfinanzierung, S. 18; Kollek, Rundfunkfinanzierung, S. 140; v. Maydell, Zur rechtlichen Problematik der Befreiung von den Rundfunkgebühren, S. 39. Speziell zur Problematik im dualen System Rudolf, in: v. Münch, Besonderes Verwaltungsrecht, S. 916; Hartstein/Ring/Kreile, Rundfunkstaatsvertrag, Art. 3, Rn. 9 sowie jüngst OVG Berlin, ZUM 1991, 212 f.; HessVGH, ZUM 1991, 213 f.; Gall, ZUM 1991, 167, 171 f.; - a.A., soweit ersichtlich, nur Wenzel, ZUM 1990, 497, 499 f.

2 Vgl. Steimer, a.a.O. - Zum Entgeltcharakter der Rundfunkgebühr ungeachtet des Streits um ihre Rechtsnatur Badura, Finanzautonomie, S. 18.

Verletzung der Informationsfreiheit bedeuten würde, wobei freilich die Akzente unterschiedlich gesetzt werden: Teilweise wird ein Verstoß gegen das Grundrecht bereits dann angenommen, wenn der Zugang zur Informationsquelle Rundfunk über das sachlich bedingte Maß hinaus erschwert wird[3], während andere eine Grundrechtsverletzung offenbar erst dann annehmen wollen, wenn die Rundfunkgebühr eine prohibitive Höhe erreicht[4]. Eine dritte Gruppe von Autoren stellt auf beide Kriterien zugleich ab[5].

Diese Abweichungen sind nicht nur terminologischer Art, sondern bedeuten auch Unterschiede in der Sache. Die erstgenannte Auffassung, die eine besondere Legitimation für die Erhebung der Rundfunkgebühr in einer bestimmten Höhe verlangt, führt nämlich zu einer Überprüfung der Gebührenhöhe nach Maßgabe der Verhältnismäßigkeitsgrundsatzes und stellt an die Rechtfertigung dieser Abgabe strengere Anforderungen als die Gegenansicht, die die Rundfunkgebühr offenbar erst im Fall einer erdrosselnden Wirkung für unzulässig hält.

Der Grund für diese Unstimmigkeiten liegt möglicherweise in Unsicherheiten bei der grundrechtsdogmatischen Herleitung eines als vernünftig angesehenen und daher einmütig akzeptierten Ergebnisses. Die in der Diskussion des Themas praktisch durchweg anzutreffende Formulierung, aus Art. 5 Abs. 1 GG könne niemand ein Recht zu unentgeltlicher Unterrichtung herleiten, läßt nämlich offen, ob die Abgabepflicht nicht oder jedenfalls nicht als grundrechtlich bedeutsame Behinderung der Informationsaufnahme aus der Quelle "Rundfunk" anzusehen ist, d.h. ob der Schutzbereich des Grundrechts als grundsätzlich eröffnet angesehen wird oder nicht.

---

3 So Fuhr, a.a.O.; VG Stuttgart, ZUM 1987, 470, 472; Hartstein/Ring/Kreile, a.a.O.; vgl. auch Herrmann, AöR 90, a.a.O.

4 So Ridder, in: Die Grundrechte II, S. 275, Fn. 110; Schneider, a.a.O.; Wohland, a.a.O.; Wilke, Gebührenrecht, S. 159 f.; Varnbühler, a.a.O.; Löwer, JZ 1981, 730, 733; Steimer, a.a.O.; Kollek, a.a.O.; Gall, a.a.O.

5 So Grupp, Rundfunkgebührenrecht, S. 45; Schneider/Radek; Rundfunkfinanzierung, S. 42.

## *II. Die Informationsfreiheit als Abwehrrecht - geschützte Verhaltensweisen*

Die Aussage, aus Art. 5 Abs. 1 GG könne niemand ein Recht zu unentgeltlicher Unterrichtung herleiten, ist vor der primär abwehrrechtlichen Konstruktion des Grundrechts zu sehen[6]. Die Informationsfreiheit dient der Verwirklichung des im Grundgesetz angelegten Prinzips freier Kommunikation. Sie ist ein "Brückenrecht" zwischen der Presse- und Rundfunkfreiheit einerseits sowie der Meinungsfreiheit andererseits, denn ohne ungehinderten Zugang zu sachdienlichen Informationen ist eine freie, sachlich fundierte Meinungsäußerung nicht vorstellbar[7]. Der Vorgang des Sich-Unterrichtens soll "ungehindert", also frei von staatlicher Beeinträchtigung vor sich gehen. Die Informationsfreiheit, die sich damit gegen staatliche Einwirkungen auf den freien Kommunikationsprozeß richtet, setzt aber voraus, daß der Zugang an der Quelle bereits eröffnet ist[8]. Sie gewährt grundsätzlich keinen Anspruch auf staatliche Leistungen, sondern verlangt vom interessierten Bürger, sich Informationsquellen auf eigene Kosten zu erschließen[9].

Um einen wirksamen Schutz zu gewährleisten, ist der Tatbestand des Grundrechts weit zu fassen[10]. Der Begriff der "Allgemeinzugänglichkeit" richtet sich deshalb nur nach der Beschaffenheit der Quelle sowie der Bestimmung durch den Verfügungsberechtigten und ist unabhängig

---

6 Wohland, Informationsfreiheit, S. 120 f.; Gehrhardt, AfP 1974, 689, 690 f.; Starck, in: v. Mangoldt/Klein/Starck, GG, Art. 5 Abs. 1, 2, Rn. 35.

7 Vgl. Lerche, in: EvStL, Stichwort: Informationsfreiheit, Spalte 1314.

8 Hoffmann-Riem, in: Alternativkommentar GG, Art. 5 Abs. 1, 2, Rn. 89.

9 V. Münch, GG, Art. 5, Rn. 20; Starck, a.a.O. - Das ursprünglich vorgesehene Wort von der "freien" Unterrichtung wurde deshalb gestrichen, damit es nicht im Sinne von "unentgeltlich" mißverstanden werde, vgl. JöR n.F. Bd. 1 (1951), S. 82.

10 Lerche, a.a.O., Spalte 1315.

von technischen und rechtlichen Empfangshindernissen[11]. Durch die Statuierung einer Gebührenpflicht wird daher der Charakter des Rundfunks als einer allgemein zugänglichen Quelle nicht in Frage gestellt[12]. Entsprechend diesem weiten Schutzbereich sind alle staatlichen Beeinträchtigungen des Zugangs zur Kommunikation grundrechtlich relevant. Das Merkmal "ungehindert" richtet sich insbesondere auch gegen nur mittelbare oder faktische Beeinträchtigungen[13].

Zu den geschützten Verhaltensweisen gehören im Hinblick auf die Informationsquelle Rundfunk der Erwerb, die Installation und der Betrieb von Rundfunkempfangsanlagen[14]. Alle staatlichen Erschwerungen dieser Handlungen beeinträchtigen grundsätzlich das Grundrecht der Informationsfreiheit.

### *III. Die Rundfunkgebührenpflicht als faktische Beeinträchtigung der Informationsfreiheit*

Wird jemandem durch Befehl oder oder Regelung ein bestimmtes Verhalten auferlegt, so ist in der Abforderung dieses Verhaltens eine Beeinträchtigung zu sehen. Regelung bzw. Hoheitsakt und Beeinträchtigung sind in diesem Fall identisch, so daß man von "imperativer" Beeinträchtigung sprechen kann[15]. Fehlt dieses Merkmal der

---

11 So BVerfGE 27, 71, 83 f.; 33, 52, 65 im Anschluß an Lerche, in: EvStL, Stichwort: Informationsfreiheit, Spalte 1315. Vgl. weiter auch Lerche/Ulmer, Kurzberichterstattung im Fernsehen, S. 56.

12 Daß der Rundfunk eine allgemein zugängliche Quelle i.S.d. Art. 5 Abs. 1 GG darstellt, ist unstreitig; vgl. statt vieler Starck, a.a.O., Rn. 30.

13 Vgl. Krafczyk, Ausländische Rundfunksendungen, S. 43; Hoffmann-Riem, in: Alternativkommentar GG, Art. 5 Abs. 1, 2, Rn. 97; Degenhart, in: Bonner Kommentar, Art. 5 Abs. 1 u. 2, Rn. 274.

14 Krafczyk, Ausländische Rundfunksendungen, S. 43; Burkhard, Öffentlich-rechtliche Antennenverbote: Erscheinungsformen und verfassungsrechtliche Probleme, 1988, S. 73 f.

15 Gallwas, Faktische Beeinträchtigungen im Bereich der Grundrechte, 1970, S. 12.

Regelungsidentität, so liegt eine faktische Beeinträchtigung vor[16]. Eine derartige faktische Grundrechtsbeeinträchtigung, und zwar in Form eines sog. Folgewirkung[17], läßt sich immer dann feststellen, wenn ein Abgabegesetz an einen Tatbestand anknüpft, der im Schutzbereich eines speziellen Freiheitsrechtes liegt. Eine so beschaffene Abgabepflicht beschwert den Adressaten der Regelung in einem doppelten Sinn: Zusätzlich zu dem in dem eigentlichen Regelungsgegenstand liegenden Nachteil, nämlich der Pflicht zur Entrichtung der Abgabe, wirkt das Abgabegesetz über die Vermögenssphäre hinaus und beeinträchtigt auch das spezielle Freiheitsrecht[18].

Diese doppelte Beeinträchtigung läßt sich auch bei der Rundfunkgebühr ausmachen. Sie belastet die Rundfunkteilnehmer zum einen dadurch, daß ihnen eine Geldleistungspflicht auferlegt wird. Zum anderen ist jedoch auch eine - faktische - Beeinträchtigung der Informationsfreiheit feststellbar, denn die Abgabe knüpft an durch Art. 5 Abs. 1 Satz 1 GG geschützte Verhaltensweisen an[19].

Wenn behauptet wird, die Gebührenpflicht sei im Hinblick auf die Informationsfreiheit der Rundfunkteilnehmer "neutral", so kann dem jedenfalls dann nicht zugestimmt werden, wenn damit gemeint sein sollte, daß der Schutzbereich des Grundrechts durch die Rundfunkgebühr nicht berührt werde[20]. Als Indiz für die Richtigkeit der hier vertretenen Auffassung kann gelten, daß allgemein eine Erhöhung der

---

16 So Gallwas, a.a.O.

17 Gallwas, a.a.O., S. 13; ebenso Ramsauer, Die faktischen Beeinträchtigungen des Eigentums, 1980, S. 31.

18 Gallwas, a.a.O., S. 17; ebenso Clausen, Kostendeckungsprinzip, S. 96 f.

19 Geiger, in: FS Arndt, S. 119, 126 hält deshalb Steuern, die an den Besitz eines Rundfunkgerätes anknüpfen, für verfassungswidrig. Wie hier i.E. auch Wenzel, ZUM 1990, 497, 499 f. - Diesen Punkt übersieht Gall, ZUM 1991, 167, 171, wenn er ausführt, Rundfunkteilnehmer könnten trotz der Rundfunkgebührenpflicht "ungehindert" private Programme empfangen.

20 So aber offenbar Starck, a.a.O., Rn. 36 Fn. 125; ihm folgend Gall, ZUM 1991, 167, 171.

Rundfunkgebühr über ein bestimmtes Maß hinaus für unzulässig gehalten wird. Es ist nämlich nicht einsichtig, wie eine quantitative Erhöhung einer Abgabe, die grundsätzlich den Schutzbereich eines Grundrechts nicht berühren soll, plötzlich doch zu einer Verletzung dieses Grundrechts führen soll[21].

### *IV. Die Rundfunkgebührenpflicht als Einschränkung der Informationsfreiheit?*

Als naheliegende Konsequenz dieses Befundes könnte es gelten, die Pflicht zur Entrichtung einer Gebühr für das Bereithalten eines Rundfunkgerätes als Einschränkung der Informationsfreiheit der Rundfunkteilnehmer zu sehen, so daß sich der Rundfunkgebührenstaatsvertrag, um verfassungsrechtlich zulässig zu sein, als Bestandteil der "allgemeinen Gesetze" des Art. 5 Abs. 2 GG darstellen müßte. Klar ausgesprochen wird dies freilich nur selten[22]. Bei näherer Betrachtung erweist sich diese Sichtweise auch als nicht ganz unproblematisch:

#### *1. Die Rundfunkgebührenpflicht im öffentlich-rechtlichen Rundfunksystem*

Recht deutlich zeigt sich dies, wenn man der Untersuchung zunächst ein rein öffentlich-rechtliches Rundfunksystem zugrundelegt. Die Informationsfreiheit als negatives Freiheitsrecht ist idealtypisch auf die Dreieckskonstellation Staat - Bürger - Massenmedium zugeschnitten und untersagt staatliche Einwirkungen auf das Verhältnis Bürger - Massen-

---

21 Vgl. zu der hiermit angeschnittenen Problematik der "engen" und "weiten" Tatbestandstheorien Alexy, Theorie der Grundrechte, 1985, S. 272 ff., insbesondere S. 278 ff.

22 Art. 5 Abs. 2 GG erwähnen etwa Ipsen, Die Rundfunkgebühr, S. 44; Wohland, Informationsfreiheit, S. 118; Schmidt-Jortzig, in: Handbuch des Staatsrechts VI, § 141, Rn. 35.

medium[23]. Die Rezipientenfreiheit ist dann beeinträchtigt, wenn die Zugänglichkeit gegen den Willen des Bestimmungsberechtigten begrenzt wird[24]. Im Bereich des öffentlich-rechtlichen Rundfunks paßt dieses Modell offensichtlich nicht, denn der Staat als Muttergemeinwesen der Rundfunkanstalten eröffnet durch die Errichtung von Rundfunkanstalten erst eine Informationsquelle. Die Rundfunkgesetze sind deshalb weniger eine durch einen Grundrechtsverpflichteten herrührende Beeinträchtigung der Beziehung zwischen Kommunikator und Rezipient als vielmehr eine Regelung der Zugänglichkeit der Informationsquelle durch den Bestimmungsberechtigten. Damit tritt die ausgestaltende Funktion der Rundfunkgebührengesetze in den Vordergrund[25], so daß die Geltung des Grundsatzes der Verhältnismäßigkeit zweifelhaft erscheinen muß[26].

Aber auch wenn durch die Rundfunkgesetze erst die Zugänglichkeit der Informationsquelle eröffnet wird, kann dies nicht bedeuten, daß der Gesetzgeber von der Beachtung des Grundrechts der Informationsfreiheit dispensiert wäre und ohne besondere Rechtfertigung bei der Festlegung der Rundfunkgebührenhöhe über das zur Rundfunkfinanzierung Erforderliche hinausgehen dürfte. Dem steht der institutionelle Gehalt[27] der Informationsfreiheit entgegen, in welchem der gesetzgeberische Freiraum seine Begrenzung findet. Sowohl dem in der Rundfunkfreiheit des Art. 5 Abs. 1 Satz 2 GG liegenden Auftrag an den Gesetz-

---

23 Vgl. Wohland, Informationsfreiheit, S. 120 ff.; Hoffmann-Riem, in: Alternativkommentar GG, Art. 5 Abs. 1, 2, Rn. 89.

24 Hoffmann-Riem, a.a.O., Rn. 92.

25 Vgl. dazu Hoffmann-Riem, in: Alternativkommentar GG, Art. 5 Abs. 1, 2, Rn. 89, 101; allgemein zur Möglichkeit derartiger Ausgestaltungen im Bereich der Informationsfreiheit Lerche, Verfassungsrechtliche Fragen zur Pressekonzentration, 1971, S. 21 ff., 50, 71 f.

26 Vgl. dazu grundlegend Lerche, Übermaß, S. 107 ff. und 140 ff.

27 Vgl. zum institutionellen Gehalt des Art. 5 Abs. 1 GG Lerche, Verfassungsrechtliche Fragen zur Pressekonzentration, S. 21 ff; allgemein zur objektivrechtlichen Bedeutung der Grundrechte K. Hesse, Verfassungsrecht, Rn. 279, 290 ff. m.w.N.

geber zur Schaffung eines funktionierende Rundfunksystems[28] als auch der in Art. 5 Abs. 1 Satz 1 GG verbürgten Garantie eines Mindestmaßes freier Kommunikation, die auch eine Garantie eines Bestandes ausreichend informierender Quellen enthält, läßt sich entnehmen, daß die Informationsquelle "Rundfunk" existieren muß[29]. Wenn nun der Staat die ihm übertragene Ausgestaltung der Rundfunkordnung so vornimmt, daß ein öffentlich-rechtliches Monopol entsteht, so sind alle Erschwerungen des Zuganges wegen der Angewiesenheit der Bürger auf das Medium rechtfertigungsbedürftig[30], also an den Grundsätzen der Erforderlichkeit und Verhältnismäßigkeit zu messen. Für die Annahme eines Gestaltungsspielraumes des Gesetzgebers bei der Bemessung der Gebührenhöhe in dem Sinne, daß er ohne weiteres auch über das zur Rundfunkfinanzierung Erforderliche hinausgehen dürfte, solange nur die Rundfunkgebühr nicht eine abschreckende Höhe erreicht, sind keine einleuchtenden Gründe ersichtlich.

### *2. Die Rundfunkgebührenpflicht im dualen System*

Im dualen System besteht das Monopol der öffentlich-rechtlichen Rundfunkanstalten, jedenfalls was die Befugnis zur Ausstrahlung von Rundfunksendungen betrifft, nicht länger fort. Nicht angetastet wurde durch die Zulassung von Privatrundfunk jedoch die Monopolstellung der Anstalten in finanzieller Hinsicht. Jeder, der vom Inland aus Rundfunk empfangen will, muß an die Rundfunkanstalten eine Abgabe entrichten, die ausschließlich an den Besitz eines empfangsbereiten Rundfunkgerätes anknüpft und damit fast eine steuerähnliche Wirkung besitzt[31]. Oppermann/Kilian haben sie recht anschaulich als "Eintritts-

---

28 Vgl. oben 1. Abschnitt, A III.

29 Vgl. Lerche, a.a.O., S. 72.

30 Vgl. Schmidt-Jortzig, in: Handbuch des Staatsrechts VI, § 141, Rn. 35.

31 Lerche, Referat 56. DJT, O 47.

karte" in das duale System bezeichnet[32]. Für diejenigen Rundfunkteilnehmer, die kein Interesse am Programm des öffentlich-rechtlichen Rundfunks haben und ihr Rundfunkgerät nur wegen der Sendungen der Privaten betreiben, stellt sich die in der Rundfunkgebührenpflicht liegende Beeinträchtigung auf den ersten Blick als Grundrechtsbeschränkung im klassischen Sinn dar[33], sind doch die privaten Rundfunkveranstalter hinsichtlich der Zugänglichkeit des von ihnen ausgestrahlten Programms trotz umfassender Lizensierungspflicht allein bestimmungsberechtigt, so daß für eine Befugnis des Gesetzgebers zur Ausgestaltung zunächst keine Berechtigung ersichtlich ist. Bei genauerer Betrachtung muß jedoch auch dies zweifelhaft erscheinen. Das zeigt sich dann besonders deutlich, wenn man den angedeuteten Lösungsweg zunächst weiterverfolgt und die Gebührenpflicht als Einschränkung der Informationsfreiheit ansieht. Nachdem der Wortlaut des Grundgesetzes hier "Eingriffe" nicht kennt, ist es naheliegend, die Rundfunkgebührengesetze als "allgemeine Gesetze" im Sinne des Art. 5 Abs. 2 GG zu behandeln. Die Besonderheit dieser Grundrechtsschranke liegt darin, daß auf externe Normengefüge verwiesen wird, die sich im Bereich der Informationsfreiheit nur "reflexiv" auswirken, nämlich als Folge einer Regelung, die eine ganz andere Materie als die in Art. 5 Abs. 1 GG genannte betrifft[34].

---

32 Finanzierung, S. 91.

33 Es kann hier nur um eine Einschränkung der positiven Informationsfreiheit gehen. Unrichtig ist es, wenn die Problematik teilweise unter dem Gesichtspunkt der negativen Informationsfreiheit diskutiert wird (so etwa OVG Berlin, ZUM 1991, 212 f.; Wenzel, ZUM 1990, 497, 499 f.), denn durch die Gebührenpflicht wird niemand auch nur faktisch gezwungen, bestimmte Informationsquellen zu nutzen. Vgl. allgemein zur negativen Informationsfreiheit Wohland, Informationsfreiheit, S. 123 f.; Starck, a.a.O., Rn. 27.

34 Vgl. dazu Lerche, Übermaß, S. 112 ff.; ders., in: Die Grundrechte IV, S. 474; ders., Werbung und Verfassung, 1967, S. 98 f. Grundlegend für die Rechtsprechung des Bundesverfassungsgerichts das Lüth-Urteil, BVerfGE 7, 198 ff., insbesondere S. 207 f. zur "Wechselwirkungslehre".

Auch wenn die Rundfunkgebührengesetze nicht auf eine Beschränkung der Informationsfreiheit abzielen, so lassen sie sich doch offensichtlich unter den so definierten Begriff der allgemeinen Gesetze[35] nur unter Schwierigkeiten subsumieren, denn sie sind gerade mit Blick auf die Garantien des Art. 5 Abs. 1 GG erlassen worden. Die Rundfunkgebührenstaatsverträge sollen die Finanzierung der öffentlich-rechtlichen Rundfunkanstalten und damit die unerläßliche Grundversorgung mit Rundfunk sicherstellen, die ihrerseits im Interesse eines freiheitlichen Meinungsbildungsprozesses gewährleistet sein muß. Überzeugender erscheint es wegen dieser bewußten Ausrichtung auf den Rundfunkbereich, diesen Gesetzen den Charakter des "allgemeinen" abzusprechen. Damit ist über deren Zulässigkeit noch nichts ausgesagt, denn Art. 5 Abs. 2 GG bezeichnet nur eine von mehreren "Begrenzungsschichten" (Lerche) des Art. 5 Abs. 1 GG[36].

### *V. Die kollisionslösende Funktion der Rundfunkgebührenstaatsverträge*

Es ist eine Konsequenz der Funktion der Informationsfreiheit als eines "Brückenrechtes", daß die Rezipientenseite nicht völlig losgelöst von der Seite der Kommunikatoren, das Grundrecht der Informationsfreiheit trotz seines Ranges als eines eigenständigen Rechts[37] also nicht ganz isoliert von der Rundfunkfreiheit gesehen werden kann. Beide Freiheiten wiederum sind eingebettet in den Gesamtsinn des Art. 5 Abs. 1 GG, der prinzipiellen Ermöglichung eines freiheitlichen Meinungsbildungs-

---

35 Weiter versteht Wohland, Informationsfreiheit, S. 87 ff. offenbar den Begriff; er faßt darunter in Fortführung von Lerche, Übermaß, S. 107 ff., 112 ff., der bei Art. 5 Abs. 2 GG vom "mittelbarer" Grundrechtsprägung spricht, auch unmittelbar grundrechtsprägende Gesetze.

36 Vgl. dazu Lerche, Verfassungsrechtliche Fragen zur Pressekonzentration, S. 51 ff.

37 S. Schmidt-Jortzig, a.a.O., Rn. 28 m.w.N.

prozesses[38]. Dieser übergreifende Zusammenhang bewirkt, daß bei der Anwendung des Grundrechts der Informationsfreiheit immer auch die Rundfunkfreiheit sowie die Gewährleistung eines freien Meinungsbildungsprozesses im Blickfeld zu bleiben hat[39]. Wie stark die gegenseitige Abhängigkeit der Sender- und Empfängerseite im Rundfunkbereich ist, haben bereits die Überlegungen zur Rundfunkfinanzierung deutlich gemacht, die gezeigt haben, welch vielfältige Interaktionen hier zu verzeichnen und zu berücksichtigen sind[40].

Die Tatsache, daß diese einzelnen Gehalte des Art. 5 GG nicht unabhängig nebeneinander stehen, kann dazu führen, daß sich Kollisionen zwischen ihnen ergeben, wobei grundsätzlich zwei Konstellationen denkbar sind. Es können sowohl Kollisionen zwischen den Individualrechten des Art. 5 Abs. 1 GG als auch Kollisionen von Individualrechten mit der "Basisgewährleistung" des Art. 5 GG, nämlich der Garantie eines freiheitlichen Meinungsbildungsprozesses[41], auftreten[42]. Solche Kollisionsfälle sind nichts Ungewöhnliches; sie sind nicht auf Art. 5 GG beschränkt, sondern auch sonst in der Grundrechtsdogmatik bekannt[43]. Im Bereich der Rundfunkfinanzierung stoßen nun das Recht der Rundfunkteilnehmer, sich ungehindert aus der Informationsquelle Rundfunk zu unterrichten, einerseits, und das verfassungsrechtliche Erfordernis einer gesicherten Finanzierung des öffentlich-rechtlichen Rundfunks andererseits, aufeinander. Diese Konstellation ist der zweiten der gerade genannten Fallgruppen zuzuordnen, denn hinter dem

---

38 Vgl. Lerche, Verfassungsrechtliche Fragen zur Pressekonzentration, S. 34 sowie oben 1. Abschnitt, A I.

39 So auch die Argumentation des OVG Berlin, ZUM 1991, 212, 213 und, diesem folgend, bei Gall, ZUM 1991, 167, 171, die darauf abstellen, daß die Informationsfreiheit nur im Kontext der jeweiligen Rundfunkordnung gesehen werden kann.

40 Vgl. oben 3. Abschnitt, B II 2.

41 Vgl. dazu bereits oben, 1. Abschnitt, A I.

42 Vgl. zu derartigen Kollisionen innerhalb von Art. 5 Abs. 1 GG Lerche, a.a.O., S. 55 f.

43 Vgl. nur Lerche, Übermaß, S. 125 ff.; K. Hesse, Verfassungrecht, Rn. 312.

verfassungsrechtlichen Anspruch der Rundfunkanstalten auf eine funktionsgerechte Finanzierung steht letztlich ihr durch die Wahrnehmung der Grundversorgung zu leistender Beitrag für einen freiheitlichen Meinungsbildungsprozeß. Nur vordergründig handelt es sich daher um einander widerstrebende Individualpositionen; im Grunde kollidiert die institutionelle "Basisgewährleistung" des Art. 5 Abs. 1 GG mit dem subjektiven Recht der Rundfunkteilnehmer auf eine unbelastete Informationsaufnahme.

Es handelt sich um einen wirklichen Kollisionsfall, denn die kollidierenden Güter besitzen Verfassungsrang, und die funktionsgerechte Rundfunkfinanzierung und damit der freiheitliche Meinungsbildungsprozeß wäre, wie gezeigt[44], tatsächlich gefährdet, wenn etwa die Ausgestaltung der Rundfunkgebühr als Bereithaltegebühr zugunsten eines nur für die tatsächliche Nutzung zu zahlenden Entgelts geändert würde[45].

Die Schlichtung dieses Konflikts ist Aufgabe des Gesetzgebers. Da die erforderlichen Regelungen unmittelbar auf die Informationsfreiheit bezogen sind, kann die Kollisionslösung nicht im Rahmen des Art. 5 Abs. 2 GG geleistet werden[46]; die Gesetze finden vielmehr ihren verfassungsrechtlichen Standort und auch ihre Grenze in Art. 5 Abs. 1 GG[47].

Der Gesetzgeber hat sich dabei vom Gedanken des nach beiden Seiten hin schonendsten Ausgleichs leiten zu lassen[48]; er hat das Grundrecht und das grundrechtsbegrenzende Rechtsgut einander verhältnismäßig

---

44 Vgl. oben, 3. Abschnitt, B II 2 b.

45 S. zu diesen Anforderungen an die Bejahung eines Kollisionsfalles Lerche, Verfassungsrechtliche Fragen zur Pressekonzentration, S. 56.

46 Vgl. Lerche, a.a.O.

47 Lerche, a.a.O., S. 50.

48 Lerche, Übermaß, S. 153.

zuzuordnen[49]. Den konfliktschlichtenden Regelungen wohnt ein gewisses gestaltend-abwägendes Moment inne[50], das den Gesetzgeber jedoch nicht der Beachtung der Grundsätze der Erforderlichkeit und Verhältnismäßigkeit enthebt, denn die konfliktlösenden Normen greifen in grundrechtlich geschützte Bezirke ein[51]. Insoweit besteht eine gewisse Ähnlichkeit zu den grundrechtseinschränkenden Gesetzen, die es rechtfertigt, sie den Anforderungen für Eingriffsnormen zu unterwerfen[52].

Es wird im folgenden zu prüfen sein, ob die Rundfunkgebührenstaatsverträge, gemessen an diesem Maßstab der verhältnismäßigen Zuordnung von Informationsfreiheit und kollidierendem Rechtsgut, verfassungsmäßig sind. Dabei soll das Augenmerk auf die Problematik der Rundfunkgebühr im dualen System gerichtet sein, denn es kann keinem Zweifel unterliegen, daß die Rundfunkanstalten in einer rein öffentlich-rechtlichen Rundfunkordnung von den Rundfunkteilnehmern eine Abgabe für die gebotenen Programmleistungen erheben dürfen.

## *B. Die Rechtfertigung der Rundfunkgebühr im dualen System: Verhältnismäßigkeitsprüfung*

Die verhältnismäßige Zuordnung von Grundrecht und kollidierendem Verfassungsgut soll so vorgenommen werden, daß beide zu optimaler Wirksamkeit gelangen[53]. Das wiederum setzt voraus, daß das vom

---

49 K. Hesse, Verfassungsrecht, Rn. 317: Herstellung praktischer Konkordanz.

50 Vgl. Lerche, a.a.O., S. 130 ff.

51 A.a.O., S. 132 f., 151 ff.

52 Lerche, Verfassungrechtliche Fragen zur Pressekonzentration, S. 56. - Der Unterschied besteht darin, daß konkurrenzlösende Normen in mehrere Rechtsbezirke eingreifen (können) und deshalb die Grundsätze des Übermaßverbotes nicht nur einseitig von einem Pol aus gesteuert werden, so Lerche, Übermaß, S. 152.

53 K. Hesse, Verfassungsrecht, Rn. 318.

Gesetzgeber zur Erreichung dieses verfassungslegitimen Ziels[54] gewählte Mittel den Grundsätzen der Geeignetheit, Erforderlichkeit und Verhältnismäßigkeit (i.e.S.) entspricht[55].

I. Ziel des Instituts "Rundfunkgebühr" ist, eine funktionsadäquate Rundfunkfinanzierung zu gewährleisten. Die Methode der Gebührenfinanzierung ist, weil zwecktauglich, geeignet, das gesetzte Ziel zu erreichen[56].

II. Sie ist auch erforderlich, weil ein zur Zweckerreichung gleich gut geeignetes, die Rundfunkteilnehmer aber weniger belastendes Mittel nicht existiert[57]. Das gilt insbesondere für eine Regelung, die nur die Rundfunkteilnehmer, die tatsächlich öffentlich-rechtliche Programme empfangen, der Gebührenpflicht unterwerfen würde, also diejenigen, die nur an Privatrundfunk interessiert sind, nicht belasten würde, weil ein solches Finanzierungskonzept dysfunktionale Auswirkungen auf die Programmtätigkeit der öffentlich-rechtlichen Rundfunkanstalten hätte[58].

---

54 Vgl. dazu Lerche, Übermaß, S. 224 f.; Gentz, NJW 1968, 1600, 1602.

55 Diese Terminologie entspricht derjenigen des Bundesverfassungsgerichts, vgl. Grabitz, AöR 98, 568, 570.

56 Vgl. oben 3. Abschnitt, B II 2. - Das Bundesverfassungsgericht nimmt auf dieser Stufe eine sehr zurückhaltende Prüfung vor; es genügt bereits, wenn der Zweck durch die Maßnahme gefördert werden kann, vgl. Grabitz AöR 98, 568, 571. Auf das Maß der Eignung kommt es an dieser Stelle nicht an; dieses kann jedoch für die Proportionalität der Maßnahme von Bedeutung sein, vgl. Gentz, NJW 1968, 1600, 1603.

57 Vgl. dazu Grabitz, a.a.O., S. 573 f.; Hirschberg, Der Grundsatz der Verhältnismäßigkeit, 1981, S. 62; Bleckmann, Allgemeine Grundrechtslehren, S. 375. In die Erforderlichkeitsprüfung können, soweit es um gesetzgeberische Maßnahmen geht, nicht alle zur Zweckerreichung abstrakt denkbaren Mittel einbezogen werden, sondern nur solche, die in der rechtspolitischen Diskussion erörtert werden, vgl. Hirschberg, a.a.O., S. 70 unter Verweis auf BVerfGE 40, 196, 223.

58 Vgl. oben 3. Abschnitt, B II 2 b (1); wie hier auch Gall, ZUM 1991, 167, 171 f. - Abgesehen davon kann die Frage nach der zutreffenden Gruppenbildung der Belasteten nicht anhand des Grundsatzes der Erforderlichkeit überprüft werden, weil dieser

III. Das Prinzip der Verhältnismäßigkeit i.e.S. schließlich ist gewahrt, wenn Zweck und Mittel einander so zugeordnet sind, daß sie nicht außer Verhältnis stehen. Zweck und Mittel sind also in ihrer Bedeutung gegeneinander abzuwägen[59]. Richtpunkt bei der Abwägung sind das Gewicht der betroffenen Rechtsgüter und das Ausmaß ihrer Beeinträchtigung[60].

Wie bereits mehrfach ausgeführt, kann die Heranziehung aller Rundfunkteilnehmer zur Rundfunkfinanzierung nicht nur unter dem Aspekt der Erzielung von Einnahmen gesehen werden. Das Rundfunkgebührenrecht muß vielmehr von seiner Bedeutung als Methode medienstruktureller Vielfaltssicherung her verstanden werden. Die autonomiestärkende Funktion der Gebührenfinanzierung ist - ein - Garant für ein vielfältiges öffentlich-rechtliches Programm auf gehobenem Niveau. Die Gebührenfinanzierung weist damit einen unmittelbaren Bezug zu der den öffentlich-rechtlichen Rundfunkanstalten im dualen System übertragenen Aufgabe der Grundversorgung auf[61], deren Wahrnehmung Bedingung für die Zulässigkeit ausschließlich werbefinanzierten und damit für die Rundfunkteilnehmer "kostenlosen" Privatrundfunks ist. Die Wahrnehmung der Grundversorgung durch die öffentlich-rechtlichen Rundfunkanstalten rechtfertigt die Gebührenfinanzierung[62]. In der Gebührenpflicht für alle Rundfunkteilnehmer kommt das Interesse aller am Bestand eines leistungsfähigen öffentlich-rechtlichen Rundfunks und der gesicherten Finanzierung der Grundversorgung zum Ausdruck[63].

---

Grundsatz bereits voraussetzt, daß der Kreis der zu Belastenden feststeht, so Hirschberg, a.a.O., S. 66 ff.

59 Vgl. Lerche, Übermaß, S. 22; Grabitz, a.a.O., S. 575 mit weiteren Nachweisen zur Rechtsprechung des Bundesverfassungsgerichts.

60 Vgl. Grabitz, a.a.O., S. 581; Wendt, AöR 104, 414, 462; Degenhart, in: Bonner Kommentar, Art. 5 Abs. 1, 2, Rn. 108.

61 Vgl. zu diesem Zusammenhang Enz, ZUM 1987, 58, 76; Selmer, Bestands- und Entwicklungsgarantien, S. 32, 74 f.; Stammler, ZUM 1988. 274, 279; Schmidt, Rundfunkgebühr, S. 79.

62 BVerfGE 73, 118, 158.

63 Vgl. Rudolf, in: v. Münch, Besonderes Verwaltungrecht, S. 916 (Abgabe aller Rundfunkteilnehmer, um das Programm der Privaten

Die Grundversorgungsdoktrin des Bundesverfassungsgerichts ist eine Konsequenz der instrumentellen Interpretation der Rundfunkfreiheit als dienendem Grundrecht, das letztlich um der Meinungs- und Informationsfreiheit willen gewährleistet ist. Betrachtet man diesen Zusammenhang, der sich von der Informationsfreiheit über die Stellung der öffentlich-rechtlichen Rundfunkanstalten im dualen System bis hin zur Bedeutung der Rundfunkgebühr abzeichnet, so läßt sich, auf die Spitze getrieben, formulieren, daß mit dem Rundfunkgebührenrecht eine Beschränkung der Informationsfreiheit um der Informationsfreiheit willen angeordnet ist[64].

Diese pointierte Aussage verdeutlicht, daß eine abstrakte Bewertung der auf den beiden Seiten der Zweck-Mittel-Relation stehenden Rechtsgüter nicht weiterführt[65], da letztlich immer das Verfassungsgut der freien individuellen und öffentlichen Meinungsbildung in die Waagschale fällt. Ausschlaggebend ist daher die Intensität der Grundrechtsbeeinträchtigung bzw. die Bedeutung der einschränkenden Regelung für das zu schützende Rechtsgut. Die Rundfunkgebührenpflicht stellt, solange die Rundfunkgebühr als "politischer Preis" verstanden d.h. möglichst niedrig gehalten wird[66] und zusätzlich bei sehr geringem Einkommen die Möglichkeit der Befreiung von der Rundfunkgebührenpflicht besteht[67], keine gravierende Grundrechtsbeeinträchtigung dar, weil es in keinem Fall dazu kommen kann, daß einem interessierten Bürger der

---

"unbedenklich" zu gestalten); Oppermann/Kilian, Rundfunkfinanzierung, S. 90.

64 In diese Richtung zielen auch die Ausführungen von Gall, ZUM 1991, 167, 171.

65 Gegen eine pauschale Betrachtung bei der Abwägung auch Wendt, a.a.O., S. 462.

66 Vgl. BVerfGE 31, 314, 344 - abw. Meinung; Lange, Kommerzielle Ziele, S. 65; Rühl, MP 1984, 589 ff.; Kollek, Rundfunkfinanzierung, S. 103; - gerade im gegenteiligen Sinn, nämlich als einen gegenüber dem Bürger durchzusetzenden Preis, versteht Lerche, BayVBl. 1976, 530, 534; ders., Referat 56. DJT, O 47 f., den Begriff.

67 Auf diesen Punkt verweist zu Recht auch Gall, ZUM 1991, 167, 172. - Rechtsgrundlage sind die aufgrund Art. 7 RfGebStV erlassenen ländereinheitlichen Befreiungsverordnungen.

Zugang zu Informationen verwehrt wird[68]. Demgegenüber würde jede Änderung des Systems der Rundfunkfinanzierung, wonach die Gebührenpflicht an den tatsächlichen Empfang öffentlich-rechtlicher Programme geknüpft würde, schwerwiegende Auswirkungen negativer Art auf die unabhängige Finanzierung der Rundfunkanstalten und damit das Grundrecht der Rundfunkfreiheit mit sich bringen, was letztlich auch Auswirkungen auf die Möglichkeit, Privatrundfunk empfangen zu können, hätte.

Ein Verstoß gegen den Verhältnismäßigkeitsgrundsatz läßt sich daher nicht ausmachen; Art. 5 RfGebStV ist mit dem Grundrecht der Informationsfreiheit vereinbar[69].

---

68 D.h. einem Bürger, dem die Informationen den Preis der Rundfunkgebühr wert sind. Das ist der Auffassung Wenzels, ZUM 1990, 497, 499, entgegenzuhalten, der meint, der Zwang zu einem Tun (die Pflicht zur Bezahlung der Rundfunkgebühr) würde die Freiheit des einzelnen stärker berühren, als der Zwang zu einem Unterlassen.

69 So i.E. auch Hartstein/Ring/Kreile, Rundfunkstaatsvertrag, Art. 3, Rn. 11, die die Rechtfertigung für die Heranziehung aller Rundfunkteilnehmer in der Aufgabenstellung der öffentlich-rechtlichen Rundfunkanstalten sehen, Oppermann/Kilian, Finanzierung, S. 89 ff. und Gall, ZUM 1991, 167 ff. Ebenso OVG Berlin, ZUM 1991, 212 f. und HessVGH, ZUM 1991, 213 f., der gleichfalls auf die Wahrnehmung der Grundversorgung abstellt. Unerheblich ist nach der hier vertretenen Ansicht freilich der vom HessVGH als Rechtfertigung der Gebührenpflicht für alle angesprochene technische Aspekt der mangelnden Überprüfungsmöglichkeit, wer nur Privatrundfunk empfängt. - A.a., aber nicht überzeugend, Wenzel, ZUM 1990, 497, 499 f. Das von ihm angeführte Beispiel der unzulässigen Solidarbeiträge im Koalitionsrecht ist nicht auf das Rundfunkgebührenrecht übertragbar, weil es die besondere verfassungsrechtliche Problematik der Rundfunkfinanzierung nicht trifft.

### *C. Konsequenzen für die Zulässigkeit "zusätzlicher" zweckgebundener Anteile der Rundfunkgebühr*

Die herausgearbeitete Standortbestimmung der Rundfunkgebühr zeigt, wo, kommunikationsgrundrechtlich gesehen, die eigentliche Problematik der zweckbestimmten Anteile der Rundfunkgebühr liegt. Nicht die Rundfunkfreiheit der Rundfunkanstalten ist sedes materiae, sondern die Informationsfreiheit der Rundfunkteilnehmer. Die in der Belastung von Betreibern eines Rundfunkempfangsgerätes mit einer Abgabepflicht liegende Grundrechtsbeschränkung ist zwar insoweit unbedenklich, als diese Abgabe der Finanzierung der öffentlich-rechtlichen Rundfunkanstalten dient, aber eben grundsätzlich auch nur insoweit[70]! Die Umwidmung von Gebührenanteilen für andere Aufgaben wirft die Frage der Rechtfertigung dieser Beschränkung der Informationsfreiheit von neuem auf, denn in der Höhe, in welcher das Aufkommen der Rundfunkgebühr nicht den öffentlich-rechtlichen Rundfunkanstalten zukommt, würde die Begrenzung im Hinblick auf das Ziel: gesicherte Rundfunkfinanzierung bereits am Erforderlichkeitsgrundsatz scheitern.

Zumindest mittelbar wird diese Überlegung von denjenigen Stimmen bestätigt, die zur Bewältigung der Problematik zweckgebundener Anteile auf die Konstruktion von der "Gesamtveranstaltung" oder Vergleichbares rekurrieren. Diese Formeln sollen offenbar eine Rechtfertigung für die "Umwidmung" von Gebührenanteilen bieten, was, anders gewendet, nur bedeuten kann, daß der Einsatz von Gebührenmitteln für andere

---

70 Zuzugeben ist, daß das Kriterium: Finanzierung der Rundfunkanstalten nicht ganz so trennscharf ist, wie es den Anschein haben mag, denn wenn den Anstalten, wie etwa bei der Durchführung der Kabelpilotprojekte, neue Aufgaben zugewiesen werden, die sich nicht unmittelbar auf die Erfüllung des Programmauftrages beziehen, so kann im Einzelfall zweifelhaft sein, ob nicht allgemeine Staatsaufgaben auf Kosten der Rundfunkteilnehmer durchgeführt werden. Diese Frage taucht nochmals im Zusammenhang mit der abgabenrechtlichen Problematik auf und soll, weil sie dort schwerpunktmäßig zu verankern ist, zur Vermeidung von Wiederholungen hier nicht weiter erörtert werden. Vgl. die Ausführungen im 5. Abschnitt, C II 1.

Zwecke als den öffentlich-rechtlichen Rundfunk rechtfertigungsbedürftig ist. Zweifelhaft ist freilich, ob dieser Rechtfertigungsbedarf unter Verweis auf Begriffe wie denjenigen der "Gesamtveranstaltung" oder der "öffentlichen Rundfunkaufgabe" gedeckt werden kann, denn diese Schlagworte sind Blankettbegriffe[71], hinter denen sich beliebige Wertungen kaschieren lassen. So ist es auffällig, daß unter Berufung auf das Bundesverfassungsgericht gerade der Begriff der "Gesamtveranstaltung" immer dann in die Debatte geworfen wird, wenn es darum geht, die Zulässigkeit der Finanzierung von Aufgaben zu begründen, die mit der Einführung privaten Rundfunks zusammenhängen. Dabei wird, so scheint es, ein neueres Urteil des Bundesverfassungsgerichts, in dem der Begriff ausdrücklich im Sinne von Gesamtveranstaltung *öffentlich-rechtlicher* Rundfunk präzisiert wird[72], geflissentlich übersehen. Eine Argumentation, die dem Anspruch auf juristische Rationalität gerecht werden will, sollte deshalb auf solche Schlagworte verzichten.

Ob zweckgebundene zusätzliche Anteile der Rundfunkgebühr vor dem Grundrecht der Informationsfreiheit standhalten, bemißt sich, das haben die bisherigen Untersuchungen ergeben, vielmehr anhand einer Grundrechtsprüfung nach Maßgabe des Übermaßverbotes. Allein das Stichwort von der "Gesamtveranstaltung" kann diese Grundrechtsprüfung nicht ersetzen.

Noch ein Weiteres folgt aus dem bisher Ausgeführten: Nachdem im Zweck-Mittel-Schema des Übermaßverbotes nur das Vorliegen einer Belastung und der Grund dafür von Bedeutung sind, nicht jedoch, auf welchem gesetzestechnischen Weg die Belastung erreicht wird, läßt sich bereits an dieser Stelle als Zwischenergebnis festhalten, daß die dargestellten konstruktiven Möglichkeiten zur Verwirklichung von Zweckbindungen[73] für die Untersuchung keine Rolle spielen. Die Frage, ob die

---

71 Vgl. nur Lerche, Rundfunkmonopol, 1970, S. 90: Der Begriff der "öffentlichen Aufgabe" gehört zu den "verschwommensten, die das ohnehin flüssige Verfassungrecht anzubieten hat".

72 BVerfG, Beschl. des 1. Senats v. 5.9.1988, ZUM 1988, 532.

73 Vgl. oben 2. Abschnitt, A II.

zweckgebundenen Anteile sich für die Rundfunkanstalten als "durchlaufender Posten" erweisen oder nicht, beeinflußt den Maßstab der Grundrechtsprüfung nicht.

## D. Die Zulässigkeit der Zweckbestimmung: Finanzierung der Aufsichts- und Zulassungsfunktionen der Landesmedienanstalten

### I. Die verfassungsrechtliche Grundproblematik der Finanzierung der Landesmedienanstalten

Die Finanzierung der Landesmedienanstalten wirft ähnliche verfassungsrechtliche Fragen auf wie diejenige der öffentlich-rechtlichen Rundfunkanstalten. Genauso wie bei diesen stellt bei jenen die vom Grundgesetz geforderte Unabhängigkeit[74] besondere Anforderungen an die Finanzierung. Es ist insbesondere sicherzustellen, daß weder der Staat noch die Rundfunkveranstalter unzulässigen Einfluß auf ihre Tätigkeit ausüben können[75].

Neben dem Aufsichtsgroschen, also der Finanzierung aus der Rundfunkgebühr, kommen folgende weitere Möglichkeiten in Betracht[76]: Zuweisungen aus dem Staatshaushalt, Anbieterabgaben, Kabelabgaben bzw. Teilnehmerentgelte und die Erhebung von Kosten für Amtshandlungen. Die meisten dieser Finanzierungsarten können jedoch zu

---

[74] Vgl. oben 1. Abschnitt, B I 2.

[75] Vgl. Groß, DÖV 1984, 140, 143; A. Hesse, DÖV 1986, 177, 187; Stender-Vorwachs, Staatsferne und Gruppenferne, S. 174; Hartstein/Ring/Kreile, Rundfunkstaatsvertrag, Art. 6, Rn. 9.

[76] Vgl. dazu bereits oben 1. Abschnitt, B IV sowie den Überblick bei Wöste, MP 1990, 281, 284 f.

einer Abhängigkeit der Landesmedienanstalten von Dritten führen und sind deshalb bedenklich.

Eine vorrangige Finanzierung aus dem Staatshaushalt wird in der Literatur größtenteils als ebenso problematisch angesehen wie die Rundfunkfinanzierung aus dem Staatshaushalt[77]. Dem Staat wäre es nämlich möglich, die Landesmedienanstalten durch Mittelbegrenzungen zu disziplinieren oder in ihrer Aufgabenerfüllung zu beeinträchtigen. So könnte z. B. durch eine Beschneidung der Ausgaben für den Personalaufwand eine effektive Kontrolle des Privatrundfunks verhindert werden, weil das notwendige Personal für die Programmbeobachtung und -analyse nicht mehr angestellt werden könnte[78]. Auch die Gefahr "vorauseilenden Gehorsams" der Landesmedienanstalten wird durch eine Staatsfinanzierung heraufbeschworen[79].

Eine überwiegende Deckung des Finanzbedarfs aus Anbieterabgaben würde demgegenüber die Landesmedienanstalten umgekehrt in eine problematische Abhängigkeit zu den privaten Rundfunkunternehmern treiben[80]. Das Angewiesensein auf den wirtschaftlichen Erfolg des Privat-

---

77 So insbesondere Hartstein/Ring/Kreile, a.a.O. Vgl. auch E. Wagner, MP 1983, 1, 6; Jarass, Gutachten G zum 56. DJT,, Rn. 153; Groß, a.a.O.; A. Hesse, a.a.O.; C. Wagner, Die Landesmedienanstalten, S. 107; anders Stender-Vorwachs, a.a.O., S. 178.

78 So zutreffend Wöste, MP 1990, 281, 294. Demgegenüber wenig überzeugend erscheint die Argumentation von Stender-Vorwachs, a.a.O., die vorbringt, daß erwartet werden könne, der Staat würde ausreichende Finanzmittel zur Verfügung stellen, wenn er sich schon zur Schaffung von Landesmedienanstalten entschieden habe. Mit diesem Gedanken könnte man auch eine staatliche Rundfunkfinanzierung rechtfertigen, die jedoch von der ganz hM, die eine Finanzierung aus Steuermitteln nur als ultima ratio ansieht (vgl. oben 3. Abschnitt, B II 2 b (2)), abgelehnt wird. Stender-Vorwachs übersieht, daß die Medienanstalten ihre Existenz zum Teil der Tatsache verdanken, daß nur auf diesem Weg das politisch erwünschte Ziel eines werbefinanzierten Privatrundfunks verwirklicht werden konnte. Über das politische Interesse an einer effektiven Aufsicht ist damit noch nichts gesagt.

79 C. Wagner, Die Landesmedienanstalten, S. 107.

80 Groß, a.a.O.; ders., DVBl. 1985, 343, 357 f.; A. Hesse, a.a.O.; Stender-Vorwachs, a.a.O., S. 175; Hartstein/Ring/Kreile, a.a.O;

funks als Garant für die eigene Finanzausstattung könnte sich lähmend auf die Effektivität der Programmkontrolle auswirken, weil die Landesmedienanstalten versucht sein könnten, die Aufsicht weniger am Maßstab der Landesmediengesetze als am wirtschaftlichen Wohlergehen der Anbieter auszurichten.

### *II. Die Zielsetzung des Aufsichtsgroschens*

Vor diesem Hintergrund läßt sich die ratio legis des Art. 6 Abs. 1 RfStV leicht ausmachen. Der Aufsichtsgroschen kann als geeignetes Mittel einer staats- und anbieterunabhängigen und somit autonomiefördernden Finanzierung der Medienanstalten gesehen werden. Diese Zielsetzung entsprach auch dem subjektiven Willen des Normgebers, wie ein Blick auf die Entstehungsgeschichte der Vorschrift zeigt[81]. Trotz der vielfältigen Streitigkeiten um den neuen Rundfunkstaatsvertrag bestand bereits frühzeitig unter zehn Ministerpräsidenten Einigkeit darüber, daß eine als verfassungsrechtlich problematisch angesehene Finanzierung der Landesmedienanstalten aus dem Staatshaushalt vermieden werden solle[82].

Skeptikern, die die Zielsetzung des Aufsichtsgroschens allein in der Entlastung der Staatshaushalte sehen wollen, ist daher nicht zuzustimmen[83]. Selbst wenn der wahre Beweggrund für die Einführung des Kabelgroschens der Wunsch nach Entlastung der Staatsfinanzen gewesen wäre, wäre dies für die verfassungsrechtliche Beurteilung nicht ausschlaggebend, denn maßgeblich ist nach der Rechtsprechung des

---

C. Wagner, a.a.O., S. 106. - Unproblematisch ist hingegen die Erhebung von Gebühren und Auslagen, vgl. Groß, DVBl. 1985, 343, 357; ders., Medienlandschaft im Umbruch, 1986, S. 92 f.

81 Vgl. zur Entstehungsgeschichte die Darstellung bei Hartstein/Ring/Kreile, Rundfunkstaatsvertrag, Art. 6, Rn. 1 ff.

82 Vgl. Hartstein/Ring/Kreile, a.a.O., Rn. 2.

83 So aber Schmidt, Rundfunkgebühr, S. 15, der die rechtspolitische Zielsetzung allein in der Entlastung der Staatshaushalte (und auch der privaten Rundfunkveranstalter) sieht.

Bundesverfassungsgerichts der "objektivierte Wille" des Gesetzgebers[84].

### *III. Verhältnismäßigkeitsprüfung i.w.S.*

Die Verfassungsmäßigkeit des Aufsichtsgroschens im Hinblick auf die in der zusätzlichen Abgabebelastung liegenden Beeinträchtigung der Informationsfreiheit hängt maßgeblich von der Wahrung des Grundsatzes der Verhältnismäßigkeit ab.

1. Die überwiegende Deckung der Kosten der Aufsichts- und Zulassungsfunktionen der Landesmedienanstalten aus einem Anteil der Rundfunkgebühr ist grundsätzlich geeignet, die Unabhängigkeit der Aufsichtsinstanzen gegenüber Staat und gesellschaftlichen Gruppen auch finanziell zu gewährleisten. Die Verknüpfung der Finanzierung der Landesmedienanstalten mit einem festen Anteil der Rundfunkgebühr schließt es weitgehend aus, daß einzelne Länder gezielt Einfluß auf die finanzielle Ausstattung der Medienanstalten nehmen können[85].

2. Die Belastung der Rundfunkgebührenzahler wäre nicht erforderlich, wenn als weniger belastendes Mittel die Finanzierung der Landesmedienanstalten aus dem Staatshaushalt so ausgestaltet werden könnte, daß Gefahren für ihre Unabhängigkeit nicht zu befürchten wären[86]. Nach überwiegender Literaturmeinung ist eine staatliche Beeinflussung der Tätigkeit der Medienanstalten bei einer Finanzierung aus dem Staatshaushalt nicht auszuschließen, so daß beide Methoden nicht als gleich geeignet angesehen werden können. Die Frage soll jedoch offen-

---

84 Vgl. BVerfGE 1, 299, 312; 6, 55, 75; 10, 234, 244; 11, 126, 130; 33, 265, 294; 35, 263, 278; 62, 1, 45.

85 C. Wagner, a.a.O., S. 108.

86 Systematisch wäre es auch möglich, bereits das Vorliegen einer Gefahr als Vorfrage der Geeignetheit (vgl. Lerche, Übermaß, S. 346 mit Fn. 102) zu bezweifeln. Nachdem aber in der Literatur einstimmig eine grundsätzliche Gefahrenlage angenommen wird, soll der Punkt bei der Erforderlichkeitsprüfung abgehandelt werde.

bleiben, denn selbst wenn man mit der Mindermeinung eine Staatsfinanzierung für unbedenklich hielte, wäre die gewählte Regelung nicht verfassungswidrig. Die Anerkennung eines Prognosespielraumes des Gesetzgebers bei der Prüfung der Geeignetheit einer Maßnahme[87] führt konsequenterweise dazu, daß im Rahmen der Erforderlichkeitsprüfung dieser Spielraum hinsichtlich der Zwecktauglichkeit alternativer Mittel gleichfalls respektiert werden muß. Es kann nämlich keinen Unterschied machen, ob das eingesetzte Mittel oder ein ebenfalls in Frage kommendes Mittel auf seine hypothetische Eignung überprüft wird[88]. Nach den von namhaften Wissenschaftlern geäußerten Bedenken gegen eine Staatsfinanzierung der Landesmedienanstalten durfte der Gesetzgeber, ohne evident sachwidrig zu handeln, davon ausgehen, daß eine Gebührenfinanzierung die Staatsunabhängigkeit der Medienanstalten besser sichert als eine Finanzierung aus Steuermitteln.

3. Der Aufsichtsgroschen verstößt schließlich auch nicht gegen den Grundsatz der Verhältnismäßigkeit i.e.S. Die Belastung der Rundfunkteilnehmer ist denkbar gering; sie beträgt nur einen kleinen vom-Hundert-Satz der Rundfunkgebühr, die sowieso von allen Rundfunkteilnehmern zu entrichten ist. Dieser nur wenig ins Gewicht fallenden (zusätzlichen) Beschränkung der Informationsfreiheit stehen erhebliche Vorteile gegenüber. Der Aufsichtsgroschen ermöglicht eine die Autonomie der Landesmedienanstalten stärkende Finanzierung, indem er sie von Staatszuschüssen und Anbieterabgaben weitgehend unabhängig macht und trägt damit nicht unerheblich zur Schaffung der Voraussetzungen einer auch faktisch ausreichend effektiven Privatrundfunkaufsicht bei. Ohne eine derartige Aufsicht wäre aber werbefinanzierter und damit ohne Teilnehmerentgelte zu empfangender privatrechtlicher Rundfunk verfassungsrechtlich unzulässig, so daß die Ab-

---

87 So die Rechtsprechung des Bundesverfassungsgerichts, vgl. insbesondere BVerfGE 50, 290, 332 f.; weiter BVerfGE 30, 250, 263; 30, 292, 317; 37, 104, 118; 38, 61, 88; 39, 210, 230; 40, 196, 222 f. Aus der Literatur s. Lerche, Übermaß, S. 343 ff.; Grabitz, AöR 98, 568, 572 f.; Hirschberg, Der Grundsatz der Verhältnismäßigkeit, 1981, S. 52 f.; K Hesse, Verfassungsrecht, Rn. 320.

88 So Hirschberg, a.a.O., S. 62.

gabeschuldner wenigstens mittelbar von der von ihnen finanzierten Tätigkeit der Landesmedienanstalten profitieren[89].

Die Finanzierung der Aufsichts- und Zulassungsfunktionen der Landesmedienanstalten aus einem Teil der Rundfunkgebühr verstößt also - jedenfalls grundsätzlich - nicht gegen das Grundrecht der Informationsfreiheit.

## *E. Die Rechtslage in Bayern*

Fraglich ist, ob die bisherigen Überlegungen zur Zulässigkeit des Aufsichtsgroschens auch für Bayern gelten. Der BayVerfGH stellt, wie gezeigt, in seiner Rechtsprechung die Unterschiede des MEG zu den übrigen Landesmediengesetzen in den Vordergrund und betont, daß Art. 111a BV in Bayern die Konstituierung eines dualen Rundfunksystems nicht zulasse. Diese Einschätzung würde es zunächst nahelegen, den Legitimationsbedarf der Rundfunkgebühr einschließlich "zusätzlicher Anteile" entsprechend den Ausführungen oben unter A IV 1, die sich auf ein rein öffentlich-rechtliches Rundfunksystem beziehen, zu sehen. Bei näherer Betrachtung erscheint das jedoch zweifelhaft.

Auch wenn in Bayern die Landeszentrale für Neue Medien über weitergehende Steuerungs- und Eingriffsmöglichkeiten verfügt als die Medienanstalten der übrigen Länder, die es rechtfertigen mögen, von öffentlich-rechtlicher "Trägerschaft" anstelle von bloßer "Aufsicht" zu sprechen, so liegt doch Produktion und Gestaltung des von ihr "getragenen" Programms weitgehend bei den privaten Anbietern, die nicht etwa von der Landeszentrale ein Entgelt für die gebotene Pro-

---

89 So auch die Argumentation bei Hartstein/Ring/Kreile, Rundfunkstaatsvertrag, Art. 6, Rn. 22.

grammleistung erhalten[90], wie es der vom BayVerfGH vorgenommene "Bediensteten"Vergleich[91] nahelegen würde, sondern sich aus Werbeeinnahmen finanzieren, d.h. keine Teilnehmerentgelte für den Empfang ihrer Programme erhalten. Wie bereits angedeutet[92], hat die vom MEG ermöglichte Beteiligung privater Anbieter am Rundfunk Konsequenzen, die nicht einfach unter Hinweis auf die Trägerschaft durch die Landeszentrale übergangen werden können. Öffentlich-rechtliche Trägerschaft kann nicht gleichgesetzt werden mit umfassender Bestimmungsbefugnis über die Zugänglichkeit der vermittelten Informationen, wie dies im herkömmlichen Anstaltsrundfunk der Fall ist[93]. Vielmehr hat die Zulassung Privater zur Folge, daß die ermöglichte Grundrechtsausübung auch respektiert werden muß. Erschwerungen des Zuganges zu den Pogrammen der privaten Anbieter, und dazu gehört auch die Pflicht zur Entrichtung einer Abgabe für das Bereithalten eines Rundfunkgerätes, sind daher als Grundrechtsschranken nur im Rahmen des Art. 5 Abs. 2 GG zulässig.

Die zum dualen System angestellten Überlegungen hinsichtlich Rechtfertigungsbedarf und Zulässigkeit der Rundfunkgebühr gelten daher entsprechend auch für die Medienordnung Bayerns, zumal der VerfGH selbst auch eine Verknüpfung der Zulässigkeit von durch die Landeszentrale getragenem Rundfunk mit dem Fortbestand des herkömmlichen Anstaltsrundfunks hergestellt hat, die es erlaube, an die Beurteilung des neuen Modells weniger strenge Anforderungen zu stellen[94]. Nachdem auch für die Landeszentrale das Gebot der Staats- und Veranstalterunabhängigkeit nicht anders als für die übrigen Landesmedien-

---

[90] Ausgespart bleibt an dieser Stelle die Möglichkeit finanzieller Förderung von Anbietern durch die Landeszentrale, die sich als Subventionierung aus öffentlichen Mitteln und nicht als Entgelt darstellt; vgl. dazu zu Recht kritisch Badura, ZUM 1988, 155 ff.

[91] S. oben 1. Abschnitt, B V 2.

[92] Oben 1. Abschnitt, B V 3.

[93] Bedenklich deshalb die Gleichsetzung von öffentlich-rechtlicher Rundfunkanstalt und Landeszentrale im Hinblick auf die Rundfunkgebühr bei Kuch, BayVBl. 1986, 340, 343.

[94] VerfGHE 39, 96, 144.

anstalten gilt, ist auch in Bayern gegen die Finanzierung der Trägerinstanz des Privatrundfunks aus der Rundfunkgebühr unter dem Gesichtspunkt der Informationsfreiheit nichts einzuwenden.

Selbst wenn man mit dem BayVerfGH die Stellung der Landeszentrale für Neue Medien mehr in die Nähe der öffentlich-rechtlichen Rundfunkanstalten rückt, also stärker die öffentlich-rechtliche Eingebundenheit der privaten Anbieter betont, würde sich am Ergebnis nichts ändern. Die mit dieser Sichtweise[95] verbundene Konsequenz wäre, daß sich die Anforderungen an die Rechtfertigung der Erhebung eines Rundfunkgebühr wie in einem rein öffentlich-rechtlichen System darstellten. Nachdem, wie gezeigt, hier keine Bedenken gegen die Rundfunkgebühr geäußert werden[96], wäre gegen den Aufsichtsgroschen-Zuschlag ebensowenig einzuwenden wie etwa gegen die Erhöhung der Rundfunkgebühr zur Finanzierung eines neuen Programms des Bayerischen Rundfunks.

## *F. Insbesondere: Die Verfassungsmäßigkeit von Art. 6 Abs. 1 RfStV und Art. 3 Abs. 2 RfFinStV*

### *I. Das Zusammenspiel von Art. 6 RfStV und Art. 3 RfFinStV*

Gemäß Art. 6 Abs. 1 RfStV "kann" ein zusätzlicher Anteil an der Rundfunkgebühr in Höhe von 2 % zur Finanzierung der Aufsichts- und Zulassungsfunktionen der nach Landesrecht zuständigen Stellen, der Förderung der offenen Kanäle sowie der Förderung technischer Infra-

---

95 D.h. Ablehnung eines dualen Systems; vgl. oben 1. Abschnitt, B V 2 mit Anm. 129.

96 Vgl. oben A I.

struktur zur terrestrischen Versorgung des gesamten Landes verwendet werden. Art. 3 Abs. 1 RfFinStV bestimmt, daß die Höhe des Anteils der nach Landesrecht zuständigen Stelle 2 % des Rundfunkgebührenaufkommens beträgt. Gemäß Art. 3 Abs. 2 RfFinStV bleibt jedoch das Recht des Gesetzgebers, der nach Landesrecht zuständigen Stelle nur einen Teil des Anteils nach Abs. 1 zuzuweisen, "unberührt".

Aus dem Zusammenspiel dieser beiden Normen muß gefolgert werden, daß die Landesgesetzgeber ermächtigt sein sollen, die Einzelheiten der Verwendung des zusätzlichen Anteils an der Rundfunkgebühr zu regeln, und zwar nicht nur, was die Bestimmung der Stelle, die zum Empfang des Geldes zuständig sein soll, sondern auch, was den Umfang und den genauen Verwendungszweck des Gebührenanteils angeht[97]. Würde nur Art. 6 RfStV für sich betrachtet, so wäre das etwas zweifelhaft, denn die Formulierung in Abs. 1: "kann ... verwendet werden" sowie in Abs. 2: "nimmt eine nach Landesrecht zuständige Stelle ihr zustehende Anteile an der Rundfunkgebühr nicht in Anspruch" könnte zu dem Schluß führen, die Landesmedienanstalten bestimmten selbst über die Inanspruchnahme und Verwendung der Mittel[98]. Die Regelung im RfFinStV verdeutlicht aber, daß den Länderparlamenten und nicht den Landesmedienanstalten diese Regelungsbefugnis zukommen soll[99]. Dabei zeigt die Formulierung "bleibt unberührt" in Art. 3 Abs. 2 RfFinStV, daß diese Regelung nicht als konstitutiv, sondern als Klarstellung einer sich ohnehin aus dem RfStV ergebenden Rechtslage verstanden wurde[100].

Die Länder haben diese Befugnis in unterschiedlichem Ausmaß in Anspruch genommen. Zum Teil (Bayern, Berlin, Bremen, Hamburg, Nord-

---

97 Vgl. Hartstein/Ring/Kreile, Rundfunkstaatsvertrag, Art. 6, Rn. 6 f.

98 Vgl. Hartstein/Ring/Kreile, a.a.O., Rn. 7.

99 Hartstein/Ring/Kreile, a.a.O., Rn. 6.

100 Vgl. auch Hartstein/Ring/Kreile, a.a.O., Rn. 7, wonach bei den Beratungen zum Rundfunkstaatsvertrag immer Übereinstimmung geherrscht habe, daß die Landesgesetzgeber befugt sein sollten, die Einzelheiten der Mittelverwendung zu bestimmen.

rhein-Westfalen, Rheinland-Pfalz, Saarland) haben sie sich damit begnügt, den Landesmedienanstalten den Anteil nach Art. 6 Abs. 1 RfStV pauschal zuzuweisen. Dies ist in der Regel verbunden mit der Anweisung, für welche Aufgaben außer der Deckung der eigenen Kosten die Mittel zu verwenden sind, jedoch ohne summenmäßige oder prozentuale Festlegung, so daß die Landesmedienanstalten selbst bestimmen können, in welchem Umfang sie den Gebührenanteil für ihre Aufsichts- und Zulassungsfunktionen verbrauchen wollen. Die anderen Länder (Baden-Württemberg, Hessen, Niedersachsen, Schleswig-Holstein) hingegen haben von ihrer Regelungsbefugnis eingehenderen Gebrauch gemacht und prozentual genau festgelegt, für welche der in Art. 6 RfStV genannten Zwecke der Rundfunkgebührenanteil einzusetzen ist[101].

## *II. Zur Praxis der Finanzierung der Landesmedienanstalten*

Bereits bei einer kursorischen Übersicht der Regelung in den Ländern, die ihren Landesmedienanstalten prozentuale Vorgaben für die Verwendung des zusätzlichen Anteils machen, wird offenkundig, daß sie damit eine Begrenzung der Ausgaben für die Aufsichts- und Zulassungsfunktionen zugunsten einer möglichst hohen Infrastrukturförderung anstreben. Die Zahlen sind nicht ganz einheitlich, doch tritt die Tendenz deutlich zutage: Für die Aufsichts- und Zulassungsfunktionen dürfen jeweils "höchstens" 10 - 30 %, für die Infrastrukturförderung müssen jeweils "mindestens" 70 - 90 % der Mittel verwendet werden.

Diese gesetzlichen Vorgaben zeigen in der Praxis auch Auswirkungen, denn zwischen den Personal- und Sachaufwendungen derjenigen Medienanstalten, die frei über den Gebührenanteil verfügen können und den Ausgaben derjenigen Anstalten, die Limitierungen einzuhalten ha-

---

101 Vgl. zu den Rechtsgrundlagen oben 1. Abschnitt, B IV 1, Anm. 115 und Hartstein/Ring/Kreile, Rundfunkstaatsvertrag, Art. 6, Rn. 8.

ben, lassen sich signifikante Unterschiede feststellen. So ist etwa in den Landesmedienanstalten der ersten Gruppe deutlich mehr Personal beschäftigt als in denjenigen der zweiten Gruppe, obwohl die Aufgabenstellung sich nicht unterscheidet[102].

### *III. Verfassungsrechtliche Probleme dieser Praxis*

Bereits dieser - angesichts des wegen des kurzen Beobachtungszeitraumes zur Verfügung stehenden Zahlenmaterials notwendigerweise - flüchtige Blick auf die praktische Handhabung der Regelung zum Aufsichtsgroschens enthüllt ihre verfassungsrechtlichen Schwachpunkte. Es ist anerkannt, daß eine Begrenzung der Finanzausstattung der Landesmedienanstalten mit dem Ergebnis, daß sie ihre Aufgaben nicht mehr erfüllen können, ebenso unzulässig ist wie eine auf dieses Ziel gerichtete Mittelverknappung bei den Rundfunkanstalten[103]. Genau diese Gefahr beschwört aber die dargestellte Regelung herauf, denn der den Länderparlamenten[104] eingeräumte weite Gestaltungsspielraum läuft der Zielsetzung des Aufsichtsgroschens einer möglichst staatsunabhängigen Finanzierung der Landesmedienanstalten tendentiell zuwider[105]. Der Vorteil einer prinzipiell "staatsfreien" Gebührenfinanzierung wird zunichte gemacht, wenn es dem Ermessen des Staates anheimgestellt wird, ob und in welchem Umfang die Medienanstalten den Gebührenanteil erhalten sollen.

Verstärkt wird dieses Manko noch dadurch, daß mit dem Aufkommen des zusätzlichen Anteils nach Art. 6 Abs. 1 RfStV drei verschiedene Aufga-

---

102 Vgl. hierzu das Zahlenmaterial bei Wöste, MP 1990, 281, 291 ff. und die Ananlyse auf S. 294, 296.

103 Hartstein/Ring/Kreile, a.a.O., Rn. 9.

104 Besonders problematisch ist es, wenn, wie in Hessen (vgl. § 47 Abs. 3 HPRG), die Landesregierung ermächtigt wird, über die Finanzausstattung der Landesmedienanstalt zu bestimmen.

105 So auch Wöste, a.a.O., S. 282; C. Wagner, Die Landesmedienanstalten, S. 109 f.

ben gefördert werden können, die, abgesehen von ihrem Bezug zum Privatfunk, keinen inneren Zusammenhang aufweisen, sondern teilweise rundfunkpolitisch als eher gegenläufig angesehen werden müssen. So ist die Infrastrukturförderung gemäß Art. 6 Abs. 1 Nr. 3 RfStV als eine Maßnahme der Privatfunkförderung anzusehen[106], während die Beaufsichtigung des privatrechtlichen Rundfunks eher repressive Züge aufweist[107]. Damit sind Zielkonflikte programmiert, weil die Bevorzugung einer Aufgabe zwangsläufig zu Lasten der anderen geht. Diese Konfliktlage entspricht strukurell derjenigen, die bei einer Finanzierung aus dem Staatshaushalt entstehen kann, weil in beiden Fällen verschiedene Titel um knappe Mittel konkurrieren. Gerade dieses Dilemma sollte jedoch durch den Aufsichtsgroschen vermieden werden, und das ist als seine legitimierende causa anzusehen.

## *IV. Konsequenzen*

### *1. Die staatliche Dispositionsbefugnis über den 2 %-Anteil als Verstoß gegen die Informationsfreiheit*

Legt man Art. 6 RfStV so aus, wie es der Vorschrift des Art. 3 Abs. 2 RfFinStV entspricht, nämlich, daß es den Ländern freisteht, ob sie den Landesmedienanstalten den 2 % - Anteil zuweisen, so bestehen gravierende Bedenken gegen die Verfassungsmäßigkeit der Regelung[108]. Sie ist danach so konzipiert, daß das den Grundrechtseingriff rechtferti-

---

106 Vgl. dazu ausführlich die kritische Analyse bei Schmidt, Rundfunkgebühr, S. 80 ff.

107 Vgl. zur in der Praxis ambivalenten, teils auf Förderung, teils auf Kontrolle ausgerichteten Stellung der Landesmedienanstalten Hoffmann-Riem, RuF 1989, 215, 226.

108 Die folgenden Überlegungen gelten unabhängig davon, ob man die Regelung in Art. 6 Abs. 1 Nrn. 2 und 3 RfStV für verfassungswidrig hält (so etwa Oppermann/Kilian, Rundfunkfinanzierung, S. 98; Schmidt, Rundfunkgebühr, S. 78 ff.; a.A. Hartstein/Ring/Kreile, Rundfunkstaatsvertrag, Art. 6, Rn. 22).

gende Ziel kaum erreicht werden kann, weil die durch eine Gebührenfinanzierung gewonnenen Vorteile sogleich wieder zunichte gemacht werden. Die Idee des Aufsichtsgroschens wurde, wie gezeigt, mit dem Erfordernis einer staatsunabhängigen Finanzierung der Medienanstalten gerechtfertigt. Diese Staatsunabhängigkeit ist jedoch nicht gewährleistet, wenn es letztlich den Ländern überlassen wird, ob, bzw. in welcher Höhe die Landesmedienanstalten Gebührenmittel erhalten. Der dem Aufsichtsgroschen zugrundeliegende Gedanke wird also, mit anderen Worten, nicht folgerichtig durchgehalten. Fraglich ist, ob daraus die Verfassungswidrigkeit der Vorschriften abzuleiten ist.

Die Frage, ob sich der Gesetzgeber durch eigene Vorgaben derart binden kann, daß er verpflichtet ist, an einem von ihm selbst gewählten Grundsatz festzuhalten und ihn konsequent durchzuführen, wird in der Regel unter dem Stichwort der "Systemgerechtigkeit", das seinerseits meist in Zusammenhang mit dem Gleichheitsgrundsatz gesehen wird, diskutiert. Das wurde bereits dargestellt; auf diese Ausführungen kann verwiesen werden[109]. Auch an dieser Stelle braucht nicht entschieden zu werden, ob das Grundgesetz ein eigenständiges Gebot zur Systemgerechtigkeit als Maßstab der Normenkontrolle kennt, denn die vorliegende Konstellation läßt sich auch ohne Rückgriff auf ein möglicherweise aus dem Gleichheitsgrundsatz abzuleitendes Gebot der Systemgerechtigkeit erfassen. Die Antwort auf die Frage, ob der Gesetzgeber, der zur Verwirklichung eines Ziels eine freiheitsbeschränkende Regelung erläßt, die ihrerseits ihre Rechtfertigung in der Verfolgung dieses Ziels findet, auch gezwungen ist, den Grundgedanken konsequent weiterzuverfolgen, ist nämlich nicht aufgrund einer Gleichheitsprüfung, sondern primär anhand einer Verhältnismäßigkeitsuntersuchung in bezug auf das eingeschränkte Grundrecht zu erlangen[110]: Wird der Zweck, der die Freiheitsbeschränkung rechtfertigen könnte, nicht angestrebt, so liegt ein Verstoß gegen den Grundsatz der Erforderlichkeit

---

109 Oben 2. Abschnitt, D II 3.

110 Lange, Die Verw. 1971, 259, 274 nennt diese Konstellation "vertikale materielle Systemgerechtigkeit".

vor[111]. Dies gilt unabhängig davon, ob ein eigenständiges Gebot zur Systemgerechtigkeit anzuerkennen ist oder nicht.

### *2. Verfassungskonforme Auslegung von Art. 6 Abs. 1 RfStV*

Mit diesem Befund steht allerdings noch nicht zwingend die Verfassungswidrigkeit von Art. 6 RfStV fest. Dem Wortlaut des Art. 6 Abs. 1 RfStV läßt sich, wie ausgeführt, nicht entnehmen, wer für die Verteilung der Mittel aus dem zusätzlichen Anteil der Rundfunkgebühr auf die einzelnen Zwecke des Art. 6 RfStV zuständig sein soll. Die Formulierung "kann" deutet nicht zwingend auf eine Ermächtigung staatlicher Stellen hin, vielmehr läßt Art. 6 Abs. 1 RfStV, vor allem in systematischer Zusammenschau mit Art. 6 Abs. 2 Satz 1 RfStV und insbesondere Art. 8 Abs. 3 RfGebStV, der von einer "Inanspruchnahme" der Mittel durch die Landesmedienanstalten spricht, auch die Auslegung zu, daß diese autonom über die Verwendung der Mittel des Art. 6 RfStV bestimmen sollen. Diese Auslegung liegt auch deshalb nicht fern, weil nach den Landesmediengesetzen die Medienanstalten für die offenen Kanäle und die Förderung der technischen Infrastruktur zuständig sind[112].

Der Wortlaut des Art. 6 Abs. 1 RfStV läßt also eine Auslegung zu, die der Vorschrift eine verfassungsrechtlich unbedenkliche Bedeutung gibt. Es könnten daher prinzipiell die Grundsätze der verfassungskonformen Auslegung[113] greifen, doch steht dem Art. 3 Abs. 2 RfFinStV, der angesichts seines eindeutigen Wortlautes nicht auslegungsfähig ist, entgegen. Art. 6 Abs. 1 RfStV ist zwar nicht in dem Sinne unvollständig, daß er ohne die Vorschriften des Rundfunkfinanzierungsstaatsvertrages

---

111 So auch Lange, a.a.O.

112 Vgl. oben 1. Abschnitt, B II.

113 Vgl. zu diesem vom Bundesverfassungsgericht in ständiger Rechtsprechung vertretenen Grundsatz BVerfGE 2, 266, 282; 30, 129, 148; 32, 373, 383 f.; 48, 40, 45 f.; 64, 229, 241 f.; weiter Spanner, AöR 91, 503 ff.; K. Hesse, Verfassungsrecht, Rn. 79 ff.

nicht angewendet werden könnte, doch ist eine verfassungskonforme Auslegung nicht zulässig, wenn sie zu Widersprüchen zwischen systematisch aufeinanderbezogenen Gesetzen führen würde[114].

Das Dilemma läßt sich lösen, indem man Art. 3 Abs. 2 RfFinStV aus den genannten Gründen für nichtig erklärt. Mit dem Wegfall dieser Vorschrift ist eine verfassungskonforme Auslegung von Art. 6 Abs. 1 RfStV möglich. Gegen eine verfassungskonforme Auslegung in diesem Sinn spricht nicht, daß diese Lösung möglicherweise nicht dem subjektiven Willen des Gesetzgebers entspricht[115]. Die verfassungskonforme Auslegung darf zwar nicht das gesetzgeberische Ziel verfälschen[116], doch ist der subjektive Wille der an der Gesetzgebung Beteiligten insoweit nicht entscheidend, sondern der objektivierte Wille des Gesetzes[117]. Der ratio des Gesetzes widerspricht jedoch die hier vorgeschlagene Auslegung nicht.

Art. 6 Abs. 1 RfStV kann also verfassungskonform ausgelegt werden; Art. 3 Abs. 2 RfFinStV hingegen ist verfassungswidrig.

---

114 Vgl. Larenz, Methodenlehre der Rechtswissenschaft, 5. Aufl. 1983, S. 330: Dem Kontext einer Norm kommt eingrenzende Funktion bei der verfassungskonformen Auslegung zu.

115 Vgl. oben Anm. 89.

116 BVerfGE 8, 28, 34; 70, 35, 63 f. - abw. Meinung; Larenz, a.a.O., S. 326.

117 Vgl. K. Hesse, Verfassungsrecht, Rn. 80 sowie die Nachweise oben bei Anm. 76.

## 5. Abschnitt

## Der Aufsichtsgroschen und das Abgabesystem des Grundgesetzes

Die bisherigen Überlegungen haben die Problematik des Aufsichtsgroschens unter Ausklammerung der Frage nach der Rechtsnatur der Rundfunkgebühr bzw. besonderer zweckgebundener Anteile ausschließlich im Hinblick auf die betroffenen Kommunikationsgrundrechte untersucht. Nachdem das Problem in Rechtsprechung und Literatur, wie bereits im zweiten Abschnitt dargestellt, überwiegend unter abgabenrechtlichen Vorzeichen gesehen wird, wird im folgenden zu beleuchten sein, wie sich der Aufsichtsgroschen zum verfassungsrechtlichen Abgabesystem verhält. Einleitend ist zunächst die Rechtsnatur der Rundfunkgebühr ohne Berücksichtigung besonderer zweckgebundener Anteile zu bestimmen (unter A), bevor dann auf diese besonderen Anteile einzugehen sein wird (unter B und C). Entsprechend der verfassungsrechtlichen Fragestellung dieser Untersuchung soll dabei insbesondere im Blickfeld bleiben, inwieweit die den einzelnen Abgabearten herkömmlich zugeschriebenen Merkmale tatsächlich auch verfassungskräftig sind.

### *A. Die Rechtsnatur der Rundfunkgebühr (ohne "zusätzliche Anteile")*

Das Problem der Rechtsnatur der Rundfunkgebühr ist ein vielerörtertes Thema. Im Rahmen dieser Diskussion wurde angefangen von der Zwecksteuer[1] bis hin zur parafiskalischen Sonderabgabe[2] praktisch das ge-

---

1 Vgl. Moser, JZ 1957, 70, 73, dessen Äußerung allerdings viel zurückhaltender ist, als meist zitiert; so auch die Beurteilung bei Schmidt, Rundfunkgebühr, S. 38 f. Die steuerähnliche Wirkung

samte Spektrum der gängigen Abgabekategorien bemüht, doch haben sich seit der grundlegenden Untersuchung Ipsens[3], der nachgewiesen hat, daß die Rundfunkgebühr nicht eine an die Post zu entrichtende Konzessionsabgabe[4] für die Erteilung der Genehmigung zum Betrieb einer Fernmeldeanlage darstellt, sondern eine öffentliche Abgabe zur Finanzierung der Rundfunkanstalten, die aus Anlaß der Ausstrahlung des Rundfunkprogramms erhoben wird, keine wesentlich abweichenden Erkenntnisse mehr ergeben[5], wenn man einige neue Akzente, die die Diskussion durch die Entwicklung des dualen Rundfunksystems erhalten hat, vorerst noch beiseite läßt[6]. Der Streit kreist hauptsächlich um die Frage, ob die Rundfunkgebühr als Anstaltsnutzungsgebühr[7], als Anstaltsnutzungsgebühr mit Beitragselementen[8] oder als Beitrag[9] zu qualifizieren ist.

---

betonen auch Schmitz, DÖV 1968, 683, 685; Schmitt Glaeser, BayVBl. 1985, 97, 101 und Lerche, Referat 56. DJT, O 47. Ausdrückliche Einordnung der Rundfunkgebühr als Zwecksteuer neuerdings bei Hümmerich/Beucher, AfP 1989, 708, 714 f.

2 Badura, ZUM 1988, 155, 163; Rudolf, in: v. Münch, Besonderes Verwaltungsrecht, S. 916.

3 Die Rundfunkgebühr, 2. Aufl. 1958.

4 So noch etwa OVG Hamburg, DVBl. 1957, 67, 68; Schneider, Rechtsgutachten, S. 437.

5 Vgl. Schmidt, MP 1986, 162, 164; ders. Rundfunkgebühr, S. 10: Der Streit stagniere seit langem.

6 Dazu näher unter II. und III.

7 Vgl. BVerwGE 22, 291, 305; 29, 214, 217; 79, 90, 91 (die Einordnung als Gebühr stehe nicht in Widerspruch zu Bundesrecht); BayVGH BayVBl. 1967, 65, 66 mit zust. Anm. Kratzer, a.a.O.; VG München, ZUM 1987, 472, 474; Maunz, Rechtsgutachten, S. 276, 290; Herrmann, AöR 90, 286, 324 f.; Nagel, Die Rechtsbeziehungen, S. 96; Ott, FuR 1984, 231, 236.

8 Ipsen, a.a.O., S. 62 ff.; Lerche, Werbefernsehen, S. 26 f.; Knemeyer, DVBl. 1968, 922, 923; Oppermann, Kulturverwaltungsrecht, S. 502; Varnbühler, FuR 1979, 630, 631; Fuhr, ZDF-StV, § 23 II 4; Steimer, Rundfunkfinanzierung, S. 34 ff.; Kollek, Rundfunkfinanzierung, S. 73; v. Maydell, Zur rechtlichen Problematik der Befreiung von den Rundfunkgebühren, 1987, S. 22; Oppermann/Kilian, Finanzierung, S. 95; Hesse, Rundfunkrecht, S. 136; Eichholz/Süßenbach, Die Finanzierung des Hessischen Rundfunks, S. 29.

## *I. Gebühr oder Beitrag*

In Literatur und Rechtsprechung besteht weitgehend Einigkeit darüber, daß die Rundfunkgebühr einen spezifischen Bezug zum ausgestrahlten Programm der öffentlich-rechtlichen Rundfunkanstalten aufweist und der Finanzierung der Anstalten dient. Der Schluß liegt daher nahe, daß die geschilderten Differenzen weniger auf einer grundsätzlich unterschiedlichen Anschauung vom Wesen der Rundfunkgebühr, sondern auf Unsicherheiten in der Abgrenzung der einzelnen Abgabearten, insbesondere was Gebühr und Beitrag anbetrifft, beruht[10]. Eine befriedigende Lösung des Problems setzt daher Klarheit über den Gebühren- und Beitragsbegriff voraus.

### *1. Die Unterscheidung von Gebühr und Beitrag*

Die Gebühr wird heute im Anschluß an die Rechtsprechung des Bundesverfassungsgerichts allgemein definiert als hoheitlich auferlegte Abgabe, die an eine individuell zurechenbare öffentliche Leistung an-

---

9 OVG Berlin, ZUM 1991, 212, 213; Wolff/Bachof, Verwaltungsrecht I, S. 308; Heydt, AöR 100, 584, 595; Boley, Gebühren und Beiträge, S. 41; EKM, Abschlußbericht Bd.I, S. 155; Grupp, FuR, 1984, 283, 286; ders., Rundfunkgebührenrecht, S. 42; Schmidt, Rundfunkgebühr, S. 45, 58; Gall, ZUM 1991, 167, 173; vgl. weiter Stammler, ZUM 1988, 297 (Rundfunkgebühr hat beitragsähnlichen Charakter) und Hartstein/Ring/Kreile, Rundfunkstaatsvertrag, Art. 3, Rn. 14 (Abgabe sui generis mit beitragsartigen Elementen); ebenso VG Berlin, ZUM 1987, 684, 687.

10 Das zeigt insbesondere die Diskussion der Frage, ob es zulässig ist, eine Anstaltsnutzungsgebühr für die bloße Möglichkeit des Empfanges öffentlich-rechtlicher Programme zu erheben, ob dies lediglich die Erhebung eines Beitrages rechtfertigt, oder ob, weil die Rundfunkgebühr zwar für die bloße Möglichkeit der Anstaltsnutzung erhoben werde, aber doch im Regelfall Programme der gebührenerhebenden Anstalt empfangen werden, eine Mischform zwischen beiden Abgabearten anzunehmen ist; vgl. dazu etwa Grupp, FuR 1984, 283, 286; Schmidt, Rundfunkgebühr, S. 34 f., 40 ff.; Eichholz/Süßenbach, a.a.O., S. 28 f.

knüpft und dazu bestimmt ist, die Kosten dieser Leistung ganz oder teilweise zu decken[11].

Als wesentlich konturenärmer erweist sich demgegenüber die Abgabenform des Beitrages[12]. Da der Beitrag zusammen mit der Gebühr zu den Vorzugslasten gerechnet wird, also nicht wie die Steuer voraussetzungslos erhoben werden darf, sondern gleichfalls einen spezifischen Bezug zu einer staatlichen Leistung aufweisen muß, werden beide Abgabentypen meist gegenübergestellt und versucht, sie durch Begriffspaare wie "mittelbarer" oder "unmittelbarer" Vorteil[13] oder "tatsächliche Inanspruchnahme" einer öffentlichen Leistung bzw. "Möglichkeit der Inanspruchnahme" einer solchen[14], um nur die gängigsten zu nennen, voneinander abzugrenzen. Diese Abgrenzungskriterien sind jedoch entweder wenig aussagekräftig (so die Unterscheidung nach der Unmittelbarkeit der gewährten Gegenleistung) oder in der beanspruchten Allgemeinheit sachlich unzutreffend[15].

---

11 Vgl. BVerfGE 50, 217, 226; NJW 1984, 1871; aus der Lit. grundlegend Wilke, Gebührenrecht und Grundgesetz, 1973, etwa S. 89. - Diese Begriffsbestimmung ist mittlerweile anerkannt, vgl. Puwalla, Qualifikation, S. 47; Arndt, WiVerw. 1990, 1, 21 mit Fn. 97.

12 Vgl. etwa Wilke, Gebührenrecht, S. 121, der in Lit. und Rspr. ein "Bild völliger Verwirrung" feststellt.

13 So etwa Leisner, in: FS Peters, S. 730, 731; Eyben, Beitrag, S. 64, 162; Raecke, Kostendeckungsprinzip, S. 5; Wolff/Bachof, Verwaltungsrecht I, S. 307; Vogel, in: EvStL, Stichwort: Abgaben, öffentliche, Spalte 12.

14 Vgl. etwa BVerwGE 25, 147, 149; Wolff/Bachof, a.a.O.; Richter, Sonderabgaben, S. 42 f.; Patzig, DÖV 1981, 729, 735; Zeitel, in: HdWW, Bd. 4, S. 348; Kloepfer, JZ 1983, 742, 745. - Zu weiteren untauglichen Abgrenzungskriterien s. Puwalla, a.a.O., S. 54 f.

15 Vgl. dazu die Ausführungen bei Wilke, a.a.O., S. 123 ff., der insbesondere nachgewiesen hat, daß es auch Benutzungsgebühren gibt, die für die Möglichkeit der Inanspruchnahme einer öffentlichen Leistung erhoben werden.

Überzeugendere Abgrenzungskriterien sind vom finanzwissenschaftlichen Schrifttum entwickelt worden[16]; diese Ansätze können auch für die juristische Begriffsbildung nutzbar gemacht werden. Danach wird in Anknüpfung an die Lehre von den öffentlichen Gütern die Gebühren- oder Beitragsfähigkeit einer Leistung der öffentlichen Verwaltung nach dem Kriterium der Ausschließbarkeit (exclusion principle) beurteilt[17]. Gebühren knüpfen an Leistungen an, die einer individuellen Ausschließbarkeit unterworfen, also gezielt an einzelne Leistungsempfänger adressiert werden können[18], während Beiträge für Leistungen erhoben werden, die nur einer gruppenmäßigen Ausschließbarkeit unterliegen, d.h. an ein Teilkollektiv adressiert werden können[19]. Entscheidend für die Unterscheidung zwischen Gebühren- und Beitragstatbeständen ist allein das Merkmal der Ausschließbarkeit[20]. Ob eine Abgabe im Einzelfall als Gebühr oder als Beitrag anzu-

---

16 Vgl. insbesondere Boley, Gebühren und Beiträge, S. 26 ff.; s. dazu auch die Darstellung bei Puwalla, Qualifikation, S. 55 ff.

17 Boley, a.a.O. Der Begriff geht auf Musgrave zurück, vgl. Musgrave/Musgrave/Kullmer, Die öffentlichen Finanzen in Theorie und Praxis, 1. Band, 3. Aufl. 1984, S.60 ff. Andere Autoren sprechen von Teilbarkeit (z.B. Hedtkamp, Finanzwissenschaft, S. 233) oder Zurechenbarkeit (etwa Hansmeyer/Fürst, Die Gebühren, S. 34 f.).

18 Boley, a.a.O., S. 29 ff.; Hansmeyer/Fürst, a.a.O., S. 34 f.

19 Boley, a.a.O., S. 42 f., 46; die Ausschließbarkeit muß nach Boley jeweils in einem dreifachen Sinne (technisch, wirtschaftlich und ethisch) möglich sein.

20 Boley, a.a.O., S. 46; - wie hier im juristischen Schrifttum auch P. Kirchhof, Jura 1983, 505, 513; Puwalla, Qualifikation, S. 98 ff.; ähnlich Schmidt, Rundfunkgebühr, S. 25, 44 f. - Damit entfällt auch das Unterscheidungsmerkmal, daß der Beitrag, anders als die Gebühr, nur für Leistungen verlangt werden darf, die dem Pflichtigen greifbare wirtschaftliche Vorteile bringen (so aber Selmer/Brodersen/Nicolaysen, Straßenbenutzungsabgaben, S. 62 f. sowie BVerfGE 49, 343, 353; zurückhaltender nun BVerfG NVwZ 1991, 53, 54, wo neben der Abschöpfung staatlich gewährter Vorteile gleichberechtigt auch auf den Ausgleich eines staatlichen Aufwandes als Belastungsgrund abgestellt wird). Diese Auffassung war für die Verbands- und Kammerbeiträge, die aus diesem Grund oft vom Beitragsbegriff i.e.S. ausgeklammert werden, nie zutreffend (vgl. Fleiner, Institutionen des Deutschen Verwaltungsrechts, 8. Aufl. 1928, S. 428; Eyben, Beitrag, S. 168, 170 sowie BVerfGE 42,

sehen ist, hängt letztlich von der gesetzlichen Regelung ab; bei entsprechender Ausgestaltung der Rechtslage sind beide Abgabearten auf gleiche Sachverhalte anwendbar[21].

*2. Zurechenbarkeit der öffentlichen Leistung: Ausstrahlung eines Rundfunkprogramms*

Die weitaus überwiegende Meinung in Rechtsprechung und Literatur legt Art. 5 Abs. 1 RfGebStV in dem Sinne aus, daß die Rundfunkgebühr als Gegenleistung für die Ausstrahlung des Rundfunkprogramms erhoben wird. Diese Leistung ist nicht individuell zurechenbar und damit nicht gebührenfähig, denn die Rundfunkanstalten können faktisch nicht verhindern, daß jeder Besitzer eines Rundfunkempfangsgerätes, der sich im Sendebereich aufhält, die gesendeten Programme empfängt[22]. Die öffentliche Leistung ist nur gruppenmäßig adressierbar bzw. zurechenbar und damit beitragsfähig.

*3. Die Rundfunkgebühr als Verleihungsgebühr?*

Vereinzelt wird neuerdings die Rundfunkgebühr nicht als Gegenleistung für die Möglichkeit des Rundfunkempfanges, sondern als sogenannte Verleihungsgebühr für die Erteilung des Rechts, Rundfunksendungen empfangen zu dürfen, angesehen[23]. Diese Auffassung ist zwar insoweit schlüssig, als die Verleihung eines Rechts eine individuell adressierbare und damit gebührenfähige öffentliche Leistung darstellt, doch unter-

---

210, 217) und verkennt auch, daß ansonsten der geforderte Vorteil sich oft zu einer Vermutung oder einer Fiktion verflüchtigt (Hettlage, in: HDSW, Bd. 1, S. 728); wie hier Puwalla, Qualifikation, S. 92 ff.

21 F. Kirchhof, Gebühr, S. 19; P. Kirchhof, Jura 1983, 505, 513.

22 So auch F. Kirchhof, Gebühr, S. 35. Technisch wäre dies zwar durch Verschlüsselung der Signale möglich, dies wird jedoch von den öffentlich-rechtlichen Rundfunkanstalten derzeit nicht praktiziert.

23 So P. Kirchhof, Jura 1983, 505, 511; ders. ZiP 1984, 1423, 1427.

liegt sie vom Ansatz her, selbst wenn man gewisse grundsätzliche Zweifel hinsichtlich der Zulässigkeit der Gebührenform "Verleihungsgebühr" zurückstellt[24], jedenfalls im Rundfunkbereich denselben Bedenken, wie die alte These von der Konzessionsabgabe. Da der Rundfunk eine allgemein zugängliche Quelle im Sinne des Art. 5 Abs. 1 GG darstellt, benötigen die Rundfunkteilnehmer eine derartige Erlaubnis nicht, denn sie besitzen sie kraft der Verfassung[25].

Die Rundfunkgebühr ist daher als Beitrag zu qualifizieren.

### *II. Steuer ?*

Gegen die Einordnung der Rundfunkgebühr als Vorzugslast wird neuerdings vorgebracht, sie lasse die gewandelte übertragungstechnische Situation mit weitreichenden Möglichkeiten zum Empfang von Privatrundfunk außer acht. Da die Haushalte von diesen neuen Möglichkeiten auch zunehmend Gebrauch machten, bestehe die Gegenleistungsfunktion der Rundfunkgebühr nicht länger fort; sie sei daher als Zwecksteuer anzusehen[26].

---

24 Kritisch Pietzcker, DVBl. 1987, 774, 777 ff.; Heun, DVBl. 1990, 666, 673 f.

25 So F. Kirchhof, a.a.O., S. 35; Schmidt, Rundfunkgebühr, S. 38. Zurückhaltend im Hinblick auf die Einordnung als Verleihungsgebühr auch Badura, ZUM 1988, 155, 162.

26 Hümmerich/Beucher, AfP 1989, 708, 714 f. (unrichtig ist ihre Bezugnahme auf Moser, JZ 1951, 73, dessen Ausführungen de lege ferenda gedacht sind; vgl. bereits oben Anm. 1). Anklänge in diese Richtung auch bei Bullinger, Vom Rundfunk zum elektronischen Versandhandel. Rechtliche Aspekte, in: Bullinger/Eigler/Külp/Lehmann/Schlier, Die elektronische Herausforderung, 1985, S. 91 Fn. 29 : mit Privatrundfunk sei die Grundlage der Rundfunkgebühr, nämlich der typische Sondervorteil fragwürdig geworden.

Diese Überlegungen sind nicht zutreffend[27], denn die Erhebung einer Gebühr oder eines Beitrages setzt nicht voraus, daß der Abgabepflichtige neben der gebühren- oder beitragspflichtigen öffentlichen Leistung nicht auch noch gleichgeartete private Leistungen in Anspruch nehmen kann. Der Staat muß insoweit keine Monopolstellung innehaben[28]. Ausschlaggebend ist allein, daß die öffentlich Verwaltung eine - individuell oder gruppenmäßig - zurechenbare Leistung erbringt. Solange die Abgabe aus Anlaß einer derartigen Leistung erhoben wird, stellt sie im Sinne des § 3 Abs. 1 Abgabenordnung eine Gegenleistung für eine besondere Leistung dar und ist damit keine Steuer[29].

---

27 Gegen die Einordnung als Steuer auch Eichholz/Süßenbach, Die Finanzierung des Hessischen Rundfunks, S. 26.

28 Wilke, Gebührenrecht, S. 66; grundsätzlich anders hingegen Kreft, Die begriffliche Abgrenzung von Steuer und Gebühr, 1968, S. 141 ff.

29 Der Ansatz von Hümmerich/Beucher ist auch nicht konsequent zu Ende gedacht, wenn sie die Rundfunkgebühr als örtliche Verbrauchs- und Aufwandsteuer gem. Art. 105 Abs. 2a GG ansehen, denn die Ertragshoheit liegt insoweit gem. Art. 106 Abs. 6 GG bei den Gemeinden. - Die Qualifikation der Rundfunkgebühr als Steuer ist darüberhinaus deshalb außerordentlich problematisch, weil nicht geklärt ist, ob Abgaben, die nicht einer in Art. 106 GG als steuerertragsberechtigt genannten Gebietskörperschaften zufließen, überhaupt zu den Steuern gehören. Die Vertreter des engen Steuerbegriffs (vgl. etwa Brodersen, in: FS Wacke, S. 103, 108; Lerche, Fernsehabgabe und Bundeskompetenz, S. 26 ff.; Mußgnug, in: FS Forsthoff, S. 259, 273; Richter, Sonderabgaben, S. 32 f.; Vogel/Walter, in: Bonner Kommentar, Art. 105 Rn. 39) sprechen diesem Merkmal konstitutive Bedeutung zu, weil es keine Steuer geben könne, deren Aufkommen nicht durch das GG verteilt werde, während die Vertreter des weiten Steuerbegriffs (etwa Selmer, Steuerinterventionismus und Verfassungsrecht, S. 192 f.; Beckmann, Verfassungsfragen im Grenzbereich zwischen Steuern und besonderen Abgaben, 1976, S. 33 ff.; Patzig, DÖV 1981, 729, 734; Maunz, in: Maunz/Dürig, GG, Art. 105 Rn. 4) diese Frage für die Qualifikation einer Abgabe als irrelevant ansehen, weil sonst der Gesetzgeber durch entsprechende Ausgestaltung der Ertragszuweisungsregelung die Finanzverfassung aushöhlen könne.

### *III. Sonderabgabe ?*

Bereits seit den Anfängen der Bundesrepublik Deutschland gibt es Abgaben, die sich in die klassische Trias von Steuern, Gebühren und Beiträgen nicht einordnen lassen. Die Rechtsprechung des Bundesverfassungsgerichts zur Zulässigkeit dieser "Sonderabgaben" ging zunächst kasuistisch vor[30], erst die Entscheidung des zweiten Senats zur Berufsbildungsabgabe[31] war von dem Bestreben getragen, im Anschluß an Vorarbeiten aus der Literatur[32] ein geschlossenes Konzept zu Begriff und Zulässigkeit[33] der Sonderabgaben auszuarbeiten[34]. Wie die bisherigen Überlegungen zur Rechtsnatur der Rundfunkgebühr gezeigt haben, war ihre abgabenrechtliche Qualifikation immer von Unsicherheiten geprägt, so daß es nicht wunder nimmt, wenn nun versucht wird, die Sonderabgabenjudikatur des Bundesverfassungsgerichts nutzbar zu

---

30 Vgl. etwa BVerfGE 4, 7 ff.; 13, 167 ff.; 18, 315 ff.; 28, 119 ff.; 29, 402 ff.; 37, 1 ff.

31 BVerfGE 55, 274, 299 ff.

32 V.a. Friauf, in: FS Jahrreiß, S. 45 ff.; ders., in: FS Haubrichs, S. 103 ff.; weiter Mußgnug, in: FS Forsthoff, S. 259 ff.

33 Das BVerfG trennt Begriffs- und Zulässigkeitsmerkmale nicht; kritisch dazu Osterloh, JuS 1982, 421, 422; Selmer, Finanzierung des Umweltschutzes, S. 38 f.; Heun, DVBl. 1990, 666 f.

34 Diese Grundsatzentscheidung wurde allerdings bereits kurze Zeit später durch das Urteil des ersten Senats zur Schwerbehindertenabgabe (BVerfGE 57, 139, 165 ff.) relativiert, in dem Sonderabgaben mit primärer Antriebs- oder Ausgleichsfunktion von den strengen Anforderungen an Sonderabgaben mit primärer Finanzierungsfunktion befreit wurden, und die jüngsten Entscheidungen zur Wohnraumfehlbelegungsabgabe, zu § 128 Arbeitsförderungsgesetz und zum Absatzfondsgesetz (BVerfGE 78, 249, 266 ff.; NVwZ 1991, 52, 53; 53, 55) haben die ursprüngliche Konzeption noch weitergehend modifiziert, erkennen sie doch die Existenz von nichtsteuerlichen Abgaben an, die weder als Gebühr, Beitrag oder Sonderabgabe zu qualifizieren sind (vgl. dazu Jarass, DÖV 1989, 1013, 1014; Schmidt, NVwZ 1991, 36 ff.). Im folgenden sollen diese Entwicklungen jedoch außer Betracht bleiben, denn die Rundfunkgebühr hat zweifellos primär Finanzierungszwecke.

machen und die Rundfunkgebühr am Maßstab einer Sonderabgabe zu messen[35].

### *1. Zulässigkeitsvoraussetzungen von Sonderabgaben*

Sonderabgaben durchbrechen nach Ansicht des Bundesverfassungsgerichts das Prinzip der steuerlichen Lastengleichheit und drohen, die Finanzverfassung des Grundgesetzes auszuhöhlen, weil sie mit dem verfassungsrechtlich umfassend geregelten Institut der Steuer insoweit übereinstimmen und somit in Konkurrenz dazu geraten, als sie den Betroffenen eine Geldleistungspflicht voraussetzungslos auferlegen. Sie haben deshalb gegenüber der Steuer die Ausnahme zu sein und sind nur unter strengen Voraussetzungen zulässig, wobei es hinsichtlich der Zulässigkeitsmerkmale weder auf die gesetzliche Bezeichnung noch auf die haushaltsmäßige Behandlung, sondern ausschließlich auf den materiellen Gehalt der Abgabe ankommt.

Eine gesellschaftliche Gruppe darf daher nur dann mit einer Sonderabgabe belastet werden, wenn sie durch eine gemeinsame, in der Rechtsordnung oder in der gesellschaftlichen Wirklichkeit vorgegebene Interessenlage oder durch besondere gemeinsame Gegebenheiten von der Allgemeinheit und anderen Gruppen abgrenzbar ist, wobei es dem Gesetzgeber verwehrt ist, beliebig Gruppen ohne Rücksicht auf materielle Vorgaben der Rechts- oder Sozialordnung zu bilden (homogene Gruppe).

Die Erhebung einer Sonderabgabe setzt eine spezifische Beziehung zwischen dem Kreis der Abgabepflichtigen und dem mit der Abgabenerhebung verfolgten Zweck voraus. Die belastete Gruppe muß dem Zweck evident näherstehen als jede andere Gruppe oder die Allgemeinheit der Steuerzahler. Aus dieser Sachnähe muß eine besondere Gruppenverant-

---

35 Vgl. Schmidt, MP 1986, 162, 167; ders., Rundfunkgebühr, S. 59 f.; Badura, ZUM 1988; 155, 163; Rudolf, in: v. Münch, Besonderes Verwaltungsrecht, S. 916.

wortung für die Erfüllung der mit der Abgabe zu finanzierenden Aufgabe entspringen. Dabei ist der Begriff der Sachnähe nach materiell-inhaltlichen Kriterien zu bestimmen und kann nicht vom Gesetzgeber gezielt normiert werden (besondere Sachnähe).

Schließlich muß das Abgabeaufkommen im Interesse der Gruppe der Abgabepflichtigen verwendet werden, wobei es allerdings nicht erforderlich ist, daß das Aufkommen im spezifischen Interesse jedes einzelnen Abgabepflichtigen verwendet wird; es genügt, wenn es überwiegend im Interesse der Gesamtgruppe verwendet wird (gruppennützige Verwendung)[36].

### *2. Die Qualifikation der Rundfunkgebühr als Sonderabgabe als Folge einer Neudefinition des Systems der nichtsteuerlichen Abgaben*

Bei näherer Analyse derjenigen Stimmen, die die Rundfunkgebühr als zulässige Sonderabgabe im Sinne der Rechtsprechung des Bundesverfassungsgerichts bezeichnen, zeigt sich allerdings, daß diese Einordnung meist nicht darauf beruht, daß die Autoren eine Qualifikation der Rundfunkgebühr als Vorzugslast im herkömmlichen Sinn nicht für möglich halten würden. Teilweise haben diese Überlegungen nur hilfsweisen Charakter[37]. Zum Teil erklären sie sich vor dem Gedanken, das unübersichtliche System der nichtsteuerlichen Abgaben, das zudem im Grundgesetz nur rudimentär angelegt ist, zu vereinfachen und Gebühren, Beiträge sowie Sonderabgaben zu einer Gruppe nichtsteuerlicher Abgaben, die gewisse gemeinsame Mindestanforderungen erfüllen müssen, zusammenzufassen[38].

Ein derartiges Vorgehen kann für sich in Anspruch nehmen, streng am Grundgesetz orientiert zu sein, das eine Grenze nur zwischen Steuern

---

36 BVerfGE 55, 274, 299 ff.; 67, 256, 274 ff.; NVwZ 1991, 53, 54.

37 So ausdrücklich Schmidt, Rundfunkgebühr, S. 59, der zuvor (a.a.O., S. 58) die Rundfunkgebühr als Beitrag bezeichnet.

38 Vgl. Schmidt, MP 1986, 162, 167; Badura, ZUM 1987, 155, 163.

und nichtsteuerlichen Abgaben zieht, während zwischen Gebühren, Beiträgen und Sonderabgaben lediglich eine einfachgesetzliche begriffliche Trennlinie verläuft[39]. Es ist jedoch fraglich, ob dieser mögliche Gewinn an dogmatischer Stringenz die Unwägbarkeiten rechtfertigt, die mit diesem Ansatz verbunden sind. So bestechend es auf den ersten Blick scheinen mag, für alle nichtsteuerlichen Abgaben einheitliche Zulässigkeitskriterien aufzustellen, so darf doch nicht übersehen werden, daß damit der Rahmen der Judikatur des Bundesverfassungsgerichts gesprengt wird. Die Kategorie der Sonderabgabe ist vom Bundesverfassungsgericht als Auffangtatbestand[40] für solche Abgaben konzipiert worden, die, wie Steuern, aber ohne solche zu sein, dem Bürger voraussetzungslos auferlegt sind[41]. Die strengen Zulässigkeitsvoraussetzungen sind wegen der Nähe zu den Steuern aufgestellt worden, insbesondere auch im Hinblick auf kompetentielle Fragen. Bei den Gebühren und Beiträgen, die gerade nicht voraussetzungslos auferlegt werden dürfen, besteht diese Nähe zu den Steuern nicht; die Gründe, die nach dem Bundesverfassungsgericht bei den Sonderabgaben die restriktive Handhabung erfordern, liegen insoweit nicht vor. Dies wäre immerhin dann unerheblich, wenn bei Abgaben, die nach herkömmlicher Einteilung zu den Gebühren oder Beiträgen zu zählen sind, ohnehin auch die Voraussetzungen einer Sonderabgabe erfüllt sind. Das ist aber nicht ohne weiteres immer der Fall, da das Aufkommen von Gebühren oder Beiträgen im Gegensatz zum Aufkommen einer Sonderabgabe keiner strengen Zweckbindung unterliegt[42]. Dieser vorgeschlagene Weg würde also nicht nur zu einer systematischen Vereinfachung, sondern un-

---

39 Beckmann, Verfassungsrechtsfragen im Grenzbereich zwischen Steuern und besonderen Abgaben, 1976, S. 41, 43 sowie unten B III 1.

40 So P. Kirchhof, Jura 1983, 505, 514. - In der jüngsten Rechtsprechung zeigt sich jedoch eine Akzentverschiebung, die die Sonderabgabe nicht mehr als Auffangtatbestand, sondern als nichtabschließenden Sondertatbestand ausweist, so BVerfG NVwZ 1991, 53, 54.

41 BVerfGE 55, 274, 298; 67, 256, 274 f.; 78, 249, 267.

42 S. oben 2. Abschnitt, D II 1.

merklich auch zu sachlichen Verschiebungen führen[43]. Abgesehen davon ist vor dem Hintergrund der jüngsten Entscheidungen des Bundesverfassungsgerichts, die ausdrücklich die Existenz von nichtsteuerlichen Abgaben anerkennen, die weder Gebühren oder Beiträge noch Sonderabgaben sind[44], auch fraglich, ob das erstrebte Ziel einer Vereinfachung des Abgabesystems überhaupt noch erreichbar ist.

Die damit angeschnittenen Fragen sollen jedoch nicht weiter verfolgt werden, denn eine solchermaßen begründete Qualifizierung der Rundfunkgebühr als Sonderabgabe beruht nicht auf einer von der hier vertretenen Bewertung der Rundfunkgebühr grundsätzlich abweichenden Ansicht, sondern ist Folge einer Neudefinition des Abgabesystems, die in Widerspruch zu der Rechtsprechung des Bundesverfassungsgerichts und der hM in der Literatur steht.

### *3. Die Auffassung Rudolfs*

In einem anderen Sinn sind die Ausführungen Rudolfs zu verstehen. Er sieht nach dem vierten Rundfunkurteil die Funktion der Rundfunkgebühr als einen Beitrag aller Rundfunkteilnehmer zur Gewährleistung der Grundversorgung. Sie verfolge den Zweck, das Programm der Privaten "unbedenklich" zu gestalten und sei daher als Sonderabgabe einzustufen[45].

Diese Beurteilung der Rundfunkgebühr ist zutreffend, was ihre Bedeutung für die Zulässigkeit privaten Rundfunks anbetrifft, doch trägt sie nicht die Einordnung als Sonderabgabe. Auch wenn der Gebührenfinanzierung des öffentlich-rechtlichen Rundfunks eine Ausgleichsfunktion zukommt, so ändert das nichts daran, daß die Rundfunkgebühr aus

---

43 Kritisch zum Zurückdrängen der Vorzugslasten zugunsten der Sonderabgaben auch F. Kirchhof, DVBl. 1987, 554, 557; Meßerschmidt, DVBl. 1987, 929, 933.

44 Vgl zuletzt BVerfG NVwZ 1991, 53, 54.

45 A.a.O., S. 916. - Ähnlich sind wohl auch die Andeutungen von Hasper, ZUM 1989, 176, 178 f. zu verstehen.

Anlaß einer zurechenbaren öffentlichen Leistung erhoben wird und damit einen beitragsfähigen Vorteil vermittelt. Abgabenrechtlich ist daher die - rundfunkrechtlich bedeutsame Ausgleichsfunktion - unbeachtlich[46]. Entscheidend ist nur die Fassung des abgabeauslösenden Tatbestandes im Rundfunkgebührenstaatsvertrag, der die Beitragspflicht an eine gruppenmäßig zurechenbare öffentliche Leistung knüpft.

### *B. Die Bestimmung der Rechtsnatur besonderer zweckgebundener Anteile an der Rundfunkgebühr*

Einer der wesentlichen Streitpunkte im Zusammenhang mit der Kontroverse um die Zulässigkeit des Kabelgroschens ist die Frage nach dem Vorliegen einer eigenständig zu qualifizierenden Abgabe. Dabei wird, wie dargestellt[47], um das Problem der buchungstechnischen Identität der von den Rundfunkanstalten für die Kabelpilotprojekte abzuführenden Mittel mit einem auf den einzelnen Rundfunkgebührenzahler fallenden absoluten Betrag gestritten. Auffällig ist, daß diejenigen Stimmen, die das Vorliegen eines quantifizierbaren Zuschlages bejahen, diesen Teil der Rundfunkgebühr ohne weiteres einer eigenständigen Einordnung in das System der Abgaben unterziehen[48]. Es hat danach den Anschein, als ob die Frage nach der buchungstechnischen Aussonderbarkeit eines Zuschlages auf die Gebühr präjudiziell für den weiteren Gang der Prüfung ist. Diesem Befund entspricht es auch, daß beim Aufsichtsgroschen, der als prozentual festgelegter Anteil an der Rund-

---

[46] Wenn auch zuzugeben ist, daß die Rundfunkgebühr insoweit eine gewisse Nähe zu den Sonderabgaben aufweist, als sie über die Mittelbeschaffungsfunktion hinausgeht und im Rundfunkbereich "gestaltend" wirkt.

[47] 2. Abschnitt, B, C I.

[48] So etwa Ott, FuR 1984, 231, 237 ff.; Kollek, Rundfunkfinanzierung, S. 77 ff.

funkgebühr konstruiert ist, die Berechtigung einer eigenständigen abgabetypologischen Untersuchung bisher nie bestritten worden ist[49].

In der vorerst letzten Gerichtsentscheidung zum Kabelgroschen hat der BayVGH den Streit um die rechnerische Aussonderbarkeit eines Gebührenanteils für nicht entscheidungserheblich erklärt. Maßgeblich sei allein, daß in der Sache eine Sondergruppe zu einer öffentlichen Last herangezogen werde. Der VGH hält deshalb im Ergebnis den Kabelgroschen für eine eigenständig zu qualifizierende öffentliche Abgabe[50].

Diese Überlegungen sind überzeugend, soweit sie die Frage nach dem Vorliegen eines aussonderbaren "durchlaufenden" Gebührenanteils für unerheblich halten, denn wenn der Gesetzgeber durch eine so einfach zu bewerkstelligende Änderung in der Erhebungstechnik die Anwendung eines völlig andersgearteten Prüfungsmaßstabes bei der Untersuchung der Rechtmäßigkeit einer Abgabe erzwingen könnte, könnte tatsächlich der "Grundsatz der normativen Abgabevoraussetzungen jederzeit umgangen werden"[51]. Das stünde in eklatantem Widerspruch zur Sonderabgabenjudikatur des Bundesverfassungsgerichts, wonach die Zulässigkeitskriterien von Abgaben nicht "machbar" sein dürfen[52]. Die verfassungsrechtliche Zulässigkeit von Kabelgroschen, Aufsichtsgroschen oder anderen Zuschlägen zur Rundfunkgebühr kann daher vernünftigerweise nicht davon abhängig gemacht werden, ob der Gesetzgeber eine prozentuale oder eine summenmäßige Festsetzung wählt[53]. Fraglich erscheint allerdings, ob diese Erkenntnis auch zwingend den Schluß nach sich zieht, daß zusätzliche zweckgebundene An-

---

49 So unternimmt etwa Schmidt, Rundfunkgebühr, S. 67 ff. wie selbstverständlich eine eigenständige Einordnung des Aufsichtsgroschens in das Abgabesystem; ebenso in der Sache Stender-Vorwachs, Staatsferne und Gruppenferne, S. 177; Hümmerich/Beucher, AfP 1989, 708, 715.

50 BayVGH BayVBl. 1988, 685, 688 ff.

51 BayVGH, a.a.O., S. 688; zust. Hümmerich/Beucher, AfP 1989, 708, 715.

52 Vgl. BVerfGE 55, 274, 304 f.; 67, 256, 276.

53 Vgl. dazu bereits oben 4. Abschnitt, C.

teile an der Rundfunkgebühr, die nicht für die Programmtätigkeit der öffentlich-rechtlichen Rundfunkanstalten verwendet werden, als materiell eigenständige Abgabe zu beurteilen und an den Kriterien einer Sonderabgabe (oder auch einer anderen Abgabenart) zu messen sind, wie das der BayVGH vertritt, oder ob hier noch weitergehende Überlegungen mit einbezogen werden müssen.

### *I. Formeller und materieller Gebührenbegriff*

Bei genauerer Betrachtung läßt sich der Streit um die formelle Abspaltbarkeit eines Teils der Rundfunkgebühr beziehungsweise der Relevanz einer solchen Möglichkeit auf ein anderes, im allgemeinen Gebührenrecht nicht unbekanntes Problem zurückführen. Die Gerichte und Wissenschaftler, die sich mit der Verfassungsmäßigkeit der Erhebung eines Kabel- oder Aufsichtsgroschens beschäftigen, qualifizieren die Rundfunkgebühr, wie gezeigt, überwiegend als Gebühr, Beitrag oder Mischform zwischen beidem, also jedenfalls als Entgeltabgabe, die aus Anlaß der Ausstrahlung des Rundfunkprogrammes erhoben wird. Im abgabenrechtlichen Schrifttum ist nun nicht nur umstritten, wie Gebühren sich von den Beiträgen unterscheiden, sondern auch über die Abgrenzung zur Steuer herrscht Uneinigkeit[54].

---

[54] Überblick zum Streitstand bei Wendt, Gebühr, S. 52 ff.; Vogel, in: FS Geiger, S. 518, 525 ff.; Arndt, WiVerw. 1990, 1, 21 f. Dieser Streit wird, soweit ersichtlich, bisher nur auf die Abgrenzung zwischen Gebühr und Steuer, nicht hingegen auf die Abgrenzung von Beitrag und Steuer bezogen. Das dürfte daran liegen, daß in die Beitragsdefinition meist materielle Elemente, wie etwa, er setze die Gewährung konkreter, einzeln greifbarer wirtschaftlicher Vorteile voraus (vgl. Selmer/Brodersen/Nicolaysen, Straßenbenutzungsabgaben, S. 62 f. m.w.N.), aufgenommen werden. Stellt man jedoch, wie dies hier vertreten wird, bei der Beitragsdefinition ebenso wie bei der Gebühr auf den Anknüpfungspunkt der Abgabepflicht ab, so stellen sich die Probleme beim Beitrag nicht anders dar. Eine andere Sichtweise wäre angesichts der weitgehenden Austauschbarkeit von Gebühr und Beitrag auch wenig befriedigend (in diese Richtung ebenfalls Selmer/Brodersen/Nicolaysen, a.a.O., S. 63 f.). Wenn im folgenden von "Gebühr"

Für die Vertreter des formellen Gebührenbegriffs ist Voraussetzung für die Qualifikation einer Abgabe als Gebühr allein, daß sie aus Anlaß einer individuell zurechenbaren Leistung erhoben wird. Sie halten dieses rein formelle Abgrenzungskriterium für geeignet und ausreichend, um eine eindeutige Abgrenzung der Gebühr von den Steuern zu gewährleisten[55]. Die Anhänger des materiellen Gebührenbegriffs sehen dieses formelle Merkmal allein hingegen nicht als genügend an und messen auch der Höhe der Abgabe Bedeutung für ihre Qualifikation bei. Eine Gebühr könne nämlich in eine Steuer "umschlagen", wenn die Gebührenhöhe den wertmäßigen Umfang der staatlichen Leistung übersteige und den Gebührengläubiger in die Lage versetze, den überschießenden Teil des Aufkommens dem allgemeinen Haushalt zuzuführen. Eine Abgabe ist danach nur dann und insoweit als Gebühr zu qualifizieren, als sie ihrer Höhe nach als Abgeltung der staatlichen Leistung angesehen werden kann[56].

Untersucht man den Streit um den Kabelgroschen unter dem Blickwinkel dieser Grundsatzdiskussion, so wird schnell deutlich, daß der eigentliche Grund für die unterschiedlichen Prüfungsansätze in einer abweichenden Gebührendefinition liegt. Diejenigen Autoren, die den Kabelgroschen als formell abspaltbar und damit selbständig an den Merkmalen einer Steuer, einer Gebühr, eines Beitrages oder einer Sonderabgabe messen, stehen auf dem Boden des materiellen Gebührenbegriffs, denn sie gehen stillschweigend davon aus, daß eine Gebühr ihren abgabenrechtlichen Charakter ändert, wenn ihre Höhe gezielt so bemessen wird, daß sie nicht nur zur Finanzierung der abgabepflichtigen Leistung, sondern daneben zur Finanzierung anderer Aufgaben verwendet

---

gesprochen wird, ist damit deswegen immer auch der Beitrag gemeint.

55 So Bettermann, Posttarifhoheit, S. 43 ff.; Kloepfer, AöR 97, 231, 242; Wilke, Gebührenrecht, S. 283; Bodenheim, der Zweck der Steuer, 1979, S. 306 f.; Hempell, Postverfassungsrecht, S. 95 ff.

56 So Zeidler, Probleme der Rundfunkgebühr, S. 23; Leisner, in: FS Peters, S. 730, 731; Wendt, Gebühr, S. 54 ff.; Puwalla, Qualifikation, S. 110 ff.; Vogel, in: EvStL, Stichwort: Abgaben, öffentliche, Spalte 11; ders, in: FS Geiger, S. 518, 528; Arndt, WiVerw. 1990, 1, 22; Tipke/Kruse, Abgabenordnung, § 3 Tz. 15.

werden kann. Die Stimmen, die den Kabelgroschen abgabenrechtlich ebenso wie die Rundfunkgebühr qualifizieren, halten hingegen den formellen Gebührenbegriff für richtig, denn für sie ist entscheidend, daß die Rundfunkgebühr in ihrer gesamte Höhe aus Anlaß der Möglichkeit des Empfangs öffentlich-rechtlicher Programme erhoben wird.

Deutlich wird dies etwa, wenn man die Argumentation Otts[57] und die Erwiderung von Grupp[58] vergleicht. Ott meint, der Kabelgroschen werde nur formal als Teil der Anstaltsnutzungsgebühr "Rundfunkgebühr" erhoben, während er materiell den Charakter einer Zwecksteuer habe, weil 99% der Haushalte an den Kabelpilotprojekten nicht teilnähmen und daher keine Gegenleistung erhielten[59]. Grupp, der das Vorliegen einer abspaltbaren Abgabe in Abrede stellt, sieht nun genau den Umstand, wieviel Haushalte an die Kabelpilotprojekte angeschlossen seien, als unerheblich an. Es komme nur darauf an, daß die Rundfunkgebühr eine Gegenleistung für die Möglichkeit des Programmempfanges der öffentlich-rechtlichen Rundfunkanstalten sei[60]. Grupp hält es für den Gebühren- bzw. Beitragscharakter der gesamten Rundfunkgebühr also für ausreichend, daß sie an eine zurechenbare Leistung der öffentlich-rechtlichen Rundfunkanstalten anknüpft (formeller Gebührenbegriff), während Ott die Gegenleistungsfunktion der Abgabe bestreitet, soweit sie gezielt zur Finanzierung von Aufgaben bemessen ist, die ihrerseits nicht die Erhebung einer Gebühr rechtfertigen würden, sondern aus allgemeinen Steuermitteln finanziert werden müßten (materieller Gebührenbegriff)[61].

---

57 FuR 1984, 231 ff.

58 FuR 1984, 283 ff.

59 FuR 1984, 231, 239 ff.

60 FuR 1984, 283, 288 f.

61 Diesen Stand der Diskussion kann man fast durchgehend ausmachen. Vgl. weiter z.B. Kollek, Rechtsfragen, S. 77 f., der seine Ausführungen zur Möglichkeit einer formalen Abspaltung einer eigenständigen Abgabe mit dem Hinweis auf die fehlende Gebühren- oder Beitragskomponente des Kabelgroschens zu stützen versucht, einerseits und VG Stuttgart, ZUM 1987, 470, 471 f. andererseits,

Die Argumentation in der Auseinandersetzung um den Kabelgroschen krankt also letztlich daran, daß die dogmatischen Prämissen nicht eindeutig offengelegt werden. Eine befriedigende Lösung der Problematik kann aber nur gelingen, wenn Klarheit über die Grundlage der Diskussion, nämlich den verfassungsrechtlichen Gebühren- und Beitragsbegriff besteht.

### *II. Die grundsätzliche Bemessungsoffenheit der Gebühr*

#### *1. Fehlen eines verfassungsrechtlichen Gebührenbegriffs*

Im Gegensatz zur Steuer existiert ein eigenständiger verfassungsrechtlicher Gebühren- oder Beitragsbegriff nicht[62]. Der Begriff des Beitrages findet sich im Grundgesetz überhaupt nicht[63]. Die Gebühr wird immerhin an zwei Stellen - Art. 74 Nr. 22 und Art. 80 Abs. 2 - erwähnt, doch eine Legaldefinition sucht man vergebens. Anders als bei der Steuer, die ebenfalls im Grundgesetz nicht legaldefiniert ist, deren verfassungsrechtliche Merkmale jedoch unter Rückgriff auf die Vorschrift des § 1 Abs. 1 Reichsabgabenordnung bzw. § 3 Abs. 1 Abgabenordnung bestimmt werden[64], ist dieser Weg bei den Gebühren und Bei-

---

das es für den Gebühren- bzw. Beitragscharakter der gesamten Rundfunkgebühr ausreichen läßt, daß sie eine angemessene Gegenleistung für den Rundfunkempfang darstellt.

62 BVerfGE 50, 217, 225; Kloepfer, AöR 97, 232, 239; F. Kirchhof, Gebühr, S. 14; ders., Gebührenflexibilität, S. 27; Selmer/Brodersen/Nicolaysen, Straßenbenutzungsabgaben, S. 54 f., 62; Arndt, WiVerw. 1990, 1, 21.- A.A. Vogel, in. FS Geiger, S. 518, 520 f., 532 (s. aber auch S. 528, wo Vogel anerkennt, daß das traditionelle Finanzrecht einen präzisen Gebührenbegriff nicht entwickelt hat).

63 Daraus läßt sich allerdings nicht die Unzulässigkeit diese Abgabenform folgern, vgl. Wilke, Gebührenrecht, S. 154.

64 So das Bundesverfassungsgericht in ständiger Rspr., erstmals in BVerfGE 3, 407, 435; vgl. aus der Lit. Selmer, Steuerinterventionismus und Verfassungsrecht, 1972, S. 74 ff.; F. Kirchhof, Ge-

trägen nicht gangbar, denn es gibt keinen bundeseinheitlichen einfachgesetzlichen Gebühren- oder Beitragsbegriff, an den angeknüpft werden könnte. Bei beiden Instituten handelt es sich um einen in einzelnen Merkmalen offenen Typus einer öffentlichen Abgabe, die in Zusammenschau einer Vielzahl von Gesetzen, insbesondere Kommunalabgaben- und Verwaltungskostengesetzen eingegrenzt werden[65]. Das ist auch der Grund, warum die in Literatur und Rechtsprechung verwendeten Abgabedefinitionen nicht einheitlich sind.

Die besonderen finanzverfassungsrechtlichen Regelungen in den Art. 105 ff. GG, die die Steuer umfassend hinsichtlich Gesetzgebungs-, Ertrags- und Verwaltungshoheit regeln, setzen jedoch eine exakte begriffliche Trennung von Steuern und nichtsteuerlichen Abgaben voraus. Diese müssen sich also zumindest in einem Merkmal von jenen unterscheiden, so daß es möglich sein muß, den "verfassungsschweren Kern"[66] des Gebühren- und Beitragsbegriffs im Wege der negativen Abschichtung vom verfassungsrechtlichen Steuerbegriff auszumachen[67]. Steuern sind einmalige oder laufende Geldleistungen, die nicht eine Gegenleistung für eine besondere Leistung darstellen und von einem öffentlich-rechtlichen Gemeinwesen zur Erzielung von Einkünften allen auferlegt werden, bei denen der Tatbestand zutrifft, an den das Gesetz die Leistungspflicht knüpft[68]. Die einzig im Ergebnis tragfähige Grenzlinie zu den nichtsteuerlichen Abgaben verläuft entlang des negativen Tatbestandmerkmals der Steuer, daß sie nicht eine Gegenleistung für

---

bühr, S. 15; Vogel, a.a.O., S. 520; - kritisch Bodenheim, Der Zweck der Steuer, 1979, S. 67 ff.

65 F. Kirchhof, Gebühr, S. 13 f.; ders., Gebührenflexibilität, S. 27; vgl. auch Schmidt, NVwZ 1991, 36, 39. Zum Begriff des Typus in der Rechtswissenschaft näher Arthur Kaufmann, Analogie und Natur der Sache, 1982, S. 47 ff.; Larenz, Methodenlehre der Rechtswissenschaft, 5. Aufl. 1983, S. 333 ff.

66 Selmer/Brodersen/Nicolaysen, Straßenbenutzungsabgaben, S. 55.

67 Wendt, Gebühr, S. 42; F. Kirchhof, Gebührenflexibilität, S. 28; Selmer/Brodersen/Nicolaysen, Straßenbenutzungsabgaben, S. 55; Arndt, WiVerw. 1990, 1, 21.

68 So beispielsweise BVerfGE 42, 223, 228 in Anknüpfung an die Definition der Abgabenordnung.

eine staatliche Leistung darstellt[69]. Während Steuern voraussetzungslos geschuldet werden, weisen Gebühren und Beiträge einen spezifischen Bezug zu einer öffentlichen Leistung auf. Über diesen Befund hinausgehende Aussagen zum Begriff der Gebühr oder des Beitrages lassen sich dem Grundgesetz nicht entnehmen[70]. Auch die Abgrenzung zwischen beiden Abgabegabetypen ist daher keine verfassungsrechtliche, sondern eine Frage des einfachen Rechts.

Nachdem sich ein operationabler Gebühren- oder Beitragsbegriff allein der Verfassung nicht entnehmen läßt, beanspruchen die hier[71] verwendeten Definitionen der beiden Abgabearten keinen Verfassungsrang. Sie entspringen vielmehr einer Zusammenschau von im Rechtsleben geläufigen Formen von Abgaben und sollen es ermöglichen, sie möglichst sicher, lückenlos und systematisch konsequent einzuordnen. Dieses Vorgehens muß man sich bewußt bleiben, soweit die verfassungsrechtliche Zulässigkeit der Erhebung einer öffentlichen Abgabe zu untersuchen ist, um nicht unversehens zwar charakteristische, aber dennoch nicht verfassungskräftige Züge dieser Abgabetypen unter Berufung unter ihr angebliches "Wesen" oder ihre "Rechtsnatur" als für den Gesetzgeber verbindlich zu erklären.

### *2. Konsequenzen für die Verbindlichkeit allgemeiner Gebührenmaßstäbe*

Der materielle Gebührenbegriff verlangt nach einem verfassungsrechtlich begründeten Kriterium zur Begrenzung der Gebührenhöhe. Unter Berufung auf die sogenannte Gegenleistungsfunktion der Gebühr werden meist das Äquivalenzprinzip und das Kostendeckungsprinzip genannt.

---

69 Vgl. Bodenheim, Der Zweck der Steuer, 1979, S. 300 ff.; Puwalla, Qualifikation, S. 89.

70 F. Kirchhof, Gebührenflexibilität, S. 28; vgl. auch BVerfGE 50, 217, 225 f.

71 S. oben A I 1.

*a) Äquivalenzprinzip*

Das Äquivalenzprinzip untersagt eine Gebührenbemessung, nach welcher zwischen der gebührenpflichtigen öffentlichen Leistung und der Gegenleistung des Bürgers ein Mißverhältnis entsteht[72]. Seine verfassungsrechtliche Verankerung soll das Äquivalenzprinzip nach meist vertretener Auffassung im Grundsatz der Verhältnismäßigkeit finden[73]. Diese Behauptung steht auf schwachen Beinen:

Der Grundsatz der Verhältnismäßigkeit verlangt für staatliches Handeln eine angemessene Zweck-Mittel-Relation. Der dem Bürger zugemutete Eingriff darf nicht außer Verhältnis zum damit verfolgten Ziel stehen[74]. Das Verhältnismäßigkeitsprinzip gibt allerdings weder Zweck noch Mittel vor, sondern setzt beides voraus. Aus dem Übermaßverbot könnte ein allgemein gültiges Bemessungsprinzip daher nur dann hergeleitet werden, wenn das Grundgesetz selbst einen bestimmten Gebührenzweck, nämlich die Funktion der Abgeltung staatlicher Leistungen verbindlich festsetzen würde.

Gebühren und Beiträge dienen zwar in der Rechtswirklichkeit meist dem Zweck der Abgeltung der Kosten der die Abgabepflicht auslösenden öffentlichen Leistung, doch ergibt sich aus dem Grundgesetz nicht, daß daneben nicht auch noch andere Zwecke[75], ja daß nicht überwiegend

---

72 Vom BVerwG in ständiger Rspr. vertreten, etwa BVerwGE 12, 162, 166; 22, 299, 305; 28, 36, 49; 79, 90, 91; weiter Stephan, JurA 1970, 867, 874; Wolff/Bachof, Verwaltungsrecht I, S. 309; umfassende Darstellung bei Wilke, Gebührenrecht, S. 244 ff.

73 So BVerwGE 26, 305, 309; 79, 90, 91; VG Stuttgart, ZUM 1987, 470, 472; Kreft, Die begriffliche Abgrenzung von Steuer und Gebühr, 1968, S. 86; v. Maydell, Zur rechtlichen Problematik der Befreiung von der Rundfunkgebühr, 1987, S. 23 f.; Schmidt, Rundfunkgebühr, S. 59.

74 S. oben 4. Abschnitt, B. - Der Grundsatz der Verhältnismäßigkeit weist also eine formale Struktur auf, vgl. Lerche, Übermaß, S. 224.

75 BVerfGE 50, 217, 226.

andere Zwecke, etwa Lenkungszwecke[76], verfolgt werden dürften. Der Ausgleich von Vorteilen beziehungsweise die Abgeltung verursachter Kosten werden zwar regelmäßig zulässige Gebührenzwecke darstellen[77], doch ist bisher nicht nachgewiesen worden, daß sie die nach dem Grundgesetz einzig zulässigen Gebührenzwecke sind[78]. Kompetenzgrundlage für den Erlaß von Gebühren- und Beitragsgesetzen sind die Art. 70 ff. GG, denn besondere Zuständigkeitsregelungen wie für die Steuern finden sich im Grundgesetz nicht. Die Gebühren- und Beitragsregelungen beruhen also auf der Kompetenzvorschrift für die Sachmaterie, der die Abgabenregelung dient[79]. Als Annex zur jeweiligen Sachgesetzgebungszuständigkeit können mit Gebührennormen daher alle Ziele verfolgt werden, die im Rahmen der Sachmaterie liegen[80]. Die Gebühr erweist sich also als "multifunktionales rechtliches Instrument"[81].

Aus diesem Grunde läßt sich aus dem Grundsatz der Verhältnismäßigkeit nicht eine generelle Geltung des Äquivalenzprinzips im Gebührenrecht ableiten, sondern nur dann, wenn festgestellt ist, daß eine Gebühr oder ein Beitrag im Einzelfall eine Abgeltungsfunktion erfüllen soll[82]. Das

---

76 Das ist der am meistdiskutierte Fall eines anderen als eines Einnahmezweckes; vgl. die Titel der Untersuchungen von Kloepfer und Wendt.

77 Wilke, Gebührenrecht, S. 302.

78 A.a. Vogel, a.a.O., S. 529 ff., der aus einer Analyse der vorkonstitutionellen Rechtslage, die nach seiner Auffassung das GG übernommen hat, einen doppelgliedrigen Gebührenbegriff ableitet.

79 Wendt, Gebühr, S. 34 ff.; Isensee, in: FS Ipsen, S. 409, 429; F. Kirchhof, Gebührenflexibilität, S. 33; Selmer/Brodersen/Nicolaysen, Straßenbenutzungsabgaben, S. 57 f.

80 Kloepfer, AöR 97, 232, 246; Wilke, Gebührenrecht, S. 306; F. Kirchhof, Gebührenflexibilität, S. 33.

81 F. Kirchhof, a.a.O., S. 33.

82 So auch das Bundesverfassungsgericht, das in seiner jüngeren Rspr. betont, daß alle Gebührenzwecke in die Verhältnismäßigkeitsprüfung einzubeziehen sind, vgl. BVerfGE 50, 217, 227.

Äquivalenzprinzip ist daher nur auf Grund einfachgesetzlicher Anordnung verbindlich[83].

*b) Kostendeckungsprinzip*

Diese Überlegungen stehen auch einer generellen Begrenzung der Gebührenhöhe durch das Kostendeckungsprinzip, das meistens so verstanden wird, daß die Gebührenhöhe so zu bemessen ist, daß das Gesamtgebührenaufkommen die Gesamtkosten der gebührenpflichtigen Leistung nicht übersteigt, entgegen[84]. Soweit dieser Maxime überhaupt Verfassungsrang zugeschrieben wird[85], wird von seinen Befürwortern übersehen, daß Gebühren und Beiträge nicht nur den Zweck der Vorteilsausgleichung verfolgen dürfen[86].

*c) Ergebnis*

Eine allgemeine Begrenzung der Höhe von Gebühren und Beiträgen durch das Äquivalenz- oder das Kostendeckungsprinzip ist nicht anzuerkennen. Der Spielraum des Gesetzgebers wird jedoch, weil Abgaben in

---

83 Kritisch zur Ableitung des Äquivalenzprinzips aus dem Grundsatz der Verhältnismäßigkeit Bettermann, Posttarifhoheit, S. 46 ff.; Wilke, Gebührenrecht, S. 244 ff.; Meßerschmidt, Umweltabgaben als Rechtsproblem, 1986, S. 160 f.; F. Kirchhof, Gebührenflexibilität, S. 29 ff.

84 BVerwGE 12, 162, 165 f.; 13, 222 f.; P. Kirchhof, Jura 1983, 505, 512; v. Maydell, a.a.O., S. 24 f. Das Kostendekkungsprinzip wird teilweise als Untergrenze (so Stephan, JurA 1970, 867, 878; Leisner, in: FS Peters, S. 730, 743), teilweise als Obergrenze (so Wendt, Gebühr, S. 119 f.) angesehen.

85 I.d.R. wird es heute nur noch als einfachgesetzliche Bemessungsregel angesehen, vgl. Puwalla, Qualifikation, S. 44 m.w.N.; Meßerschmidt, a.a.O., S. 160.

86 Das gilt auch für den Versuch von Wendt, Gebühr, S. 119 ff., die Geltung des Kostendeckungsprinzips aus dem Grundsatz der Erforderlichkeit abzuleiten. Seine Argumentation beruht auf der unzutreffenden Prämisse, daß mit der Gebührenerhebung zwingend ein Abgeltungszweck verfolgt wird.

Grundrechte eingreifen, durch das Übermaßverbot limitiert; außerdem ist der Gleichheitssatz zu beachten[87].

### *III. Gebührenzwecke und Steuerstaat*

Das Grundgesetz gibt die Zwecke, die die Erhebung von Gebühren und Beiträgen rechtfertigen, nicht positiv vor. Es schließt jedoch - negativ - die Verfolgung eines Zweckes, nämlich die Erzielung von Gewinnen zur Entlastung des allgemeinen Staatshaushaltes, aus[88]. Im Steuerstaat[89] des Grundgesetzes ist alleiniges Instrument zur Erzielung fungibler Finanzmittel die Steuer, weil nur diese "voraussetzungslos" geschuldete Abgabe aufgrund ihrer Zugriffstechnik gewährleistet, daß alle Bürger (relativ) gleich, nämlich entsprechend ihrer Leistungsfähigkeit zur Finanzierung allgemeiner Staatsaufgaben herangezogen werden. Die Steuer ist, da sie den Grundsatz der staatsbürgerlichen Lastengleichheit verwirklicht[90], unter der Herrschaft des Grundgesetzes die typische Einnahmequelle[91]. Der Gesetzgeber braucht im Hinblick auf den Grundsatz der Lastengleichheit eine besondere Rechtfertigung, wenn er auf nichtsteuerliche Abgaben zurückgreift[92].

---

87 BVerfGE 50, 217, 226 f.; Wilke, Gebührenrecht, S. 301 ff.

88 Das hat v. a. F. Kirchhof nachgewiesen, vgl. Gebühr, S. 128 f.; ders., Die Verw. 1988, 137, 152 f.; ders., Gebührenflexibilität, S. 50 f. Vgl auch Isensee, in: FS Ipsen, S. 409, 432: Fiskalzwecke rechtfertigen - außerhalb der Steuer - keine Beschränkung von Freiheitsrechten.

89 Vgl. zu diesem Begriff Isensee, in: FS Ipsen, S. 409 ff.; Vogel, in: Handbuch des Staatsrechts I, § 27, Rn. 70; F. Kirchhof, Die Verw. 1988, 137 ff.

90 Vgl. zum Grundsatz der staatsbürgerlichen Lastengleichheit Friauf, in: FS Jahrreiß, S. 45 ff.; ders., in: FS Haubrichs, S. 103, 108.

91 Vgl. etwa BVerfGE 67, 256, 278; NVwZ 1991, 53, 54.

92 Ipsen, a.a.O., S. 429. Umgekehrt bedarf es für die Erhebung von Steuern keiner besonderen Rechtfertigung; die Steuer ist geprägt durch eine "genuine Schlichtheit der causa" (Selmer, Finanzierung des Umweltschutzes, S. 41), denn es genügt insoweit der Hinweis auf den Finanzbedarf des Staates, F. Kirchhof, Die Verw. 1988,

Würden Gebühren und Beiträge gezielt zur Erwirtschaftung von Gewinnen herangezogen, so würde das auf zweifache Weise gegen das Grundgesetz verstoßen:

### *1. Finanzverfassung*

Die Bemessung von Gebühren und Beiträgen nach dem Gewinnprinzip würde die Gefahr der Unterwanderung der Finanzverfassung heraufbeschwören[93]. Es wäre möglich, die Gebührengewalt zu einer nicht limitierten Finanzierungskompetenz auszubauen und praktisch ein zweites, mit der Finanzverfassung des Grundgesetzes konkurrierendes Steuersystem zu schaffen, das wegen den für nichtsteuerliche Abgaben völlig unterschiedlichen Kompetenz- und Ertragsregeln die wohlabgewogene föderalistische Finanzordnung aus dem Gleichgewicht brächte.

### *2. Gleichheitsgrundsatz*

Außerdem würde das Gewinnprinzip gegen den Gleichheitsgrundsatz verstoßen, denn die Gebühren- und Beitragszahler würden zusätzlich zu ihren Steuerlasten nochmals zur Finanzierung der allgemeinen Staatsaufgaben herangezogen, ohne daß dies sachlich gerechtfertigt wäre. Allein die Inanspruchnahme einer gebühren- oder beitragspflichtigen öffentlichen Leistung rechtfertigt nämlich nicht, daß die Pflichtigen, die zugleich auch Steuerzahler sind und in dieser Eigenschaft schon entsprechend ihrer Leistungsfähigkeit zum allgemeinen Finanzbe-

---

137, 148. Im Vordergrund steht hier deshalb die Rechtfertigung der Ausgestaltung der Abgabe, insbesondere im Hinblick auf Art. 3 GG (so Vogel, in: FS Geiger, S. 518, 529).

93 Das ist der Hauptkritikpunkt am formalen Gebührenbegriff, s. Leisner, in: FS Peters, S. 731 f., 745; Wendt, Gebühr, S. 54 ff.; Puwalla, Qualifikation, S. 112; Vogel, in: FS Geiger, S. 518, 528; Tipke/Kruse, Abgabenordnung, § 3, Tz 15.

darf beitragen, nochmals herangezogen werden[94]. Eine solche nochmalige Belastung wäre nur dann zulässig, wenn ein zusätzliches Rechtfertigungsmoment für die Beteiligung der Abgabepflichtigen an den von den Überschüssen finanzierten Aufgaben bestünde, ähnlich dem Kriterium der besonderen Sachnähe bei den Sonderabgaben[95].

### *3. Ergebnis*

Der Gesetzgeber darf mit Gebühren- und Beitragsregelungen alle Zwecke verfolgen, die in Einklang mit der zugrunde liegenden Sachgesetzgebungskompetenz stehen. Verfassungsrechtlich unzulässig ist lediglich der gezielte Einsatz nichtsteuerlicher Abgaben zur Gewinnung fungibler Finanzmittel. Dieses Ziel ist, sollten nicht besondere Gründe vorliegen, allein der Steuer vorbehalten.

Entgegen der von den Vertretern des materiellen Gebührenbegriffs vertretenen Auffassung führt dieser Befund aber nicht zu dem Ergebnis, daß eine Gebühr, die einen derartigen unzulässigen Zweck verfolgt, automatisch zu einer Steuer wird, denn diese Sichtweise beruht auf einer unzureichenden Trennung von Zulässigkeits- und Begriffsmerkmalen[96]. Die dogmatisch fragwürdige Konstruktion ist auch nicht erforderlich, denn dem billigenswerten Anliegen des materiellen Gebührenbegriffs, die Unterwanderung der Finanzverfassung zu verhindern, kann

---

94 F. Kirchhof, Gebühr, S. 128 f.; ders., Die Verw. 1988, 137, 152 f.; ders., Gebührenflexibilität, S. 50 f. - A.A. Clausen, Kostendeckungsprinzip, S. 122 ff.

95 So F. Kirchhof, Gebührenflexibilität, S. 50; i. E. ebenso Clausen, Kostendeckungsprinzip, S. 216 ff., insbes. S. 227. - Das Zurückgreifen auf das vom Bundesverfassungsgericht bei den Sonderabgaben verwendete Kriterium ist im vorliegenden Zusammenhang zulässig, denn es handelt sich um nichts anderes als eine Ausprägung des allgemeinen Gleichheitsgrundsatzes, vgl. Friauf, in: FS Jahrreiß, S. 45, 50; Osterloh, JuS 1982, 421, 425.

96 So Bodenheim, Der Zweck der Steuer, 1979, S. 306; ebenso Feigenbutz, Post- und Fernmeldewesen, S. 163 f.; Clausen, Kostendeckungsprinzip, S. 164.

ohne weiteres Rechnung getragen werden, indem eine Gebührenbemessung nach dem Gewinnprinzip für verfassungswidrig erklärt wird.

### *IV. Konsequenzen für die Prüfung der abgabenrechtlichen Zulässigkeit zweckgebundener Anteile an der Rundfunkgebühr*

Es hat sich gezeigt, daß die zulässige Ausgestaltung einer Abgabe nicht anhand abstrakter Kriterien, wie etwa dem Kostendeckungsprinzip, zu messen ist, sondern die jeweils vom Gesetzgeber gewählte Rechtfertigung des "ob" der Abgabe gibt den Rahmen vor, innerhalb dessen die konkrete Ausgestaltung sich halten muß[97]. Ein gezieltes Aufstocken der Rundfunkgebühr um zusätzliche Anteile, die nicht den öffentlich-rechtlichen Rundfunkanstalten zukommen, gleichgültig, wie dies gesetzestechnisch verwirklicht wird, führt daher nicht automatisch zu einer "Umqualifizierung" dieser Anteile in eine (unzulässige) Steuer, bzw. bedingt notwendigerweise eine selbständig durchzuführende abgabentypologische Einordnung des zusätzlichen Anteils.

Eine derartige Aufspaltung der Rundfunkgebühr wäre zwingend nur dann vorzunehmen, wenn sich ergeben sollte, daß es sich bei dem zusätzlichen Anteil nach seiner Ausgestaltung und der Intention des Gesetzes um eine eigenständige Abgabe handelt, die nur aus verwaltungstechnischen Gründen zusammen mit der Rundfunkgebühr und unter gleichem Namen erhoben wird. Diese Frage läßt sich nicht abstrakt, sondern nur anhand der konkreten gesetzlichen Regelung beantworten.

---

97 Vogel, in: FS Geiger, S. 518, 529.

## *C. Die abgabenrechtliche Zulässigkeit des Aufsichtsgroschens*

### *I. Der Aufsichtsgroschen als eigenständige Abgabe?*

Die gesetzliche Regelung in den Rundfunkstaatsverträgen ist so ausgestaltet, daß nichts auf das Vorliegen einer selbständigen Abgabe hindeutet[98]. Der Aufsichtsgroschen wird zusammen mit der Rundfunkgebühr ausdrücklich als Teil der "einheitlichen" Rundfunkgebühr[99] unter diesem Namen erhoben und zunächst von den Landesrundfunkanstalten vereinnahmt, die die Mittel dann weiterleiten. Die Abgabepflicht knüpft an das Bereithalten eines Rundfunkempfangsgerätes an, so daß der die Abgabepflicht begründende Tatbestand sich nicht von demjenigen der restlichen Rundfunkgebühr unterscheidet. Der Aufsichtsgroschen muß auch nicht unbedingt für die Finanzierung der Landesmedienanstalten verwendet werden, sondern kann anderen Zwecken oder auch den Rundfunkanstalten zukommen.

Gegen das Vorliegen einer eigenständigen Abgabe sprechen außerdem auch materielle Argumente, denn die mit dem Aufsichtsgroschen finanzierte Tätigkeit der Landesmedienanstalten weist für die Rundfunkgebührenzahler keine gebühren- oder beitragsfähigen Effekte auf. Die Rundfunkaufsicht ist nicht individuell oder gruppenmäßig zurechenbar, sondern auf das Gesamtkollektiv bezogen, so daß die Heranziehung der Rundfunkteilnehmer im Wege einer Vorzugslast offenbar unzulässig wäre[100]. Es kann aber dem Gesetzgeber nicht unterstellt werden, daß

---

98 Wie sich aus der amtl. Begründung zu Art. 6 RfStV (abgedruckt bei Hartstein/Ring/Kreile, Rundfunkstaatsvertrag, Art. 6) ergibt, entsprach dies auch nicht der Absicht des Gesetzgebers.

99 Vgl. auch Rombach, zitiert in FK Nr. 13/14 v. 27.3.91, S. 13 f., der darauf hinweist, daß auch die zusätzlichen Anteile der Sache nach eine Rundfunkgebühr blieben.

100 So i.E. auch EKM, Abschlußbericht Bd. 1, S. 156 und Schmidt, Rundfunkgebühr, S. 71 f., die auf die Parallele zu einer als

er eine greifbar verfassungswidrige Regelung erlassen wollte, so daß auch dieser Befund gegen eine selbständige Abgabe spricht[101].

Der Aufsichtsgroschen ist daher nicht als eigenständige Abgabe, die unabhängig von der Rundfunkgebühr zu qualifizieren ist, anzusehen.

## *II. Der Aufsichtsgroschen als Bestandteil der Rundfunkgebühr*

Bei dem zusätzlichen Anteil nach Art. 6 RfStV handelt es sich mithin um einen integralen Bestandteil der Rundfunkgebühr, der ihre Rechtsnatur teilt. Er ist nach der hier vertretenen Auffassung als finanzrechtlicher Beitrag anzusehen. Im folgenden ist daher zu prüfen, ob der Gesetzgeber bei der Bemessung der Rundfunkgebührenhöhe den Finanzbedarf der Landesmedienanstalten mitberücksichtigen durfte. Das hängt nach den soeben angestellten Überlegungen von der Zweckbestimmung der Rundfunkgebühr ab.

---

unzulässig angesehenen Finanzierung des Bundesaufsichtsamtes für das Kreditwesen aus Gebühren oder Beiträgen der Bankkunden hinweisen. Als "schlicht abwegig" bezeichnet Schmidt, a.a.O., S. 72 den Versuch, die Leistung der Landesmedienanstalten als gegenüber den Rundfunkteilnehmern gebühren- oder beitragsfähig zu qualifizieren. - Dies gilt auch für die Bayerische Landeszentrale für Neue Medien. Die von ihr als "Trägerin" öffentlich-rechtlichen Rundfunks erbrachten Leistungen unterscheiden sich, was ihre Gebühren- oder Beitragsfähigkeit angeht, nicht wesentlich von der Aufsichtstätigkeit der übrigen Landesmedienanstalten.

101 Die Annahme einer Steuer liegt wegen der haushaltsmäßigen Behandlung (vgl. § 8 Abs. 2 Haushaltsgrundsätzegesetz) fern und wird daher nicht weiter untersucht. Auch für eine Konzeption als Sonderabgabe i.S.d. Rechtsprechung des Bundesverfassungsgerichts spricht angesichts der vielfältigen, ganz unterschiedlichen Verwendungsmöglichkeiten, die der strengen Zweckbindung parafiskalischer Sonderabgaben zuwiderlaufen, wenig. Dieser Gesichtspunkt soll daher ebenfalls nicht weiter verfolgt werden.

### *1. Die Finanzierung der Rundfunkanstalten als Zweck der Rundfunkgebühr*

#### *a) Grundsätzliche Beschränkung auf die Kosten der Programmerstellung*

Ungeachtet ihrer rundfunkverfassungsrechtlichen Stellung als Faktor medienstruktureller Vielfaltssicherung weist die Rundfunkgebühr, abgabenrechtlich gesehen, im Grundsatz keine Besonderheiten auf. Sie verfolgt einen "klassischen" Beitragszweck, nämlich den des Vorteilsausgleichs für das gesendete Programm. Hinsichtlich ihrer Höhe ergibt sich daraus eine Beschränkung auf die durch die Erfüllung des Programmauftrags entstehenden Kosten der Rundfunkanstalten, bzw. genauer, des Teils der Kosten, der nicht durch Werbeeinnahmen bestritten werden soll[102]. Eine andere Bemessung wäre zur Zweckerreichung nicht erforderlich und damit unverhältnismäßig. Der Aufsichtsgroschen wäre also wegen Verstoßes gegen die Informationsfreiheit[103] verfassungswidrig.

#### *b) Erweiterung durch Zuweisung zusätzlicher Aufgaben?*

Die Rechtfertigung für die in Rede stehenden Zuschläge auf die Rundfunkgebühr könnte sich aber aus einer korrespondierenden Aufgabenzuweisung an die Rundfunkanstalten ergeben. Man könnte argumentieren, daß zu den die Gebührenhöhe rechtfertigenden Kosten nicht nur die - ohnehin schwer abgrenzbaren - Ausgaben für die Herstellung und Ausstrahlung des Rundfunkprogramms, sondern auch die Kosten für weitere den Rundfunkanstalten übertragene Aufgaben gehören[104]. So wird auch der Kabelgroschen häufig mit dem Argument

---

102 Wegen der im Rundfunkbereich geltenden Mischfinanzierung läßt sich hier das Kostendeckungsprinzip nur mit dieser Modifikation anwenden. Das verkennt VG München, ZUM 1987, 472, 475.

103 Vgl. oben 4. Abschnitt, B.

104 Vgl. BVerfG NJW 1984, 1871, wo die Belastungen, die der Post durch die Ablieferung nach § 14 PostVerwG (a.F.) entstehen, zu

gerechtfertigt, daß mit den Kabelpilotprojekten - auch - Aufgaben der öffentlich-rechtlichen Rundfunkanstalten wahrgenommen würden[105].

Ein derartiges Vorgehen kann allerdings nicht unbegrenzt zulässig sein, denn sonst wäre es ohne weiteres möglich, den soeben als unzulässig erkannten Einsatz der Vorzugslasten als Finanzierungsquelle für allgemeine Staatsaufgaben über den Umweg entsprechender Aufgabenzuweisungen zu erreichen. Es ist dem Gesetzgeber verwehrt, den Rundfunkanstalten beliebig neue Aufgaben, die mit ihrem Programmauftrag nichts zu tun haben, zuzuweisen, um sie aus den Einnahmen aus der Rundfunkgebühr finanzieren zu lassen[106]. Eine derartige Aufgabenzuweisung rechtfertigt die gezielte Bemessung der Rundfunkgebühr zur Deckung der dadurch entstandenen Mehrkosten nur dann, wenn ein ausreichender Zusammenhang, eine hinreichende Konnexität[107] zum Programmauftrag der Anstalten nachzuweisen ist. Diese Beziehung ist jedoch nicht schon dann gegeben, wenn die Aufgabe etwas mit der Sachmaterie "Rundfunk" im weitesten Sinn zu tun hat, so daß insbesondere die bereits kritisierten Formeln von der "Gesamtveranstaltung" oder "öffentlichen Aufgabe" Rundfunk nicht geeignet sind, die den Einsatz von Gebührenmitteln zu rechtfertigen. Es ist vielmehr detailliert nachzuweisen, welchen Zusammenhang eine den Rundfunkanstalten zugewiesene bzw. von ihnen mitzufinanzierende Aufgabe mit der Programmtätigkeit der Anstalten aufweist.

Ließ sich die Erhebung des Kabelgroschens noch mit dem Gedanken halten, daß die Kabelpilotprojekte auch der Innovationsaufgabe der öffentlich-rechtlichen Rundfunkanstalten dienten, also ebenso wie etwa die Einführung von Farbfernsehen, Stereoton, Videotext, die gleichfalls mit Mitteln aus dem Gebührenaufkommen finanziert wurden, zu den ori-

---

den für die Gebührenbemessung zu berücksichtigenden Kosten gezählt werden.

105 VG München, ZUM 1987, 472, 474 f.; Hümmerich/Beucher, AfP 1989, 708, 715; Oppermann/Kilian, Finanzierung, S. 97.

106 So auch F. Kirchhof, Gebührenflexibilität, S. 51 f. in bezug auf die Post.

107 Oppermann/Kilian, Finanzierung, S. 95 f.

ginären Aufgaben des öffentlich-rechtlichen Rundfunks zählten[108], so daß die entsprechende Aufgabenübertragung[109] an die Rundfunkanstalten nicht zu einer mißbräuchlichen Inanspruchnahme der Rundfunkgebührenzahler für allgemeine Aufgaben führte, kann der Aufsichtsgroschen nicht auf diese Begründung gestützt werden. Die Landesmedienanstalten sind keine Rundfunkanstalten. Der Schwerpunkt ihrer Tätigkeit liegt in der Rechtsaufsicht über die privaten Rundfunkveranstalter. Es handelt sich dabei nicht um eine Aufgabe der öffentlich-rechtlichen Rundfunkanstalten, sondern diese Aufsicht, die die Einhaltung der Gesetze sicherstellen soll, ist, wie jede systematische Beaufsichtigung privaten Handelns, eine allgemeine Staatsaufgabe[110].

### *2. Die Finanzierung der Landesmedienanstalten als zulässige Zweckbestimmung der Rundfunkgebühr*

Die Zweckbestimmung: Finanzierung des Programmauftrags der öffentlich-rechtlichen Rundfunkanstalten rechtfertigt also den Aufsichtsgroschen-Zuschlag auf die Rundfunkgebühr nicht. Damit steht jedoch noch nicht seine verfassungsrechtliche Unzulässigkeit fest, denn der Gesetzgeber könnte der Rundfunkgebühr zulässigerweise eine neue, erweiterte Zweckbestimmung gegeben haben, die neben der Finanzierung der Rundfunkanstalten auch die Finanzierung der Landesmedienanstalten umfaßt[111]. Bei Zugrundelegung dieser Zweckbestimmung ist gegen

---

108 Vgl. Hartstein/Ring/Kreile, Rundfunkstaatsvertrag, Art. 6, Rn. 22; Oppermann/Kilian, a.a.O., S. 97.

109 Wo es an einer derartigen Aufgabenübertragung fehlt (etwa in Berlin), kommt man freilich mit dieser Konstruktion in Schwierigkeiten. Die Übertragung reduziert sich dann auf die finanzielle "Beteiligung", vgl. VG Berlin, ZUM 1986, 685, 687.

110 Schmidt, Rundfunkgebühr, S. 71 ff.; Hümmerich/Beucher, AfP 1989, 708, 715; Oppermann/Kilian, Finanzierung, S. 97 f.

111 Vgl. Fuhr, in: Fuhr/Rudolf/Wasserburg, Recht der Neuen Medien, S. 334, der die Rundfunkgebühr definiert als öffentlich-rechtliche Abgabe zur Finanzierung der Gesamtveranstaltung "öffentlich-rechtlicher Rundfunk" und "öffentlich-rechtliche Rundfunkkontrolle".

die Erhöhung der Rundfunkgebühr um einen 2%igen Anteil aus der Sicht des Zweck-Mittel-Schemas des Verhältnismäßigkeitsgrundsatzes nichts einzuwenden. Die entscheidende Frage ist mithin, ob der Gesetzgeber die Rundfunkgebühr für diesen Zweck einsetzen darf.

*a) Kein Verstoß gegen das Gewinnerzielungsverbot*

Gebühren und Beiträge sind, wie ausgeführt, zweckoffen und dürfen grundsätzlich für alle Ziele, die sich im Rahmen der herangezogenen Gesetzgebungskompetenz halten, verwendet werden. Die Zweckbestimmung: Finanzierung der Landesmedienanstalten hält sich im Rahmen der Rundfunkhoheit der Länder und unterliegt insoweit keinen Bedenken.

Fraglich ist aber, ob, da die Landesmedienanstalten allgemeine Staatsaufgaben wahrnehmen, die Rundfunkgebühr nicht unzulässigerweise zur Erzielung von Gewinnen zur Entlastung des allgemeinen Staatshaushaltes verwendet wird. Denn es kann für die verfassungsrechtliche Beurteilung keinen Unterschied machen, ob Gebührenüberschüsse über den Staatshaushalt zur Deckung des allgemeinen Staatsbedarfs beitragen, oder ob sie unmittelbar den Stellen zugewandt werden, die diese Aufgaben wahrnehmen. Die Landesmedienanstalten dürften dann nicht aus dem Rundfunkgebührenaufkommen finanziert werden, wenn dies nur aus Gründen der Entlastung der Staatsfinanzen geschähe, denn dann würde die Rundfunkgebühr anstelle einer Steuer treten. Das würde aus den bereits dargestellten Gründen[112] zu einer gleichheitswidrigen Doppelbelastung der Rundfunkteilnehmer führen und wäre mithin grundsätzlich verfassungswidrig. Als zulässig könnte die Heranziehung der Rundfunkteilnehmer nur dann erachtet werden, wenn sie in einer besondere Sachnähe zur Aufgabe der Privatrundfunkaufsicht stünden[113]. Diese Frage wird, wie gezeigt[114], im Hinblick auf den Aufsichtsgroschen kontrovers beurteilt. Während die Befür-

---

112 Oben B III 2.

113 Vgl. oben B III 2.

114 Oben 2. Abschnitt, C II.

worter des Aufsichtsgroschen diese Sachnähe bejahen, weil die Aufsicht des Privatrundfunks im Interesse der Rundfunkteilnehmer erfolge[115], sehen die Gegner des Zuschlags eine besondere Sachnähe zu der allgemeinen Aufgabe der Rundfunkaufsicht gerade nicht als gegeben an[116]. Tatsächlich ist es sehr zweifelhaft, ob allein die Tatsache, daß die staatliche Beaufsichtigung privaten Handelns im Interesse einer bestimmten gesellschaftlichen Gruppe erfolgt, geeignet ist, eine besondere Verantwortlichkeit oder Sachnähe dieser Personen zu begründen. Mit dieser Argumentation könnte der Kreis der zulässigen Sonderabgaben unabsehbar ausgedehnt werden; so wäre es möglich, Bank- oder Versicherungskunden zur Finanzierung der Bank- oder Kreditaufsicht heranzuziehen.

Bei genauerer Betrachtung kommt es auf das Problem der besonderen Sachnähe jedoch nicht an. Die Länder verfolgen mit der Gebührenfinanzierung des Sach- und Personalaufwandes der Landesmedienanstalten das Ziel, deren Staatsunabhängigkeit durch eine möglichst staatsferne Finanzierung zu verstärken. Die Anstalten sollen gerade nicht von Mittelzuweisungen aus dem allgemeinen Staatshaushalt abhängen. Die Alternative einer Finanzierung aus dem Staatshaushalt, vor deren Hintergrund das Kriterium der besonderen Sachnähe zu sehen ist[117], besteht also nicht, so daß von einer möglicherweise unzulässigen Steuerkonkurrenz nicht gesprochen werden kann.

Es handelt sich hierbei um eine Besonderheit des Rundfunkwesens, denn das Gebot der Staatsfreiheit in bezug auf die Finanzierung ist in dieser ausgeprägten Form nur für den Rundfunk anerkannt. Diese Anomalie führt dazu, daß im Rundfunkbereich typisches Finanzierungs-

---

115 So Hartstein/Ring/Kreile, Rundfunkstaatsvertrag, Art. 6, Rn. 22.

116 Vgl. Schmidt, MP 1986, 162, 169 f.; ders., Rundfunkgebühr. S. 72 ff.; ebenso Stender-Vorwachs, Staatsferne und Gruppenferne, S. 177; Hümmerich/Beucher, AfP 1989, 708, 715; i.E. auch Oppermann/Kilian, Finanzierung, S. 97 f.

117 Vgl. dazu zuletzt BVerfG NVwZ 1991, 53, 54 sowie aus der Lit. Mußgnug, in: FS Forsthoff, S. 259, 269, 271; Patzig, DÖV 1981, 729, 744; Jarass, DÖV 1989, 1013, 1015 ff.

mittel nicht die Steuer, sondern die Rundfunkgebühr ist. Das hat insofern Auswirkungen auf die Gleichheitsprüfung, als die Belasteten den Gesetzgeber nicht auf die Regelfinanzierungsform Steuer verweisen können. Zur Rechtfertigung dafür, daß eine staatliche Tätigkeit, die für die mit einer Abgabe belasteten Bürger keine gebühren- oder beitragsfähigen Effekte aufweist, nicht, wie es dem Gebot der steuerlichen Lastengleichheit eigentlich entspräche, aus dem Staatshaushalt finanziert wird, kann der spezifische Grundsatz der Staatsfreiheit herangezogen werden. Er bildet das Differenzierungsziel, im Hinblick auf welches die Ungleichbehandlung der Rundfunkteilnehmer im Verhältnis zu den übrigen Steuerzahlern zu rechtfertigen ist, denn die Heranziehung der Rundfunkteilnehmer ist ein geeignetes Mittel zur Verwirklichung des Differenzierungsziels[118].[119]

*b) Sachgerechte Abgrenzung der belasteten Gruppe*

Damit ist die Möglichkeit eines Gleichheitsverstoßes jedoch noch nicht ausgeräumt, denn das Regelungsziel der staatsfreien Finanzierung rechtfertigt zwar, daß nicht Steuermittel eingesetzt werden, besagt aber noch nichts darüber aus, welche gesellschaftliche Gruppe heranzuziehen ist. Der Grundsatz der Staatsfreiheit entbindet den Gesetzgeber nicht davon, den Kreis der zu Belastenden sachgerecht abzugrenzen. Nachdem die Rundfunkgebühr das Institut zur Finanzierung

---

118 Vgl. zur Bedeutung des vom Gesetzgeber selbst zu bestimmenden Differenzierungsziels für die Gleichheitsprüfung insbes. Stein, Staatsrecht, 12. Aufl. 1990, S. 239 f.; weiter Podlech, Gehalt und Funktionen des allgemeinen verfassungsrechtlichen Gleichheitssatzes, 1971, S. 109 ff.; Gusy, JuS 1982, 30, 34.

119 Es läßt sich insoweit eine gewisse Ähnlichkeit zu Abgaben mit interventionistischer Zielsetzung ausmachen, wo die durch den Lenkungszweck bedingte unterschiedliche Heranziehung Abgabepflichtiger oft dem Grundsatz der Lastengleichheit nicht entspricht. Dieser Gleichheitsverstoß wird jedoch durch den Interventionszweck, der anders nicht zu verwirklichen ist, überwunden. Vgl. hierzu Merkt, Die mitgliedschaftsbezogene Abgabe des öffentlichen Rechts, 1990, S. 93; weiter Selmer, Steuerinterventionismus und Verfassungsrecht, S. 358; Wendt, Gebühr, S. 152.

staatsfrei wahrzunehmender Aufgaben im Rundfunkbereich ist, spricht allerdings gleichsam eine Vermutung für die Zulässigkeit der Verwendung der Rundfunkgebühr zu diesem Zweck, zumal ein Aufschlag auf eine bereits bestehende Abgabe angesichts der geringen Höhe des auf den einzelnen Abgabepflichtigen fallenden Betrages auch durch Gründe der Verwaltungspraktikabilität gerechtfertigt ist[120]. Ein willkürliches Herausgreifen der Gruppe der Rundfunkteilnehmer wäre nur dann anzunehmen, wenn es möglich wäre, eine andere gesellschaftliche Gruppe (außer der Gesamtheit der Steuerzahler) heranzuziehen, die der zu finanzierenden Aufgabe evident nähersteht als die Rundfunkgebührenzahler[121]. In diesem Fall wäre das vom Gesetzgeber gewählte Differenzierungskriterium (Bereithalten eines Rundfunkgerätes) dem Differenzierungsziel nicht angemessen[122].

Als eine solche Gruppe könnte man möglicherweise die Privatrundfunkveranstalter ansehen. Das mag jedoch dahinstehen: Selbst wenn man eine derartige besondere Verantwortung der Rundfunkveranstalter bejahte, könnte ein Verstoß gegen den Gleichheitsgrundsatz nicht festgestellt werden, denn die Differenzierung zwischen diesen beiden Gruppen ist im Hinblick auf das andere mit dem Aufsichtsgroschen verfolgte gesetzgeberische Ziel: veranstalterunabhängige Finanzierung der Landesmedienanstalten sachgerecht. Würden die Landesmedienanstalten ihren Aufwand vorwiegend aus Abgaben der Privaten decken, würde dies zu einer verfassungsrechtlich bedenklichen Abhängigkeit von ihnen führen[123]. Diese bedenkliche Konsequenz sollte jedoch gerade durch die Finanzierung aus der Rundfunkgebühr vermieden werden.

---

120 Zur Verwaltungspraktikabilität und Ungleichbehandlung vgl. BVerfGE 44, 283, 288; 48, 227, 238.

121 Zur Rechtfertigung des Zurückgreifens auf dieses Sonderabgabenkriterium vgl. Anm. 95.

122 Vgl. Stein, a.a.O., S. 240; Gusy, a.a.O., S. 34. - Diese Nichtangemessenheit würde einen Verstoß gegen das Willkürverbot begründen.

123 Vgl. oben 4. Abschnitt, D I.

Nachdem nicht ersichtlich ist, welche andere gesellschaftliche Gruppe außer derjenigen der Rundfunkteilnehmer sinnvollerweise in Anspruch genommen werden könnte, liegt daher ein Gleichheitsverstoß nicht vor.

## *Zusammenfassung wichtiger Ergebnisse*

1. Die Eigenart des Instituts der Rundfunkgebühr ist aus seiner freiheitssichernden Funktion für die öffentlich-rechtlichen Rundfunkanstalten zu begreifen. Seine Bedeutung erschöpft sich nicht in der Erzielung von Einnahmen, sondern liegt in seinen stabilisierenden Auswirkungen, die es als Faktor medienstruktureller Vielfaltssicherung ausweisen.

2. Die Verwendung eines Teils der Rundfunkgebühr für Zwecke der Privatrundfunkaufsicht verstößt nicht gegen die Rundfunkfreiheit der Rundfunkanstalten, solange deren funktionsgerechte Finanzierung nicht beeinträchtigt ist.

3. Die Erhebung einer Rundfunkgebühr von allen Betreibern eines Rundfunkempfangsgerätes stellt sich im dualen System als Beschränkung der Informationsfreiheit der Rundfunkteilnehmer dar. An die Rechtfertigung der Abgabe sind daher besondere Anforderungen zu stellen mit der Konsequenz, daß eine beliebige Verwendung des Gebührenaufkommens unzulässig ist.

4. Die Sicherstellung der funktionsgerechten Finanzierung der öffentlich-rechtlichen Rundfunkanstalten als Voraussetzung für die Wahrnehmung der unerläßlichen Grundversorgung im dualen System rechtfertigt es, von allen Rundfunkteilnehmern eine Rundfunkgebühr zu erheben.

5. Wegen der verfassungsrechtlichen Notwendigkeit einer staats- und veranstalterunabhängigen Finanzierung der Landesmedienanstalten ist es gerechtfertigt, einen Teil des Rundfunkgebührenaufkommens für ihre Finanzierung zu verwenden.

6. Die Rundfunkgebühr einschließlich besonderer zweckgebundener Anteile ist finanzrechtlich als Beitrag zu qualifizieren.

7. Die Verwendung eines Teils der Rundfunkgebühr für die Landesmedienanstalten verstößt weder gegen abgabenrechtliche Prinzipien noch gegen den Gleichheitsgrundsatz. Die Mehrbelastung der Rundfunkteilnehmer ist durch die Zielsetzung des Aufsichtsgroschens gerechtfertigt.

## *Literaturverzeichnis*


Alexy, Robert: Theorie der Grundrechte, Baden-Baden 1985.

Armbruster, Hubert / Schneider, Peter: Rechtsgutachten zum Staatsvertrag über die Errichtung der Anstalt "Zweites Deutsches Fernsehen", Mainz 1965.

Arndt, Hans-Wolfgang: Lenkung durch Steuern und sonstige Abgaben auf dem Gebiet des Wirtschaftsverwaltungsrechts - Bestandsaufnahme und Perspektiven -, WiVerw. 1990, 1 ff.

Bachof Otto / Kisker, Gunter: Rechtsgutachten zur Verfassungsmäßigkeit des Staatsvertrages über die Errichtung der Anstalt "Zweites Deutsches Fernsehen", Mainz 1965.

Bachof, Otto / Rudolf, Walter: Verbot des Werbefernsehens durch Bundesgesetz?, Frankfurt a. M., Berlin 1966 (zitiert: Bachof/Rudolf, Verbot des Werbefernsehens).

Badura, Peter: Verfassungsrechtliche Bindungen der Rundfunkgesetzgebung. Die Freiheit des Rundfunks und die saarländische Gesetzgebung über private Veranstalter von Rundfunksendungen, Frankfurt a. M., Berlin 1980 (zitiert: Badura, Verfassungsrechtliche Bindungen).

\- Rundfunkfreiheit und Finanzautonomie, Frankfurt a. M., Berlin 1986 (zitiert: Badura, Finanzautonomie).

\- Gleichgewichtige Vielfalt im dualen System des Rundfunks, JA 1987, 180 ff.

\- Zur Frage der Zulässigkeit von Fördermaßnahmen zugunsten privater Anbieter, die aus dem Aufkommen der Rundfunkgebühr finanziert werden, ZUM 1988, 155 ff.

Battis, Ulrich: Systemgerechtigkeit, in: Rolf Stödter / Werner Thieme (Hrsg.): Hamburg - Deutschland - Europa, Festschrift für Hans Peter Ipsen zum siebzigsten Geburtstag, Tübingen 1977, S. 11 ff. (zitiert: Battis, in: FS Ipsen).

Beckmann, Hartmut: Verfassungsrechtsfragen im Grenzbereich zwischen Steuern und besonderen Abgaben, Jur. Diss. Köln, 1976.

Berg, Klaus: Weichenstellung. Das Niedersachsen - Urteil als Leitlinie der künftigen Rundfunkordnung, MP 1986, 689 ff.

- Grundversorgung. Begriff und Bedeutung im Verhältnis von öffentlich-rechtlichem und privatem Rundfunk nach der neueren Rechtsprechung des Bundesverfassungsgerichts, AfP 1987, 457 ff.

Bethge, Herbert: Die verfassungsrechtliche Problematik der Zulassung von Rundfunkveranstaltern des Privatrechts. Rechtsgutachten aus Anlaß der konkreten Normenkontrolle über die Verfassungsmäßigkeit der §§ 38 - 46e des saarländischen Rundfunkgesetzes, München 1981.

- Der verfasungsrechtliche Stellenwert der Werbung im öffentlich-rechtlichen Rundfunk, MP 1983, 690 ff.

- Rundfunkfreiheit und privater Rundfunk. Eine rechtsgutachtliche Untersuchung der Verfassungsmäßigkeit des niedersächsischen Landesrundfunkgesetzes vom 23. Mai 1984, Frankfurt a. M., Berlin 1985.

- Verfassungsrechtsprobleme der Privatfunkgesetzgebung, JZ 1985, 308 ff.

- Zur Frage einer staatlichen Bestands- und Entwicklungsgarantie für den öffentlich-rechtlichen Rundfunk, JöR 35 (1986), 103 ff.

- Die Verfassungsmäßigkeit des Bayerischen Medienerprobungs- und -entwicklungsgesetzes (MEG), ZUM 1986, 255 ff.

- Der verfassungsrechtliche Standort des öffentlich-rechtlichen Rundfunks - Rechtsgutachten über die Verfassungsmäßigkeit des WDR-Gesetzes vom 19. März 1985, Frankfurt a. M., Berlin 1987 (zitiert: Bethge, Der verfassungsrechtliche Standort).

- Rundfunkfreiheit in der Perspektive von Bundes- und Landesverfassungsgerichtsbarkeit. Anmerkungen zum Urteil des Bundesverfassungsgerichts vom 4. Nov. 1986 und zur Entscheidung des Bayerischen Verfassungsgerichtshofes vom 21. Nov. 1986, ZUM 1987, 199 ff.

- Rundfunkfreiheit und öffentlich-rechtlicher Organisationsvorbehalt. Die Verfassungsmäßigkeit des Bayerischen Medienerprobungs- und -entwicklungsgesetzes (MEG), Baden-Baden 1987.

- Zur Existenz und Relevanz eines Finanzgewährleistungsanspruchs einer Rundfunkanstalt gegen den Staat, DöV 1988, 97 ff.

- Die "gespaltene" Rundfunkgebühr, DöV 1990, 629 ff.

- Die Problematik des Gesetzesvorbehalts bei der Finanzierung des öffentlich-rechtlichen Rundfunks, NJW 1990, 2451 ff.

- Grundprobleme einer Spaltung der Rundfunkgebühr. Zur Finanzierung des öffentlich-rechtlichen Rundfunks im kooperativen Bundesstaat. Rechtsgutachten, erstattet auf Ansuchen des Zweiten Deutschen Fernsehens, Mainz 1990 (zitiert: Bethge, Spaltung der Rundfunkgebühr).

Bettermann, Karl-August: Legislative ohne Posttarifhoheit. Beiträge zu Art. 80 Grundgesetz. Rechtsgutachten über die Verfassungsmäßigkeit des § 14 Postverwaltungsgesetz, Frankfurt a. M., Berlin 1967 (zitiert: Bettermann, Posttarifhoheit).

Bleckmann, Albert: Staatsrecht II. Allgemeine Grundrechtslehren, 3. Aufl., Köln, Berlin, Bonn, München 1989 (zitiert: Bleckmann, Allgemeine Grundrechtslehren).

Bodenheim, Dieter G.: Der Zweck der Steuer. Verfassungsrechtliche Untersuchung zur dichotomischen Zweckformel fiskalisch - nichtfiskalisch, Baden-Baden 1979.

Boley, Peter: Gebühren und Beiträge, Tübingen 1977.

Bonner Kommentar, Kommentar zum Bonner Grundgesetz, Heidelberg, Stand September 1989 (zitiert: Bearbeiter, in: Bonner Kommentar).

Bork, Reinhard: Werbung im Programm. Zur wettbewerbsrechtlichen Haftung der Fernsehanbieter für unzulässige Werbung im Fernsehprogramm, München 1988.

Brodersen, Carsten: Nichtfiskalische Abgabe und Finanzverfassung, in: Klaus Vogel / Klaus Tipke (Hrsg.): Verfassung, Verwaltung, Finanzen. Festschrift für Gerhard Wacke zum 70. Geburtstag, Köln 1972, S. 103 ff. (zitiert: Brodersen, in: FS Wacke).

Brunner, Georg: Kontrolle in Deutschland. Eine Untersuchung zur Verfassungsordnung in beiden Teilen Deutschlands, Köln 1972.

Bühringer, Heinz: Gründe für ein neues Verfahren zur Festsetzung der Rundfunkgebühren, MP 1985, 1 ff.

- Anmerkungen zur Erwiderung von Hanns-Eberhard Schleyer, MP 1985, 358 ff.

Bullinger, Martin: Elektronische Medien als Marktplatz der Meinungen - Abschied vom Modell harmonisierender Meinungspflege durch gewaltenaufteilende Presse- u. Rundfunkunternehmen, AöR 108 (1983), 161 ff.

- Urteilsanmerkung zum Beschluß des Bundesverfassungsgerichts vom 24.3.87, JZ 1987, 928 ff.

Bullinger, Martin / Eigler, Gunther / Külp, Bernhard / Lehmann, Karl / Schlier, Christoph: Die elektronische Herausforderung, Freiburg i. Br. 1985.

Burkhard, Hermann: Öffentlich-rechtliche Antennenverbote: Erscheinungsformen und verfassungsrechtliche Probleme, Jur. Diss. Mainz 1988.

Clausen, Gerhard: Das gebührenrechtliche Kostendeckungsprinzip, Frankfurt a. M., Bern, New York, Paris 1987 (zitiert: Clausen, Kostendeckungsprinzip).

Degenhart, Christoph: Bayern auf dem Weg zur dualen Rundfunkordnung? Bayerisches Medienerprobungs- und -entwicklungsgesetz, Bayerische Verfassung und Grundgesetz. - Zur Entscheidung des BayVerfGH vom 21.11.1986, AfP 1987, 371 ff.

- Öffentlich-rechtlicher und privater Rundfunk im dualen Rundfunksystem, ZUM 1988, 47 ff.

- Rundfunkfreiheit, Rundfunkorganisation und Rundfunkaufsicht in Baden-Württemberg. Kompetenzen der Landesanstalt für Kommunikation gegenüber Programmbeiräten privater Rundfunkveranstalter, AfP 1988, 327 ff.

Ehle, Dietrich: Die verfassungsrechtliche Bedeutung des Kostendekkungsprinzips im Gebührenrecht, DÖV 1962, 45 ff.

Eichholz, Rainer / Süßenbach, Uwe: Die Finanzierung des Hessischen Rundfunks, in: Walter Hadding / Uwe H. Schneider (Hrsg.): Organisation und Finanzierung der Rundfunkanstalten, Teil 1, Berlin 1990.

Enz, Winfried: Programmauftrag und Einschaltquote, ZUM 1987, 58 ff.

Expertenkommission Neue Medien Baden-Württemberg: Abschlußbericht Band I: Bericht und Projektempfehlungen, Stuttgart 1981 (zitiert: EKM, Abschlußbericht Bd. 1).

Eyben, Bodo: Die Abgabenform des Beitrages und ihre praktischen Schwerpunkte, Jur. Diss. Göttingen 1969 (zitiert: Eyben, Beitrag).

Feigenbutz, Gerhard: Die Bindungen des Post- und Fernmeldewesens an und durch das Rechtsinstitut der Gebühr. Versuch eines Beitrages zu den Post- und Fernmeldegebühren, Berlin 1977 (zitiert: Feigenbutz, Post- und Fernmeldewesen).

Fleiner, Fritz: Institutionen des Deutschen Verwaltungsrechts, 8. Aufl., Tübingen 1928 (2. Neudruck 1960).

Forsthoff, Ernst: Über Maßnahme-Gesetze, in: Otto Bachof / Martin Drath / Otto Gönnewein / Ernst Walz (Hrsg): Forschungen und Berichte aus dem öffentlichen Recht. Gedächtnisschrift für Walter Jellinek, 2. unveränderte Aufl., München 1955, S. 221 ff. (zitiert: Forsthoff, in: FS Jelinek).

Frank, Götz: Meinungsvielfalt nach den Privatrundfunkgesetzen der Bundesländer, KJ 1985, 272 ff.

- Inhaltlicher Binnenpluralismus als Übergang oder Alternative zum Außenpluralismus? Anmerkungen zum Niedersächsischen Landesrundfunkgesetz, Publizistik 1985, 346 ff.

- Die administrative Substituierung des Außenpluralismus im Landesmediengesetz Baden-Württemberg, ZUM 1986, 187 ff.

Friauf, Karl-Heinrich: Öffentliche Sonderlasten und Gleichheit der Steuerbürger, in: Festschrift für Hermann Jahrreiß zum 80. Geburtstag (Hrsg.: Institut für Völkerrecht und ausländisches öffentliches Recht der Universität zu Köln), Köln, Berlin, Bonn, München 1974, S. 45 ff. (zitiert: Friauf, in: FS Jahrreiß).

- Zur Zulässigkeit von außersteuerlichen Sonderabgaben, in: Günter Schmölders / Günther Wöhe / Edwin H. Buchholz (Hrsg.): Der Bürger als Objekt der staatlichen Finanzpolitik. Festschrift für Willi Haubrichs zum 65. Geburtstag, 2. Aufl., Bad Wörishofen 1977, S. 103 ff. (zitiert: Friauf, in: FS Haubrichs).

Fromm, Markus: Zur Frage der Staatsaufsicht über Rundfunkanstalten. Rechtsprobleme eines rundfunkrechtlichen Aufsichtsstreitverfahrens, FuR 1980, 414 ff.

Fuhr, Ernst: ZDF-Staatsvertrag, 2. Aufl., Mainz 1985.

Fuhr, Ernst / Krone, Gunnar: Interdependenzen zwischen Gebühren- und Werbeeinnahmen auf dem Gebiet der Rundfunkfinanzierung, AfP 1984, 141 ff.

Fuhr, Ernst / Rudolf, Walter / Wasserburg, Klaus (Hrsg.): Recht der Neuen Medien. Ein Handbuch, Heidelberg 1989 (zitiert: Bearbeiter, in: Fuhr/Rudolf/Wasserburg, Recht der Neuen Medien).

Gall, Andreas: Die Rundfunkgebühr - Garant der dualen Rundfunkordnung, ZUM 1991, 167 ff.

Gallwas, Hans-Ullrich: Faktische Beeinträchtigungen im Bereich der Grundrechte. Ein Beitrag zum Begriff der Nebenwirkungen, Berlin 1970.

Gehrhardt, Erwin: Zum Begriff der Informationsfreiheit, AfP 1974, 689 ff.

Geiger, Willi: Die Grundrechte der Informationsfreiheit, in: Horst Ehmke / Carlo Schmid / Hans Scharoun (Hrsg.): Festschrift für Adolf Arndt zum 65. Geburtstag, Frankfurt a. M. 1969, S. 119 ff. (zitiert: Geiger, in: FS Arndt).

Gentz, Manfred: Zur Verhältnismäßigkeit von Grundrechtseingriffen, NJW 1968, 1600 ff.

Giani, Paul Leo: Umfassende Rechteübertragungen als tendentielle Einschränkung von Rundfunkfreiheit. Zum Unterschied zwischen Gebührenmitteln nach Art. 3 und Art. 6 Rundfunkstaatsvertrag, ZUM 1990, 400 ff.

Grabitz, Eberhard: Der Grundsatz der Verhältnismäßigkeit in der Rechtsprechung des Bundesverfassungsgerichts, AöR 98 (1973), 568 ff.

Grawert, Rolf: Rundfunkordnung für das Land Nordrhein-Westfalen im Spiegel der Verfassungsrechtsprechung, AfP 1986, 277 ff.

Grimm, Dieter: Verfassungsrechtliche Perspektiven einer dualen Rundfunkordnung. Zum vierten Fernsehurteil des Bundesverfassungsgerichts, RuF 1987, 25 ff.

Groß, Rolf: Zur Zulassung privatwirtschaftlicher Rundfunkveranstalter, DöV 1984, 140 ff.

- Zu den neuen Landesmediengesetzen, DVBl. 1985, 353 ff.

- Medienlandschaft im Umbruch, Wiesbaden 1986.

Grupp, Alfred: Grundfragen des Rundfunkgebührenrechts, Frankfurt a. M., Berlin 1983 (zitiert: Grupp, Rundfunkgebührenrecht).

- Der "Kabelgroschen", FuR 1984, 283 ff.

Gusy, Christoph: Der Gleichheitsschutz des Grundgesetzes, JuS 1982, 30 ff.

Hansmeyer, Karl-Heinrich / Fürst, Dietrich: Die Gebühren. Zur Theorie eines Instrumentariums der Nachfragelenkung bei öffentlichen Leistungen, Stuttgart, Köln, Berlin, Mainz 1968 (zitiert: Hansmeyer/Fürst, Die Gebühren).

Hartstein, Reinhard: Fragen der aktuellen medienpolitischen und medienrechtlichen Situation, BayVBl. 1985, 106 ff.

Hartstein, Reinhard / Ring, Wolf-Dieter / Kreile, Johannes: Rundfunkstaatsvertrag, Kommentar zum Staatsvertrag der Länder zur Neuordnung des Rundfunkwesens, München 1989.

Hasper, Dietrich H.: Ohne Gebührenhoheit keine Rundfunkfreiheit für ö.-r. Rundfunk, ZUM 1989, 176 ff.

Hecker, Wolfgang: Das 4. Rundfunkurteil des Bundesverfassungsgerichts, DuR 1987, 65 ff.

Hedtkamp, Günter: Lehrbuch der Finanzwissenschaft, Neuwied, Berlin 1968 (zitiert: Hedtkamp, Finanzwissenschaft).

Heidel, Thomas: Verfassungsfragen der Finanzierung von Privatfunk durch Werbung, Baden-Baden 1988 (zitiert: Heidel, Verfassungsfragen der Finanzierung).

Hempell, Wolfgang: Postverfassungsrecht, in: Joachim Delfs (Hrsg.): Der Dienst bei der Deutschen Bundespost. Postleitfaden Band 4: Organisation - Wirtschaftsführung - Verwaltung, Teil 1, Heidelberg 1983 (zitiert: Hempell, Postverfassungsrecht).

Hendriks, Birger: Verfassungsrechtliche Probleme des Niedersächsischen Landesrundfunkgesetzes, MP 1984, 433 ff.

Henseler, Paul: Legitimation und Begriffsmerkmale von Sonderabgaben, Baden-Baden 1984

Herrmann, Günter: Die Rundfunkanstalt, AöR 90 (1965), 286 ff.

- Fernsehen und Hörfunk in der Bundesrepublik Deutschland. Zugleich ein Beitrag zu weiteren allgemeinen verfassungsrechtlichen und kommunikationsrechtlichen Fragen, Tübingen 1975.

Hesse, Albrecht: Die Organisation privaten Rundfunks in der Bundesrepublik - Die Konzeption der Landesmediengesetze vor dem Hintergrund der Rechtsprechung des Bundesverfassungsgerichts - , DöV 1986, 177 ff.

- Rundfunkrecht, München 1990.

- Anmerkung zum Urteil des Bundesverfassungsgerichts vom 5.2.1991 (sechstes Rundfunkurteil), JZ 1991, 357 ff.

Hesse, Konrad: Grundzüge des Verfassungsrechts der Bundesrepublik Deutschland, 17. Aufl., Heidelberg 1990 (zitiert: K. Hesse, Verfassungsrecht).

Hettlage; Karl M.: Stichwort "Beiträge", in: Erwin v. Beckerath u.a. (Hrsg.): Handwörterbuch der Sozialwissenschaften, Band 1, Stuttgart, Tübingen, Göttingen 1956, S. 727 ff. (zitiert: Hettlage, in: HdSW Bd. 1).

Heun, Werner: Die Sonderabgaben als verfassungsrechtlicher Abgabetypus. Zur Sonderabgabenrechtsprechung des BVerfG, DVBl 1990, 666 ff.

Heydt; Volker: Rundfunkfinanzierung aus dem Staatshaushalt, AöR 100 (1975), 584 ff.

Hilf, Willibald: Die finanzielle Situation der öffentlich-rechtlichen Rundfunkanstalten, in: Klaus Lüder (Hrsg.): Rundfunk im Umbruch: Stand und Entwicklung der finanziellen und wirtschaftlichen Situation der öffentlich-rechtlichen Rundfunkanstalten, Berlin 1985, S. 27 ff.

Hirschberg, Lothar: Der Grundsatz der Verhältnismäßigkeit, Göttingen 1981.

Hoffmann-Riem, Walter: Rundfunkfreiheit durch Rundfunkorganisation. Anmerkungen zur Neufassung des Radio Bremen-Gesetzes, Frankfurt a. M., Berlin 1979.

- Medienfreiheit und der außenplurale Rundfunk, AöR 109 (1984), 304 ff.

- Deregulierung als Konsequenz des Marktrundfunks - Vergleichende Analyse der Rundfunkrechtsentwicklung in den USA - , AöR 110 (1985), 528 ff.

- Antrag gemäß Art. 93 Abs. 1 Nr. 2 GG von 197 Mitgliedern des Deutschen Bundestages vom 6.11.1984, in: Wolfgang Hoffmann-Riem/Christian Starck (Hrsg.): Das Niedersächsische Rundfunkgesetz vor dem Bundesverfassungsgericht. Dokumentation der Schriftsätze und des Urteils vom 4. Nov. 1986, Baden-Baden 1987, S. 41 ff. (zitiert: Hoffmann-Riem, Antragsschrift).

- Urteilsanmerkung zum Beschluß des BayVGH v. 6.7.1988, JZ 1989, 247 ff.

- Rundfunkaufsicht auf der Schwelle zur Deregulierung, RuF 1989, 215 ff.

- Möglichkeiten und Effektivität der Rundfunkaufsicht, in: Rundfunkaufsicht, Band 3, Rundfunkaufsicht in vergleichender Analyse; Band 16/III der Begleitforschung des Landes Nordrhein-Westfalen zum Kabelpilotprojekt Dortmund, Düsseldorf 1989, S. 209 ff. (zitiert: Hoffmann-Riem, in: Rundfunkaufsicht, Bd. 3).

Hümmerich, Klaus: Buchbesprechung zu Walter Schmidt: Die Rundfunkgebühr in der dualen Rundfunkordnung, RuF 1990, 277 f.

Hümmerich, Klaus / Beucher, Klaus: Rundfunkfinanzierung auf dem Prüfstand. Parameter anstehender Rundfunkurteile des Bundesverfassungsgerichts, AfP 1989, 708 ff.

Ipsen, Hans Peter: Die Rundfunkgebühr. Ein Beitrag zur Rundfunkdiskussion, Hamburg 1958.

- Mitbestimmung im Rundfunk. Verfassungsfragen zur Mitbestimmung durch Belegschaftsvertreter in den Aufsichtsgremien der Rundfunkveranstalter, Frankfurt a. M., Berlin 1972.

Isensee, Josef: Umverteilung durch Sozialversicherungsbeiträge. Eine finanzverfassungsrechtliche Studie über den Solidarausgleich in der Gesetzlichen Krankenversicherung, Berlin 1973.

- Steuerstaat als Staatsform, in: Rolf Stödter / Werner Thieme (Hrsg.): Hamburg - Deutschland - Europa, Festschrift für Hans Peter Ipsen zum siebzigsten Geburtstag, Tübingen 1977, S. 409 ff. (zitiert: Isensee, in: FS Ipsen).

Isensee, Josef / Kirchhof, Paul (Hrsg.): Handbuch des Staatsrechts der Bundesrepublik Deutschland, Band 1, Grundlagen von Staat und Verfassung, Heidelberg 1987.

- Handbuch des Staatsrechts der Bundesrepublik Deutschland, Band 6, Freiheitsrechte, Heidelberg 1989.

Jarass, Hans, D: Die Freiheit der Massenmedien. Zur staatlichen Einwirkung auf Presse, Rundfunk, Film und andere Medien, Baden-Baden 1978.

- Die Freiheit des Rundfunks vom Staat. Gremienbesetzung, Rechtsaufsicht, Genehmigungsvorbehalte, staatliches Rederecht und Kooperationsformen auf dem verfassungsrechtlichen Prüfstand, Berlin 1981 (zitiert: Jarass, Die Freiheit des Rundfunks).

- Die neuen Privatrundfunk-Gesetze im Vergleich, ZUM 1986, 303 ff.

- In welcher Weise empfiehlt es sich, die Ordnung des Rundfunks und sein Verhältnis zu anderen Medien - auch unter dem Gesichtspunkt der Harmonisierung zu regeln? Gutachten G für den 56. Deutschen Juristentag, in: Verhandlungen des 56. Deutschen Juristentages 1986, Band 1, München 1986 (zitiert: Jarass, Gutachten G zum 56. DJT).

- Verfassungsrechtliche Grenzen für die Erhebung nichtsteuerlicher Abgaben, DÖV 1989, 1013 ff.

Kantzenbach, Erhard: Mehr Wettbewerb im Rundfunk? in: Klaus Lüder (Hrsg.): Rundfunk im Umbruch: Stand und Entwicklung der finanziellen und wirtschaftlichen Situation der öffentlich-rechtlichen Rundfunkanstalten, Berlin 1985, S. 161 ff.

Kaufmann, Arthur: Analogie und Natur der Sache. Zugleich ein Beitrag zur Lehre vom Typus, 2. Aufl., Heidelberg 1982.

Kewenig, Wilhelm A.: Zu Inhalt und Grenzen der Rundfunkfreiheit, Berlin 1978.

Kirchhof, Ferdinand: Die Höhe der Gebühr. Grundlagen der Gebührenbemessung, Berlin 1981 (zitiert: F. Kirchhof, Gebühr).

- Die Verleihungsgebühr als dritter Gebührentyp. - Zugleich ein Beitrag zu ihrer Eignung als Umweltabgabe, DVBl 1987, 554 ff.

- Gebührenflexibilität der Deutschen Bundespost. Ein Beitrag zu den Entgeltformen und dem finanziellen Spielraum im deutschen Postwesen, Baden-Baden 1988 (zitiert: F. Kirchhof, Gebührenflexibilität).

- Vom Steuerstaat zum Abgabenstaat?, Die Verw. 1988, 137 ff.

Kirchhof, Paul: Die Finanzierung des Leistungsstaates. Die verfassungsrechtlichen Grenzen staatlicher Abgabenhoheit, Jura 1983, 505 ff.

- Die verfassungswidrige Investitionshilfeabgabe im System der öffentlichen Abgaben, ZIP 1984, 1423 ff.

Klein, Hans H.: Die Rundfunkfreiheit, München 1978.

Kloepfer, Michael: Die lenkende Gebühr, AöR 97 (1972), 232 ff.

- Zur aufschiebenden Wirkung von Rechtsbehelfen gegen Abwasserbescheide. - Zugleich ein Beitrag zur Rechtsnatur der Abwasserabgabe -, JZ 1983, 742 ff.

Knemeyer, Franz-Ludwig: Anmerkung zum Urteil des BVerwG vom 15.3.1968 (BVerwGE 29, 214), DVBl 1968, 922 ff.

Kollek, Andreas: Rechtsfragen der Rundfunkfinanzierung, Frankfurt a. M., Bern, New York, Paris 1987 (zitiert: Kollek, Rundfunkfinanzierung).

Kommentar zum Grundgesetz für die Bundesrepublik Deutschland, Band 1, Reihe Alternativkommentare (Gesamtherausgeber: Rudolf Wassermann), 2. Aufl., Neuwied, Darmstadt 1989 (zitiert: Bearbeiter, in: Alternativkommentar GG).

Konrad, Walter: Zur Zahlungspflicht bei der Fernsehgebühr, FuR 1968, 197 ff.

- Wer ist Gläubiger der Fernsehgebühr, FuR 1968, 289 ff.

Kopper, Gerd G.: Gebührenfinanzierung als Steuerungsfeld der Rundfunkpolitik. Zur rundfunkpolitischen und rundfunkökonomischen Diskussion um ein Indexierungsverfahren zur Festsetzung der Gebühren für den öffentlich-rechtlichen Rundfunk, RuF 1991, 55 ff.

Krafczyk, Wolfgang: Ausländische Rundfunksendungen als "allgemein zugängliche Quellen" im Sinne des Art. 5 Abs. 1 Grundgesetz, München 1983 (zitiert: Krafczyk, Ausländische Rundfunksendungen).

Kratzer, Jakob: Urteilsanmerkung zum Urteil des BayVGH vom 24.11.1966, BayVBl 1967, 65, in: BayVBl 1967, 66 ff.

Kreft, Gerhard: Die begriffliche Abgrenzung von Steuer und Gebühr, Jur. Diss. Göttingen 1968.

Kreuzinger, Andrea: Übersicht über die Gebühren und Abgaben der Landesmedienbehörden, ZUM 1986, 274 ff.

Krüger, Herbert: Allgemeine Staatslehre, 2. Aufl., Stuttgart 1966.

Kübler, Friedrich: Medienverflechtung. Eine rechtsvergleichende Untersuchung der Marktstrukturprobleme privaten Rundfunks, Frankfurt a. M., Berlin 1982 (zitiert: Kübler, Medienverflechtung).

- Die neue Rundfunkordnung: Marktstruktur und Wettbewerbsbedingungen, NJW 1987, 2961 ff.

Kuch, Hansjörg: Anmerkung zum Beschluß des BayVGH vom 28.3.1986, BayVBl 1986, 339, in: BayVBl 1986, 340 ff.

Kull, Edgar: Auf dem Weg zum dualen Rundfunksystem - Das vierte Fernsehurteil des Bundesverfassungsgerichts - , AfP 1987, 365 ff.

- Rundfunk-Grundversorgung. Kontext, Begriff, Bedeutung, AfP 1987, 462 ff.

Ladeur, Karl-Heinz: Verfassungsrechtliche Anforderungen an "vorläufige" und "Versuchsgesetze" im neueren Medienrecht. Kabelversuchs- und "Einspeisungsgesetze" der Bundesländer, MP 1985, 734 ff.

- "Duale Rundfunkordnung" und Werbung in Programmen der öffentlich-rechtlichen Rundfunkanstalten, ZUM 1987, 491 ff.

Lange, Bernd-Peter: Alternative Finanzierungskonzepte für den Rundfunk, in: Klaus Lüder (Hrsg.): Rundfunk im Umbruch: Stand und Entwicklung der finanziellen und wirtschaftlichen Situation der öffentlich-rechtlichen Rundfunkanstalten, Berlin 1985, S. 183 ff. (zitiert: Lange, Alternative Finanzierungskonzepte).

- Kommerzielle Ziele und binnenpluralistische Organisation bei Rundfunkveranstaltern. Eine Untersuchung aus wirtschaftswissenschaftlicher und kommunikationstheoretischer Sicht, Frankfurt a. M., Berlin 1980 (zitiert: Lange, Kommerzielle Ziele).

- Das duale Rundfunksystem in der Bewährung. Geregelter Wettbewerb oder ruinöse Konkurrenz?, MP 1991, 8 ff.

Lange, Klaus: Systemgerechtigkeit, Die Verw. 1971, 259 ff.

Larenz, Karl: Methodenlehre der Rechtswissenschaft, 5. Aufl., Berlin, Heidelberg, New York, Tokio 1983.

Lehr, Wolfgang: Programmauftrag und Wirtschaftlichkeit einer öffentlich-rechtlichen Rundfunkanstalt, in: Klaus Stern u.a.: Programmauftrag und Wirtschaftlichkeit der öffentlich-rechtlichen Rundfunkanstalten, München 1984, S. 19 ff.

Leisner, Walter: Verwaltungspreis - Verwaltungssteuer, in: H. Conrad u.a. (Hrsg.): Gedächtnisschrift Hans Peters, Berlin, Heidelberg, New York 1967 (zitiert: Leisner, in: FS Peters).

Lenz, Helmut: Rundfunkorganisation und öffentliche Meinungsbildungsfreiheit, JZ 1963, 338 ff.

Lerche, Peter: Grundrechte der Soldaten, in: Karl August Bettermann / Hans Carl Nipperdey / Ulrich Scheuner (Hrsg): Die Grundrechte. Handbuch der Theorie und Praxis der Grundrechte, Vierter Band, Erster Halbband, Berlin 1960, S. 447 ff. (zitiert: Lerche, in: Die Grundrechte IV/1).

- Übermaß und Verfassungsrecht. Zur Bindung des Gesetzgebers an die Grundsätze der Verhältnismäßigkeit und der Erforderlichkeit, Köln, Berlin, München, Bonn 1961 (zitiert: Lerche, Übermaß).

- Rechtsprobleme der wirtschaftslenkenden Verwaltung, DöV 1961, 486 ff.

- Rechtsprobleme des Werbefernsehens, Frankfurt a. M., Berlin 1965 (zitiert: Lerche, Werbefernsehen).

- Werbung und Verfassung, München, Berlin 1967.

- Rundfunkmonopol. Zur Zulassung privater Fernsehveranstaltungen, Frankfurt a. M., Berlin 1970.

- Verfassungsrechtliche Fragen zur Pressekonzentration. Rechtsgutachten auf Anregung des Bundesverbandes Deutscher Zeitungsverleger e.V., Berlin 1971.

- Fernsehabgabe und Bundeskompetenz. Kompetenzfragen im Hinblick auf eine von den Rundfunkanstalten zu entrichtende Filmhilfsabgabe mit einem materiellrechtlichen Exkurs, Frankfurt a. M., Berlin 1974.

- Verfassungsrechtliche Aspekte neuer kommunikationstechnischer Entwicklungen, BayVBl. 1976, 530 ff.

- Die Kirchen und die neuen Entwicklungen im Rundfunkbereich - verfassungsrechtlich gesehen, in: Joseph Krautscheidt/Heiner Marré (Hrsg.): Essener Gespräche zum Thema Staat und Kirche, Band 13, Münster 1978, S. 89 ff. (zitiert: Lerche, Essener Gespräche).

- Landesbericht Bundesrepublik Deutschland, in: Martin Bullinger/Friedrich Kübler (Hrsg.): Rundfunkorganisation und Kommunikationsfreiheit. Landesberichte und Generalbericht der Tagung für Rechtsvergleichung 1979 in Lausanne, Baden-Baden 1979, S. 15 ff. (zitiert: Lerche, Landesbericht).

- Hoheitliche Programmanforderungen für private Rundfunkveranstaltungen, in: Erhard Schreiber/Wolfgang R. Langenbucher/Walter Hömberg (Hrsg.): Kommunikation im Wandel der Gesellschaft. Otto B. Roegele zum 60. Geburtstag, Düsseldorf 1980, S. 291 ff. (zitiert: Lerche, in: FS Roegele).

- Rechtliche Aspekte staatlicher Medienhilfe, in: Martin Löffler (Hrsg.): Der Staat als Mäzen der Medien? Möglichkeiten und Grenzen staatlicher Hilfsmaßnahmen für die Medien, München 1981, S. 1 ff. (zitiert: Lerche, in: Der Staat als Mäzen der Medien?).

- Beteiligung Privater im Rundfunkbereich und Vielfaltsstandard, NJW 1982, 1676 ff.

- Presse und privater Rundfunk. Eine Auseinandersetzung insbesondere mit der verfassungsrechtlichen Konzeption von Küblers "Medienverflechtung", Berlin 1984.

- Verfassungsfragen zum Entwurf der Landesregierung Nordrhein-Westfalen eines Gesetzes über den "Westdeutschen Rundfunk Köln" (WDR - Gesetz), AfP 1984, 183 ff.

- Zum Rundfunkartikel der Bayerischen Verfassung - gestern und heute, in: Bernd Rüthers / Klaus Stern (Hrsg.): Freiheit und Verantwortung im Verfassungsstaat. Festgabe zum 10jährigen Jubiläum der Gesellschaft für Rechtspolitik, München 1984, S. 245 ff. (zitiert: Lerche, in: Festgabe Gesellschaft für Rechtspolitik).

- Referat zum 56. Deutschen Juristentag 1986, Verhandlungen und Berichte, Abteilung Rundfunkrecht, Thema: In welcher Weise empfiehlt es sich, die Ordnung des Rundfunks und sein Verhältnis zu anderen Medien - auch unter dem Gesichtspunkt der Harmonisierung - zu regeln? München 1986, Teil O, S. 37 ff. (zitiert: Lerche, Referat 56. DJT).

- Stichwort: Informationsfreiheit, in: Evangelisches Staatslexikon Band I (Hrsg.: Hermann Kunst / Roman Herzog / Wilhelm Schneemelcher), 3. Aufl., Stuttgart, Berlin 1987, Spalte 1314 f. (zitiert: Lerche, in: EvStL)

Lerche, Peter / Ulmer, Peter: Kurzberichterstattung im Fernsehen. Rechtsgutachten zu Fragen der Informationsbeschaffung für die Kurzberichterstattung von Sendeunternehmen über Veranstaltungen und sonstige Ereignisse von öffentlichem Interesse, Baden-Baden 1989.

Libertus, Michael: Verfassungsrechtliche Determinanten des gegenwärtigen und eines zukünftigen Verfahrens der Rundfunkgebührenfestsetzung, DÖV 1990, 635 ff.

Löwer, Wolfgang: Ausländisches Werbefernsehen und Deutsches Verfassungsrecht, JZ 1981, 730 ff.

Mangoldt, Hermann von / Klein, Friedrich / Starck, Christian: Das Bonner GG, Band 1; 3. Aufl., München 1985 (zitiert: Bearbeiter, in: v. Mangoldt/Klein/Starck, GG).

Maunz, Theodor: Rechtsgutachten über die Frage der Vereinbarkeit des Gesetzentwurfes über die "Wahrnehmung gemeinsamer Aufgaben auf dem Gebiet des Rundfunks" mit dem Grundgesetz, in: Günter Zehner (Hrsg.): Der Fernsehstreit vor dem Bundesverfassungsgericht. Eine Dokumentation des Prozeßmaterials, 1. Band, Karlsruhe 1964, S. 417 ff. (zitiert: Maunz, Rechtsgutachten).

Maunz, Theodor / Dürig, Günter: Kommentar zum Grundgesetz. Von Theodor Maunz, Günter Dürig, Roman Herzog, Rupert Scholz, Peter Lerche, Hans Jürgen Papier, Albrecht Randelzhofer, Eberhard Schmidt-Aßmann, München, Stand Dezember 1989 (zitiert: Bearbeiter, in: Maunz/Dürig, GG).

Maydell, Bernd von: Zur rechtlichen Problematik der Befreiung von den Rundfunkgebühren - Rechtsgutachten, Frankfurt a. M., Berlin 1987.

Merkt, Albrecht: Die mitgliedschaftsbezogene Abgabe des öffentlichen Rechts, Pfaffenweiler 1990.

Meßerschmidt, Klaus: Umweltabgaben als Rechtsproblem, Berlin 1986.

- Sonderabgaben und Bundesverwaltungsgericht. Zur Rechtsnatur des Ausgleichsbetrages zur Ablösung der Stellplatzpflicht nach der Hamburgischen Bauordnung sowie der Ausgleichsabgabe nach dem Baden-Württembergischen Naturschutzgesetz, DVBl 1987, 925 ff.

Moser, Arthur: Rundfunk und Grundgesetz, JZ 1951, 70 ff.

Müller, Klaus: Der Steuerbegriff des Grundgesetzes, BB 1970, 1105 ff.

Münch, Ingo von (Hrsg.): Grundgesetz-Kommentar, Band 1, 3. Aufl., München 1985 (zitiert: v. Münch, GG).

Münch, Ingo von (Hrsg.): Besonderes Verwaltungsrecht, 8. Aufl., Berlin, New York 1988 (zitiert: Bearbeiter, in: v. Münch, Besonderes Verwaltungsrecht).

Musgrave, Richard A. / Musgrave, Peggy B. / Kullmer, Lore: Die öffentlichen Finanzen in Theorie und Praxis, 1. Band, 3. Aufl., Tübingen 1984.

Mußgnug, Reinhard: Die zweckgebundene öffentliche Abgabe, in: Roman Schnur (Hrsg.): Festschrift für Ernst Forsthoff zum 70. Geburtstag, 2. unveränderte Aufl., München 1974, S. 259 ff. (zitiert: Mußgnug, in: FS Forsthoff).

- Die zweckgebundene öffentliche Abgabe, in: Roman Schnur (Hrsg.): Festschrift für Ernst Forsthoff zum 70. Geburtstag (1972), 2. unveränderte Aufl., München 1974, S. 259 ff (zitiert: Mußgnug, in: FS Forsthoff).

Nagel, Hannelore: Die Rechtsbeziehungen zwischen Rundfunkanstalt und Rundfunkteilnehmer und die Stellung der Post, Jur. Diss. Würzburg 1968 (zitiert: Nagel, Die Rechtsbeziehungen).

- Hörfunk- u. Fernsehgebühr. Ein Vergleich, FuR 1968, 164 ff.

- Nochmals zur Fernsehgebühr, FuR 1968, 231 ff.

Obermayer, Klaus: Die Verfassungsmäßigkeit des Bayerischen Medienerprobungs- und -entwicklungsgesetzes vom 22.11.1984, ZUM 1985, 461 ff.

Oppermann, Thomas: Kulturverwaltungsrecht. Bildung - Wissenschaft - Kunst, Tübingen 1969.

Oppermann, Thomas / Kilian, Michael: Rechtsgrundsätze der Finanzierung öffentlich-rechtlichen Rundfunks in der dualen Rundfunkverfassung der Bundesrepublik Deutschland. Rechtsgutachtliche Studie erstattet dem Süddeutschen Rundfunk, Frankfurt a. M., Berlin 1989 (zitiert: Oppermann/kilian, Finanzierung).

Ory, Stephan: Bestands- und Entwicklungsgarantie für den öffentlich-rechtlichen Rundfunk?, AfP 1987, 466 ff.

- Marktchancen und Meinungsfreiheit, ZUM 1987, 427 ff.

- Rundfunkgebühr zwischen Staatsfreiheit und Parlamentsvorbehalt, AfP 1989, 616 ff.

Ossenbühl, Fritz: Rundfunkfreiheit und die Finanzautonomie des Deutschlandfunks, München 1969 (zitiert: Ossenbühl, Deutschlandfunk).

- Rundfunkprogramm - Leistung in treuhänderischer Freiheit, DÖV 1977, 381.

- Rechtsprobleme der freien Mitarbeit im Rundfunk, Frankfurt a. M., Berlin 1978.

- Rundfunkfreiheit und Rechnungsprüfung; Frankfurt a. M., Berlin 1984 (zitiert: Ossenbühl, Rechnungsprüfung).

Osterloh, Lerke: Zur Zulässigkeit von Sonderabgaben - BVerfGE 55, 274, JuS 1982, 421 ff.

Ott, Sieghart: Rechtsgutachten zur Frage der Rechtmäßigkeit der Erhebung eines "Kabelgroschens", erstattet für "Die Grünen" im Bundestag, unveröffentlicht, Bonn 1983 (zitiert: Ott, Rechtsgutachten).

- Rechtmäßigkeit der Erhebung eines Kabelgroschens, FuR 1984, 231 ff.

Patzig, Werner, Steuern - Gebühren - Beiträge und "Sonderabgaben", DÖV 1981, 729 ff.

Peine, Franz-Joseph: Systemgerechtigkeit. Die Selbstbindung des Gesetzgebers als Maßstab der Normenkontrolle, Baden-Baden 1985.

Picozzi, Marco: Aufsicht und Staatseinfluß bei Rundfunkanstalten, Kreditinstituten und Versicherungen. Eine vergleichende Darstellung. Jur. Diss. Köln 1985.

Piette, Klaus-Walter: Meinungsvielfalt im privaten Rundfunk. Eine rechtsvergleichende Unterschung der Rundfunkgesetzgebung in der Bundesrepublik Deutschland, München 1988.

Pietzcker, Jost: Abgrenzungsprobleme zwischen Benutzungsgebühr, Verleihungsgebühr, Sonderabgabe und Steuer, DVBl 1987, 774 ff.

Podlech, Albert: Gehalt und Funktionen des allgemeinen verfassungsrechtlichen Gleichheitssatzes, Berlin 1971.

Puwalla, Wolfgang: Qualifikation von Abgaben. Eine Untersuchung am Beispiel der Fehlbelegungsabgabe, Berlin 1987 (zitiert: Puwalla, Qualifikation).

Raecke, Jürgen: Das Kostendeckungsprinzip. Möglichkeiten und Grenzen seiner Anwendung bei Verwaltungsgebühren, Köln, Berlin, Bonn, München 1971 (zitiert: Raecke, Kostendeckungsprinzip).

Ramsauer, Ulrich: Die faktischen Beeinträchtigungen des Eigentums, Berlin 1980.

Richter, Wolfgang: Zur Verfassungsmäßigkeit von Sonderabgaben, Baden-Baden 1977 (zitiert: Richter, Sonderabgaben).

Ricker, Reinhart / Müller-Malm, Friedrich: Die Vielfaltsanforderungen an den privaten Rundfunk nach dem 4. Rundfunkurteil, ZUM 1987, 208 ff.

Ricker, Reinhart / Schardt, Andreas: Privatrundfunk-Gesetze im Bundesstaat. Zur Homogenität der Mediengesetze und Mediengesetzentwürfe, München 1985.

Ricker, Reinhart / Weirich, Dieter: Mediengesetzentwurf der CDU Hessen. Vorstellung und Erläuterung, Berlin, Offenbach 1983.

Ridder, Helmut K.: Meinungsfreiheit, in: Franz L. Neumann / Hans Carl Nipperdey / Ulrich Scheuner (Hrsg.): Die Grundrechte. Handbuch der Theorie und Praxis der Grundrechte, Zweiter Band, Berlin 1954, S. 243 ff. (zitiert: Ridder, in: Die Grundrechte II).

Ring, Wolf-Dieter / Rothemund, Christian: Die Gewährleistung von Meinungsvielfalt nach dem bayerischen Medienerprobungs- und - entwicklungsgesetz, MP 1985, 39 ff.

Rödding, Gerhard: Die Aufgabe der Landesanstalt für Rundfunk Nordrhein-Westfalen, AfP 1989, 648 ff.

Rombach, Hans Wolfgang: Möglichkeiten und Probleme der Sicherung eines wirtschaftlichen Handelns der öffentlich-rechtlichen Rundfunkanstalten, in: Klaus Lüder (Hrsg.): Rundfunk im Umbruch: Stand und Entwicklung der finanziellen und wirtschaftlichen Situation der öffentlich-rechtlichen Rundfunkanstalten, Berlin 1985, S. 51 ff.

Rossen, Helge: Freie Meinungsbildung durch den Rundfunk. Die Rundfunkfreiheit im Gewährleistungsgefüge des Art. 5 Abs. 1 GG, Baden-Baden 1988 (zitiert: Rossen, Freie Meinungsbildung).

Rühl, Manfred: Die Rundfunkgebühr - ein wohlfahrtsstaatlicher Preis. Versuch einer begrifflichen und problemorientierten Bestandsaufnahme sowie Hinweise auf Entwicklungsmöglichkeiten einer Gebührenpolitik, MP 1984, 589 ff.

Schleyer, Hanns-Eberhard: Rundfunkgebührenfestsetzungsverfahren hat sich bewährt, MP 1985, 355 ff.

Schmidt, Walter: Die Rundfunkgewährleistung, Frankfurt a. M., Berlin 1980.

- Rundfunkvielfalt. Möglichkeiten und Grenzen einer "pluralistischen" Rundfunkorganisation, Frankfurt a. M., Berlin 1984.

- Der "Aufsichtsgroschen". Verfassungsrechtliche Einwände gegen politische Anstöße zur teilweisen Umwidmung der öffentlich-rechtlichen Rundfunkgebühr, MP 1986, 162 ff.

- Die Rundfunkgebühr in der dualen Rundfunkordnung. Zur Problematik des "Aufsichtsgroschens" und anderer "zusätzlicher Anteile" an der öffentlich-rechtlichen Rundfunkgebühr; Frankfurt a. M., Berlin 1989 (zitiert: Schmidt, Rundfunkgebühr).

- Sonderabgaben in der neueren Rechtsprechung des BVerfG, NVwZ 1991, 36 ff.

Schmitt Glaeser, Walter: Bestands- und Entwicklungsgarantie für den öffentlich-rechtlichen Rundfunk, BayVBl. 1985, 97 ff.

- Das duale Rundfunksystem. Zum "4. Fernseh-Urteil" des BVerfG v. 4.11.1986, DVBl. 1987, 14 ff.

- Art. 5 Abs. 1 S. 2 GG als "Ewigkeitsgarantie" des öffentlich-rechtlichen Rundfunks. Zum Beschluß des BVerfG vom 24. März 1987 ("5. Fernseh-Entscheidung), DÖV 1987, 837 ff.

Schmitz, Bernd: Kommerzielles Fernsehen und Rundfunkfreiheit. Ein Beitrag zur Änderung des saarländischen Rundfunkgesetzes, DÖV 1968, 683 ff.

Schneider, Hans-Peter / Radek, Bernd: Verfassungsprobleme der Rundfunkfinanzierung aus Werbeeinnahmen. Zur Vielfalt der Finanzierungsformen des öffentlich-rechtlichen Rundfunks, Frankfurt a. M. 1989 (zitiert: Schneider/Radek, Rundfunkfinanzierung).

Schneider, Hans: Informationsfreiheit und Rundfunkgenehmigung, NJW 1961, 53 ff.

- Rundfunk als Bundesaufgabe. Rechtsgutachten über die Befugnisse des Bundes zur Errichtung und zum Betrieb eigener Rundfunksender, in: Günter Zehner (Hrsg.): Der Fernsehstreit vor dem Bundesverfassungsgericht. Eine Dokumentation des Prozeßmaterials, 1. Band, Karlsruhe 1964, S. 417 ff. (zitiert: Schneider, Rechtsgutachten).

Scholz, Rupert: Private Rundfunkfreiheit und öffentlicher Rundfunkvorbehalt - BVerwGE 39, 159, JuS 1974, 299 ff.

- Medienfreiheit und Publikumsfreiheit, in: Studienkreis für Presserecht und Pressefreiheit (Hrsg.): Presserecht und Pressefreiheit, Festschrift für Martin Löffler zum 75. Geburtstag, München 1980, S. 217 ff. (zitiert: Scholz, in: FS Löffler).

Schreckenberger, Waldemar: Die Finanzierung der öffentlich-rechtlichen Rundfunkanstalten unter besonderer Berücksichtigung von Fragen der Wirtschaftlichkeit und der sich verändernden Medienordnung, in: Klaus Stern u.a.: Programmauftrag und Wirtschaftlichkeit der öffentlich-rechtlichen Rundfunkanstalten, München 1984, S. 5 ff.

Schreyer, Edith: Pluralistische Entscheidungsgremien im Bereich sozialer und kultureller Staatsaufgaben. Eine verwaltungs- und verfassungsrechtliche Untersuchung am Beispiel der Bundesprüfstelle für jugendgefährdende Schriften, der Jugendwohlfahrtsausschüsse und der Filmförderungsstelle, Berlin 1982.

Schuppert, Gunnar Folke: Die Erfüllung öffentlicher Aufgaben durch verselbständigte Verwaltungseinheiten. Eine verwaltungswissenschaftliche Untersuchung, Göttingen 1981.

Selmer, Peter: Steuerinterventionismus und Verfassungsrecht, Frankfurt a. M. 1972.

- Bestands- und Entwicklungsgarantien für den öffentlich-rechtlichen Rundfunk in einer dualen Rundfunkordnung. Eine verfassungsrechtliche Untersuchung ihrer Zulässigkeit und Reichweite, Berlin 1988 (zitiert: Selmer, Bestands- und Entwicklungsgarantien).

- Finanzierung des Umweltschutzes und Umweltschutz durch Finanzierung, in: Werner Thieme (Hrsg.): Umweltschutz im Recht, Berlin 1988, S. 25 ff. (zitiert: Selmer, Finanzierung des Umweltschutzes).

Selmer, Peter / Brodersen, Carsten / Nicolaysen, Gert: Straßenbenutzungsabgaben für den Schwerverkehr. - Verfassungs- und europarechtliche Probleme - , Baden-Baden 1989 (zitiert: Selmer/Brodersen/Nicolaysen, Straßenbenutzungsabgaben).

Spanner, Hans: Die verfassungskonforme Auslegung in der Rechtsprechung des Bundesverfassungsgerichts, AöR 91 (1966), 503 ff.

Stammler, Dieter: Verfassungs- und organisationsrechtliche Probleme des Kabelrundfunks, Tübingen 1974 (zitiert: Stammler, Kabelrundfunk).

- Informationsvielfalt und Wettbewerbspolitik. Überlegungen zur Wettbewerbsordnung im Bereich privaten Rundfunks, MP 1985, 601 ff.

- Europäischer Rundfunkmarkt und innerstaatliche Rundfunkkompetenz. Zur rundfunkrechtlichen Zuständigkeitsregelung zwischen Bund und Ländern nach dem Grundgesetz, ZUM 1988, 274 ff.

Starck, Christian: Rundfunkfreiheit als Organisationsproblem, Tübingen 1973.

- Die Konstruktionsprinzipien und verfassungsrechtlichen Grundlagen der mediengesetzlichen Aktivitäten in den deutschen Bundesländern, JZ 1983, 405 ff.

Steimer, Hans-Jürgen: Grundprobleme der Rundfunkfinanzierung unter besonderer Berücksichtigung der Finanzierung des "Zweiten Deutschen Fernsehens", Jur. Diss. Mainz 1985 (zitiert: Steimer, Rundfunkfinanzierung).

Stein, Ekkehart: Die Wirtschaftsaufsicht, Tübingen 1967.

- Staatsrecht, 12. Aufl., Tübingen 1990.

Stender-Vorwachs, Jutta: "Staatsferne" und "Gruppenferne" in einem außenpluralistisch organisierten privaten Rundfunksystem, Berlin 1988 (zitiert: Stender-Vorwachs, Staatsferne und Gruppenferne).

Stephan, Bodo: Verwaltungsgebühr, verkappte Steuer und der Rechtsstaat, JurA 1970, 867 ff.

Stern, Klaus / Bethge, Herbert: Funktionsgerechte Finanzierung der Rundfunkanstalten durch den Staat. Ein Beitrag zur Rundfunkfreiheit des Art. 5 Abs. 1 GG, München 1968 (zitiert: Stern/Bethge, Funktionsgerechte Finanzierung).

- Öffentlich- rechtlicher und privatrechtlicher Rundfunk. Rechtsgutachtliche Untersuchung der Verfassungsmäßigkeit des Zweiten Gesetzes zur Änderung und Ergänzung des Gesetzes Nr. 806 über die Veranstaltung von Rundfunksendungen im Saarland v. 7. Juni 1967, Frankfurt a. M., Berlin 1971 (zitiert: Stern/Bethge, Öffentlich-rechtlicher und privatrechtlicher Rundfunk).

Stettner, Rupert: Rundfunkstruktur im Wandel. Rechtsgutachten zur Vereinbarkeit des Bayerischen Medienerprobungs- und -entwicklungsgesetzes mit der Bayerischen Verfassung, München 1988.

Stock, Martin: Koordinationsrundfunk im Modellversuch. Das Kabelpilotprojekt (Mannheim-) Ludwigshafen, Berlin 1981.

- Marktmodell kontra Integrationsmodell? Zur Entwicklung des Medienverfassungsrechts in der Ära der neuen Techniken, AöR 110 (1985), 219 ff.

- Medienfreiheit als Funktionsgrundrecht. Die journalistische Freiheit des Rundfunk als Voraussetzung allgemeiner Kommunikationsfreiheit, München 1985.

- Das vierte Rundfunkurteil des Bundesverfassungsgerichts: Kontinuität oder Wende?, NJW 1987, 217 ff.

- Ein fragwürdiges Konzept dualer Rundfunksysteme, RuF 1987, 5 ff.

Thaenert, Wolfgang: Kontrolle privater Rundfunkveranstalter durch die Landesmedienanstalten, in: Direktorenkonferenz der Landesmedienanstalten (Hrsg.): DLM - Jahrbuch 1988, München 1988, S. 35 ff. (zitiert: Thaenert, in: DLM-Jahrbuch 1988).

Thieme, Werner: Rundfunkfinanzierung im Bundesstaat, Hamburg 1977.

Tillmanns, Lutz / Hein, Gabriele: Verfassungsrechtliche Probleme bei der Finanzierung der Bundesrundfunkanstalten, DVBl 1990, 91 ff.

Tipke, Klaus / Kruse, Heinrich Wilhelm: Abgabenordnung, 12. Aufl., Köln, 61. Lieferung, Stand November 1990.

Varnbühler, Axel von: Rechtsfragen der Rundfunkfinanzierung. Vorgänge und Regelungen von derzeit erneuter Aktualität, FuR 1979, 630 ff.

Vogel, Klaus: Stichwort: Abgaben, öffentliche, in: Evangelisches Staatslexikon Band I (Hrsg.: Hermann Kunst / Roman Herzog / Wilhelm Schneemelcher), 3. Aufl., Stuttgart, Berlin 1987, Spalte 10 f. (zitiert: Vogel, in: EvStL).

- Vorteil und Verantwortlichkeit. Der doppelte Gebührenbegriff des Grundgesetzes, in: Faller, Hans Joachim / Kirchhof, Paul / Träger, Ernst: Verantwortlichkeit und Freiheit. Die Verfassung als wertbestimmte Ordnung. Festschrift für Willi Geiger zum 80. Geburtstag, Tübingen 1989, S. 518 ff. (zitiert: Vogel, in: FS Geiger).

Wagner, Christoph: Die Landesmedienanstalten. Organisation und Verfahren der Kontrolle privater Rundfunkveranstalter in der Bundesrepublik Deutschland, Baden-Baden 1990 (zitiert: C. Wagner, Die Landesmedienanstalten).

Wagner, Egon: Anmerkungen zum Entwurf für ein Landesmediengesetz Baden-Württemberg, MP 1983, 1 ff.

Wendt, Rudolf: Die Gebühr als Lenkungsmittel, Hamburg 1975 (zitiert: Wendt, Gebühr).

- Der Garantiegehalt der Grundrechte und das Übermaßverbot. Zur maßstabsetzenden Kraft der Grundrechte in der Übermaßprüfung, AöR 104 (1979), 414 ff.

Wenzel, Frank: Fernsehgebühren - Äquivalenz- oder Alimentationsprinzip? ZUM 1990, 497 ff.

Wieland, Joachim: Die Freiheit des Rundfunks. Zugleich ein Beitrag zur Dogmatik des Artikel 12 Absatz 1 GG, Berlin 1984.

Wilke, Dieter: Gebührenrecht und Grundgesetz. Ein Beitrag, München 1973 (zitiert: Wilke, Gebührenrecht).

Wilkens, Heinz: Die Aufsicht über den Rundfunk, Jur. Diss. Frankfurt 1963.

Winkel, Herbert: Die Finanzierung privaten Fernsehens in einem außenpluralen Modell, Jur. Diss. Saarbrücken 1985.

Wohland, Werner: Informationsfreiheit und politische Filmkontrolle. Ein Beitrag zur Konkretisierung von Art. 5 Grundgesetz, Berlin 1968 (zitiert: Wohland, Informationsfreiheit).

Wolff, Hans J. / Bachof, Otto: Verwaltungsrecht I, 9. Aufl. München 1974.

Wöste, Marlene: Nur knapp die Hälfte für Lizensierung und Kontrolle. Die Einnahmen und Ausgaben der Landesmedienanstalten 1985 bis 1990, MP 1990, 281 ff.

Wufka, Eduard: Die verfassungsrechtlich - dogmatischen Grundlagen der Rundfunkfreiheit. Zugleich ein Beitrag zu Problemen der Rundfunkorganisation und Staatsaufsicht, Frankfurt a. M., Berlin 1971 (zitiert: Wufka, Rundfunkfreiheit).

Zeidler, Karl: Probleme der Rundfunkgebühr im Anschluß an das Urteil des Bundesverfassungsgerichts vom 28.2.1961, Baden-Baden 1961 (zitiert: Zeidler, Probleme der Rundfunkgebühr).

Zeitel, Gerhard: Gebühren und Beiträge, in: Handwörterbuch der Wirtschaftswissenschaften, Band 4, Stuttgart, Tübingen, Göttingen, Zürich 1981, S. 347 ff. (zitiert: Zeitel, in: HdWW, Bd. 4).

Ziethen, Michael P: Rechtliche Spielräume der Lizensierung und Kontrolle: ausgewählte Regelungsfelder, in: Rundfunkaufsicht, Band 3, Rundfunkaufsicht in vergleichender Analyse; Band 16/III der Begleitforschung des Landes Nordrhein-Westfalen zum Kabelpilotprojekt Dortmund, Düsseldorf 1989, S. 59 ff. (zitiert: Ziethen, in Rundfunkaufsicht, Bd. 3).

## *Stichwortverzeichnis*

Volker Schramm
**Konzernverantwortung und Haftungsdurchgriff im qualifizierten faktischen GmbH-Konzern**
1991, Bd. 277, 251 S., Mdr., DM 34,80, ISBN 3-88259-787-9

Johann Matthias Zillich
**Der Vertragshändlervertrag im italienischen Zivilrecht**
1990, Bd. 278, 229 S., Mdr., DM 32,80, ISBN 3-88259-788-7

Michael Siegfried
**Die Fernsehberichterstattung von Sportveranstaltungen**
Die Rechtsbeziehungen zwischen teilnehmendem Sportler, Sportveranstalter und Sportverband
1990, Bd. 279, 164 S., Mdr., DM 29,80, ISBN 3-88259-790-9

Michael Feldhahn
**Die Rechtsnatur der Diskontsatzfestsetzung der Deutschen Bundesbank und der dagegen gegebene Rechtsschutz**
1991, Bd. 280, 214 S., Mdr., DM 36,80, ISBN 3-88259-791-7

Joachim Gärtner
**Probleme der Auslandsvollstreckung von Nichtgeldleistungsentscheidungen im Bereich der Europäischen Gemeinschaft**
Unter besonderer Berücksichtigung der grenzüberschreitenden Durchsetzung von Handlungs- und Unterlassungsansprüchen im Rahmen des Artikels 43 EWG-Übereinkommen über die gerichtliche Zuständigkeit und die Vollstreckung gerichtlicher Entscheidungen in Zivil- und Handelssachen (EuGVÜ)
1991, Bd. 281, 341 S., Mdr., DM 48,80, ISBN 3-88259-792-5

Thomas Molkentin
**Krankenversicherungsbedarf und Altersvorsorgebedarf im Unterhalt geschiedener und getrennt lebender Ehegatten**
Eine kritische Beschreibung der Unterhaltsbemessung nach §§ 1578 II, III, 1361 I 2 BGB unter Beachtung sozial-, steuer- und privatversicherungsrechtlicher Bestimmungen
1990, Bd. 282, 335 S., Mdr., DM 52,80, ISBN 3-88259-798-4

Ralf Riegel
**Grenzüberschreitende Konkurswirkungen zwischen der Bundesrepublik Deutschland, Belgien und den Niederlanden**
Anerkennung, anwendbares Recht, Tatbestandswirkungen
1991, Bd. 283, 320 S., Mdr., DM 55,80, ISBN 3-88259-799-2

Silvia Joseph/Hans-Joachim Vollrath (Hrsg.)
**Anwendbarkeit des internationalen Steuerrechts bei Einführung einer Ausgabensteuer**
1991, Bd. 284, 155 S., Mdr., DM 25,80, ISBN 3-88259-801-8

Gerhard Lübbesmeyer
**Das Verfahren zur Bestellung eines Betreuers nach den Diskussions-Teilentwürfen eines Gesetzes über die Betreuung Volljähriger (Betreuungsgesetz-BtG) vom November 1987 und April 1988**
1991, Bd. 285, 328 S., Mdr., DM 57,80, ISBN 3-88259-803-4

Hans Ulrich Endres
**Internationale Verbrechensbekämpfung**
Verfassungs- und verwaltungsrechtliche Probleme
1991, Bd. 286, 237 S., Mdr., DM 34,80, ISBN 3-88259-805-0

Helmut Pfleger
**Vermögensrechtliche Scheidungsfolgen in Illinois, USA**
Eine rechtsvergleichende Darstellung insbesondere zu Problemen der Vermögensteilung und des Unterhalts anläßlich der Ehescheidung in Illinois und der Bundesrepublik Deutschland
1991, Bd. 287, 293 S., Mdr., DM 45,80, ISBN 3-88259-807-7

Wolf Hudelmaier
**Die neuere Praxis zur vergleichenden Werbung in Deutschland, Belgien, Frankreich, Großbritanien und den USA**
1991, Bd. 288, 253 S., Mdr., DM 43,80, ISBN 3-88259-809-3

Jürgen Schmid
**Elektronische Datenverarbeitung im Mahnverfahren**
1991, Bd. 289, 410 S., Mdr., DM 61,80, ISBN 3-88259-812-3

Friedrich Johann Käck
**Der Prozeßpfleger**
1991, Bd. 290, 160 S., Mdr., DM 29,80, ISBN 3-88259-813-1

Martin Lohse
**Das Verhältnis von Vertrag und Delikt**
Eine rechtsvergleichende Studie zur vertragsautonomen Auslegung von Art. 5 Nr. 1 und Art. 5 Nr. 3 GVÜ
1991, Bd. 291, 273 S., Mdr., DM 47,80, ISBN 3-88259-815-8

Andreas Bock
**Kapitalaufbringung mit Gesellschafterdarlehen in der Vor-GmbH und der GmbH**
1991, Bd. 292, 115 S., Mdr., DM 22,80, ISBN 3-88259-816-6

Achim Neumeister
**Entwicklung und Grundzüge des Patentrechts in Australien**
1991, Bd. 293, 376 S., Mdr., DM 55,80, ISBN 3-88259-817-4

Armin Holtus
**Aspekte der Verhältnismäßigkeit der Behandlung in der forensischen Psychiatrie**
dargestellt am Beispiel der Lockerungspraxis im LKH Moringen
1991, Bd. 294, 168 S., Mdr., DM 29,80, ISBN 3-88259-818-2

Thomas Urek
**Grenzen der Zulässigkeit von Exklusivvereinbarungen über die Fernsehberichterstattung**
1991, Bd. 295, 206 S., Mdr., DM 45,80, ISBN 3-88259-821-2

Elke Hoppenworth
**Strafzumessung beim Raub**
Eine empirische Untersuchung der Rechtsfolgenzumessung bei Verurteilungen wegen Raubes nach allg. Strafrecht und nach Jugendstrafrecht
1991, Bd. 296, 397 S., Mdr., DM 59,80, ISBN 3-88259-823-9

Christopher Baumhof
**Die deutschen Bundesländer im europäischen Einigungsprozeß**
unter besonderer Berücksichtigung der Mitwirkung der Länder an EWG-Vorhaben
1991, Bd. 297, 181 S., Mdr., DM 32,80, ISBN 3-88259-824-7

Kung-Chung Liu
**Das Recht der Urheberrechtsverwertungsgesellschaften**
Zur Einrichtung und Reglementierung der Verwertungsgesellschaften in Taiwan
1991, Bd. 298, 157 S., Mdr., DM 29,80, ISBN 3-88259-826-3

Eva-Maria Hepp
**Der amerikanische Testiervertrag - contract to make a will - aus Sicht des deutschen Rechts**
1991, Bd. 299, 187 S., Mdr., DM 31,80, ISBN 3-88259-829-8

Marina Koch-Krumrei
**Der urheberrechtliche Schutz wissenschaftlicher Werke in Deutschland und Frankreich**
Eine rechtsvergleichende Untersuchung
1991, Bd. 300, 192 S., Mdr., DM 34,80, ISBN 3-88259-832-8

Josef Scherer
**Gerichtsstände zum Schutze des Verbrauchers in Sondergesetzen**
Das neue Verbraucherkreditgesetz unter dem Aspekt der generellen Erforderlichkeit ausschließlicher Verbraucherschutzgerichtsstände
1991, Bd. 301, 306 S., Mdr., DM 53,80, ISBN 3-88259-833-6

Frank Eßlinger
**Die Anknüpfung des Heuervertrages**
unter Berücksichtigung von Fragen des internationalen kollektiven Arbeitsrechts
1991, Bd. 302, 202 S., Mdr., DM 34,80, ISBN 3-88259-834-4

Holger Peres
**Strafprozessuale Beweisverbote und Beweisverwertungsverbote und ihre Grundlagen in Gesetz, Verfassung und Rechtsfortbildung**
1991, Bd. 213, 162 S., Mdr., DM 39,80, ISBN 3-88259-658-9

VVF

Ralf Thaeter
**Sowjetisches Unternehmenssteuerrecht und seine Prinzipien**
1991, Bd. 303, 153 S., Mdr., DM 27,80, ISBN 3-88259-836-0

Axel René Anker
**Wiedervereinigungsgebot; Europaintegrationsgebot**
Eine Untersuchung anhand des Konflikts bei einer westeuropäischen Integration der Bundesrepublik Deutschland
1991, Bd. 304, 270 S., Mdr., DM 47,80, ISBN 3-88259-840-9

Hermann Steinle
**Lizenzverträge im Intersystemaren Technologietransfer nach dem Recht der DDR**
1991, Bd. 305, 228 S., Mdr., DM 39,80, ISBN 3-88259-841-7

Axel Pfeifer
**Möglichkeiten und Grenzen der Steuerung kommunaler Aktiengesellschaften durch ihre Gebietskörperschaften**
1991, Bd. 306, 256 S., Mdr., DM 44,80, ISBN 3-88259-843-3

Thomas Huber
**Der Veranstalter einer Versammlung im Rechtskreis der Exekutive**
1991, Bd. 307, 297 S., Mdr., DM 51,80, ISBN 3-88259-844-1

Stefan Sorge
**Kostentragung für den Schutz vor Anschlägen**
zugleich ein Beitrag zum verfassungsrechtlichen System der Legitimation von Sonderlasten bei der Finanzierung von Staatsaufgaben
1991, Bd. 308, 192 S., Mdr., DM 32,80, ISBN 3-88259-846-8

Alexander von Negenborn
**Kooperative Grundrechtsverwirklichung durch die Bundesländer am Beispiel des Satellitenrundfunks**
1991, Bd. 309, 212 S., Mdr., DM 37,80, ISBN 3-88259-847-6

Christian Engmann
**Ausgesuchte Probleme der Gruppenfreistellungsverordnung 123/85 für Kfz-Vertrieb und -service**
1991, Bd. 311, 192 S., Mdr., DM 33,80, ISBN 3-88259-852-2

Carsten Jörgensen
**Die Aussetzung des Strafverfahrens zur Klärung außerstrafrechtlicher Rechtsverhältnisse**
1991, Bd. 312, 420 S., Mdr., DM 69,80, ISBN 3-88259-854-9

Hans-Jörg Behrens
**Produkthaftung in Ausfüllung der EG-Richtlinie nach den englischen und deutschen nationalen Regeln**
1991, Bd. 313, 242 S., Mdr., DM 36,80, ISBN 3-88259-855-7

Hans Römer
**Die Auswirkungen des Kontokorrents auf die Haftung ausgeschiedener Personenhandelsgesellschafter**
1991, Bd. 314, 180 S., Mdr., DM 32,80, ISBN 3-88259-857-3

Rainer Bernstein
**Die Abmahnung im System des Kündigungsschutzes**
1991, Bd. 315, 207 S., Mdr., DM 35,80, ISBN 3-88259-865-4

Arthur Waldenberger
**Die Miturheberschaft im Rechtsvergleich**
Zugleich ein Beitrag zur Lehre von der Miturheberschaft nach deutschem Recht
1991, Bd. 316, 330 S., Mdr., DM 56,80, ISBN 3-88259-867-3

Peter Reineke
**Regelbeispiele im Strafprozeß**
1991, Bd. 317, 180 S., Mdr., DM 32,80, ISBN 3-88259-868-9

Klaus von der Weiden
**Das Stiefkind im Unterhaltsrecht und im Recht der elterlichen Sorge**
1991, Bd. 318, 247 S., Mdr., DM 37,80, ISBN 3-88259-869-7

Michael Heghmanns
**Das Zwischenverfahren im Strafprozeß**
Entwicklung, Zustand und Vorschläge zu einer Reform
1991, Bd. 319, 195 S., Mdr., DM 33,80, ISBN 3-88259-871-9

Michael Thiel
**Presseunternehmen in der Fusionskontrolle**
1991, Bd. 320, 200 S., Mdr., DM 39,80, ISBN 3-88259-872-7

Peter Schwarzburg
**Tatbestandsmäßigkeit und Rechtswidrigkeit der polizeilichen Tatprovokation**
1991, Bd. 321, 143 S., Mdr., DM 25,80, ISBN 3-88259-873-5

Thomas Müller
**Exekutivischer Geheimnisschutz und parlamentarische Kontrolle**
1991, Bd. 322, 389 S., Mdr., DM 65,80, ISBN 3-88259-875-1

Gerald Brei
**Grenzen zulässigen Verteidigerhandelns**
Ein Beitrag zur Wahrheitspflicht des Verteidigers unter besonderer Berücksichtigung des französischen, englischen und nordamerikanischen Strafverfahrens
1991, Bd. 323, 420 S., Mdr., DM 71,80, ISBN 3-88259-877-8

Claus Pätzel
**Die Einwilligung in die Offenbarung schutzwürdiger Sozialdaten nach § 67 Satz 1 Nr. 1 SGB X**
1991, Bd. 324, 160 S., Mdr., DM 29,80, ISBN 3-88259-880-8

Markus Veit
**Die Anfechtung von Erbverträgen**
1991, Bd. 325, 288 S., Mdr., DM 45,80, ISBN 3-88259-881-6

Josef Maria Forchhammer
**Gesellschafterbeiträge im Umsatzsteuerrecht**
Personengesellschaft - Kapitalgesellschaft - Innengesellschaft
1991, Bd. 326, 230 S., Mdr., DM 42,80, ISBN 3-88259-882-4

Michael Eggersberger
**Die Übertragbarkeit des Urheberrechts in historischer und rechtsvergleichender Sicht**
1992, Bd. 328, 337 S., Mdr., DM 58,80, ISBN 3-88259-886-7

Kirsten Warschkow
**Schutz der Aktionäre der Konzernobergesellschaft**
1992, Bd. 329, 192 S., Mdr., DM 32,80, ISBN 3-88259-888-3

Ingo Schaffernak
**Das wettbewerbsrechtliche Vertragslösungsrecht nach § 13 a UWG**
1992, Bd. 331, 244 S., Mdr., DM 43,80, ISBN 3-88259-890-5

Adrian von Hagemeister
**Die Privatisierung öffentlicher Aufgaben**
Eine verfassungs- und verwaltungsrechtliche Abhandlung unter Zugrundelegung des Verfassungs- und Verwaltungsrechts der Republik Österreich und der Bundesrepublik Deutschland
1992, Bd. 332, 229 S., Mdr., DM 37,80, ISBN 3-88259-891-3

Andreas Gloge
**Die Darlegung und Sachverhaltsuntersuhung im einstweiligen Rechtsschutzverfahren**
Eine rechtsvergleichende Studie zum deutschen und englischen Zivilprozeß
1991, Bd. 333, 224 S., Mdr., DM 39,80, ISBN 3-88259-896-4

Joachim Löhr
**Die Aufsicht über Verwertungsgesellschaften**
1992, Bd. 334, 241 S., Mdr., DM 43,80, ISBN 3-88259-897-2

Beate Menold-Weber
**Verträge Minderjähriger und ihre Rückabwicklung im englischen Recht**
Ein Vergleich zur Rechtslage in der Bundesrepublik Deutschland
1992, Bd. 335, 286 S., Mdr., DM 49,80, ISBN 3-88259-989-0

Tillmann Hillesheim
**Risikoverteilung im Bauvertrag bei Verwendung neuer Bautechniken**
1992, Bd. 336, 280 S., Mdr., DM 45,80, ISBN 3-88259-902-2

Alexander Schraml
**Das Sozialhilferecht der Ausländerinnen und Ausländer**
Sozialstaat versus Nationalstaat?
1992, Bd. 337, 320 S., Mdr., DM 56,80, ISBN 3-88259-904-9

VVF

Michael Metschkoll
**Eingriffe in Außenhandelsverträge**
Die privatrechtliche Bedeutung außenwirtschaftlicher Maßnahmen im Warenverkehr
1992, Bd. 339, 448 S., Mdr., DM 79,80, ISBN 3-88259-908-1

Martin von Albrecht
**Amtliche Werke und Schranken des Urheberrechts zu amtlichen Zwecken in fünfzehn europäischen Ländern**
1992, Bd. 340, 292 S., Mdr., DM 57,80, ISBN 3-88259-911-1

Roman Forthauser
**Geldwäscherei de lege lata et ferenda**
1992, Bd. 341, 224 S., Mdr., DM 42,80, ISBN 3-88259-914-6

Veliye Yanli
**Die Stellung des Vorstands der Aktiengesellschaft beim genehmigten Kapital**
Kapitalerhöhung gegen Geldeinlagen
1992, Bd. 342, 145 S., Mdr., DM 29,80, ISBN 3-88259-915-4

Roman Merznicht
**Der "Aufsichtsgroschen"**
Die verfassungsrechtliche Problematik der Finanzierung der Zulassungs- und Aufsichtsfunktionen der Landesmedienanstalten aus der Rundfunkgebühr
1992, Bd. 343, 205 S., Mdr., DM 39,80, ISBN 3-88259-916-2

Peter Busl
**Ausländische Staatsunternehmen im deutschen Vollstreckungsverfahren: Immunität und Durchgriff auf den Staat**
1992, Bd. 344, 400 S., Mdr., DM 69,80, ISBN 3-88259-917-0

Patrick Schweisthal
**Das bayerische Strafgesetzbuch von 1861**
Die letzte bayerische Strafgesetzgebung im Schatten Preußens?
1992, Bd. 345, 160 S., Mdr., DM 34,80, ISBN 3-88259-918-9

Katrin Ursula Maria Patrzek
**Die vertragsakzessorische Anknüpfung im Internationalen Privatrecht**
dargestellt anhand des Deliktsrechts, der Geschäftsführung ohne Auftrag, des Bereicherungsrechts und der culpa in contrahendo
1992, Bd. 346, 214 S., Mdr., DM 39,80, ISBN 3-88259-919-7

Andreas Zumschlinge
**Das Verbot der Werbung mit Preisgegenüberstellungen (§ 6e UWG) in rechtsvergleichender und europarechtlicher Sicht**
1992, Bd. 348, 326 S., Mdr., DM 61,80, ISBN 3-88259-922-7

VVF